EDITORES
Andrew Naselli
Mark Snoeberger

DEBATEDORES
Carl Trueman
Grant Osborne
John Hammett

A EXTENSÃO DA EXPIAÇÃO EM DEBATE
3 PERSPECTIVAS

Direção Executiva: Luciana Cunha

Direção Editorial: Renato Cunha

Tradução: Evandro Junior

Revisão: Verônica Bareicha

Designer capa: Elmo Rosa

Projeto Gráfico: Marina Avila

1ª edição | 2019

Dados Internacionais de Catalogação na Publicação (CIP)

Ficha Catalográfica elaborada pela bibliotecária Maria Jucilene Silva dos Santos CRB-15/722

E96

A extensão da expiação em debate : 3 perspectivas / Editores: Andrew Naselli, Mark Snoeberger ; colaboradores: Carl Trueman, Grant Osborne e John Hammett ; tradução de Evandro Júnior ; revisão de Verônica Bareicha. – Natal, RN : Carisma, 2019.

336p. ; 14x21cm.

ISBN 978-85-92734-23-7

1. Soteriologia. 2. Crucificação – Expiação de Cristo. 3.Correntes teológicas protestantes. I. Naselli, Andrew, ed. II. Snoeberger, Mark, ed. III. Trueman, Carl, colab. IV. Osborne, Grant, colab. V. Hammet, John, colab. VI. Evandro Júnior, trad. VII. Bareicha, Verônica, rev. VIII. Título.

CDU 234

Publicado no Brasil com todos os direitos reservados e a devida autorização de Broadman & Holman Publishing Group. Originalmente publicado em inglês sob o título Perspectives on Extent of Atonement: 3 views. Copyright © 2015 por Andrew David Naselli e Mark A. Snoeberger. Todos os direitos reservados e protegidos pela Lei 9.610/88. É expressa e terminantemente proibida a reprodução total ou parcial desta obra, por quaisquer meios (eletrônicos, mecânicos, fotográficos, gravação e outros), sem a prévia e expressa autorização, por escrito, de Editora Carisma.

Rua Ismael Pereira da Silva, 1664 | Capim Macio
Natal | Rio Grande do Norte CEP 59.082-000
editoracarisma.com.br | sac@editoracarisma.com.br

SUMÁRIO

04 ABREVIATURAS

08 PREFÁCIO DOS EDITORES

10 INTRODUÇÃO
Mark Snoeberger

36 CAPÍTULO 1
O PONTO DE VISTA DA EXPIAÇÃO DEFINIDA
Carl Trueman

    Resposta de Thomas H. Mccall com Grant Osborne | **98**
    Resposta de John Hammett | **115**

124 CAPÍTULO 2
O PONTO DE VISTA DA EXPIAÇÃO ILIMITADA
Grant Osborne

    Resposta de Carl Trueman | **193**
    Resposta de John Hammett | **203**

214 CAPÍTULO 3
O PONTO DE VISTA DAS MÚLTIPLAS INTENÇÕES NA EXPIAÇÃO
John Hammett

    Resposta de Thomas Mccall com Grant Osborne | **289**
    Resposta de Carl Trueman | **301**

314 CONCLUSÃO
Andrew David Naselli

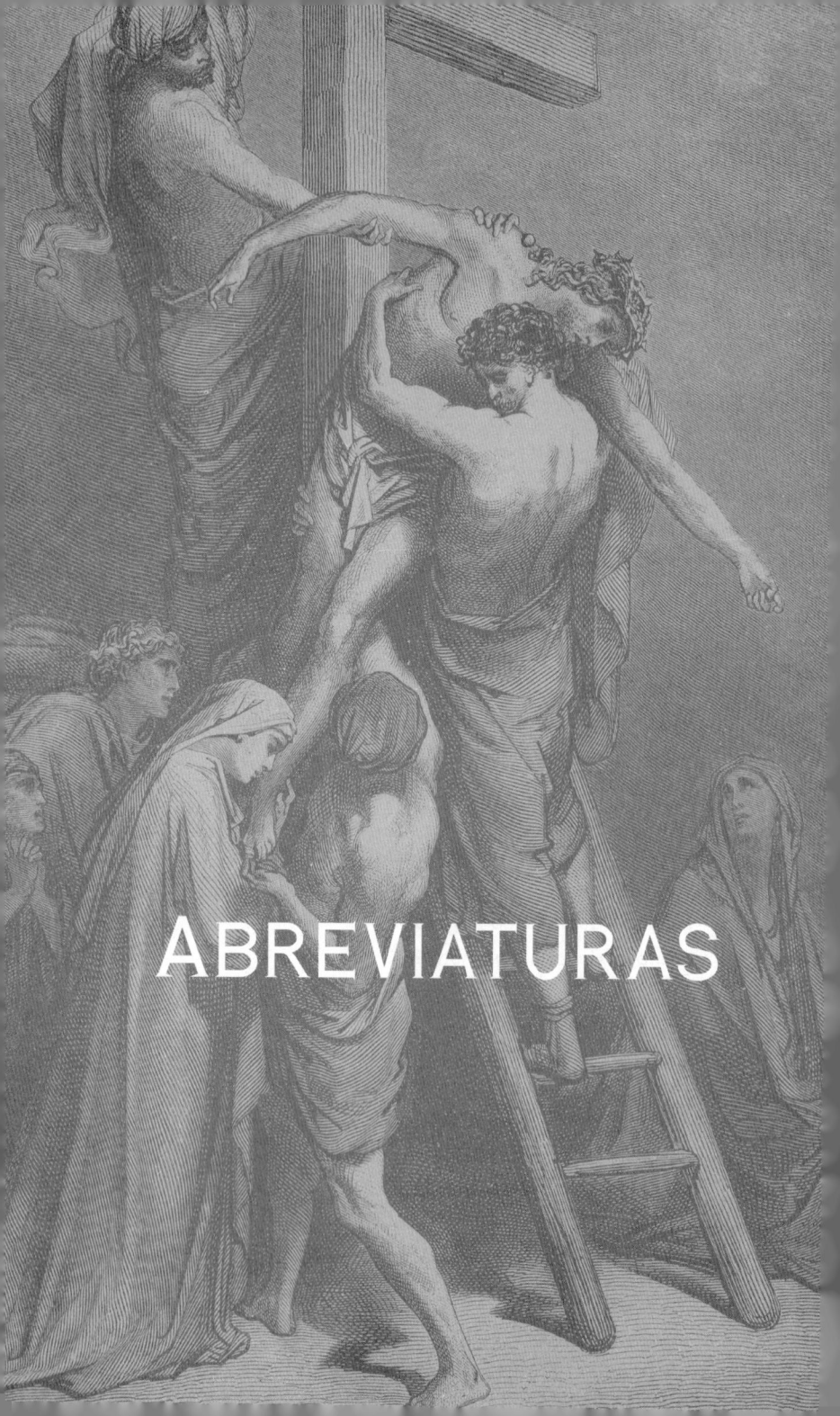

ABREVIATURAS

AB	Anchor Bible
ABD	*Anchor Bible Dictionary*, ed. D. N. Freedman. New York: Doubleday, 1992
AJT	*Asia Journal of Theology*
ANF	*The Ante-Nicene Fathers*
ARG	*Archiv für Reformationsgeschichte*
AUSS	*Andrews University Seminary Studies*
BA	*Biblical Archaeologist*
BDAG	Bauer, W., F. W. Danker, W. F. Arndt, and F. W. Gingrich, *Greek-English Lexicon of the New Testament and OtherEarly Christian Literature*. 3rd ed.
BDB	Brown, F., S. R. Driver, and C. A. Briggs. *A Hebrew and English Lexicon of the Old Testament*
BECNT	Baker Exegetical Commentary on the New Testament
BSac	*Bibliotheca Sacra*
CBQ	*Catholic Biblical Quarterly*
CHR	*Catholic Historical Review*
CTM	*Concordia Theological Monthly*
EvQ	*Evangelical Quarterly*
HALOT	Koehler, L., W. Baumgartner, and J. J. Stamm, *The Hebrew and Aramaic Lexicon of the Old Testament*, trans. M. E. J. Richardson
HBT	*Horizons in Biblical Theology*
HTR	*Harvard Theological Review*
ICC	International Critical Commentary
IDB	*Interpreter's Dictionary of the Bible*, ed. G. A. Buttrick et al. New York: Abingdon, 1962
Int	*Interpretation*

JBL	*Journal of Biblical Literature*
JE	*Jewish Encyclopedia*
JETS	*Journal of the Evangelical Theological Society*
JSNT	*Journal for the Study of the New Testament*
JSNTSup	Journal for the Study of the New Testament: Supplement Series
JTS	*Journal of Theological Studies*
LCC	Library of Christian Classics. Philadelphia, 1953–
LCL	Loeb Classical Library
LQ	*The Lutheran Quarterly*
LXX	Septuaginta
NAC	New American Commentary
NIB	*The New Interpreter's Bible*
NICNT	New International Commentary on the New Testament
NICOT	New International Commentary on the Old Testament
NIDOTTE	*New International Dictionary of Old Testament Theology and Exegesis*
NIGTC	New International Greek Testament Commentary
NIVAC	New International Version Application Commentary
NovT	*Novum Testamentum*
NovTSup	Supplements to Novum Testamentum
NPNF1	*Nicene and Post-Nicene Fathers of the Christian Church, Series 1*

NPNF2	A Select Library of the *Nicene and Post-Nicene Fathers of the Christian Church, Series 2*
NTS	*New Testament Studies*
OTL	Old Testament Library
PNTC	Pillar New Testament Commentary
ResQ	*Restoration Quarterly*
SJT	*Scottish Journal of Theology*
Str-B	Strack, H. L., and P. Billerbeck, *Kommentar zum Neuen Testament aus Talmud und Midrasch*, 6 vols. Munich, 1922–61
TDNT	*Theological Dictionary of the New Testament*, ed. G. Kittel and G. Friedrich, trans. G. W. Bromiley. 10 vols. Grand Rapids: Eerdmans, 1964–74
TDOT	*Theological Dictionary of the Old Testament*
TNTC	Tyndale New Testament Commentaries
TOTC	Tyndale Old Testament Commentaries
TrinJ	*Trinity Journal*
TynB	*Tyndale Bulletin*
VC	*Vigiliae christianae*
VE	*Vox evangelica*
WBC	Word Biblical Commentary
WCF	Westminster Confession of Faith
WLC	Westminster Larger Catechism
WSC	Westminster Shorter Catechism
WTJ	*Westminster Theological Journal*
ZNW	*Zeitschrift für die neutestamentliche Wissenschaft und die Kunde der älteren Kirche*

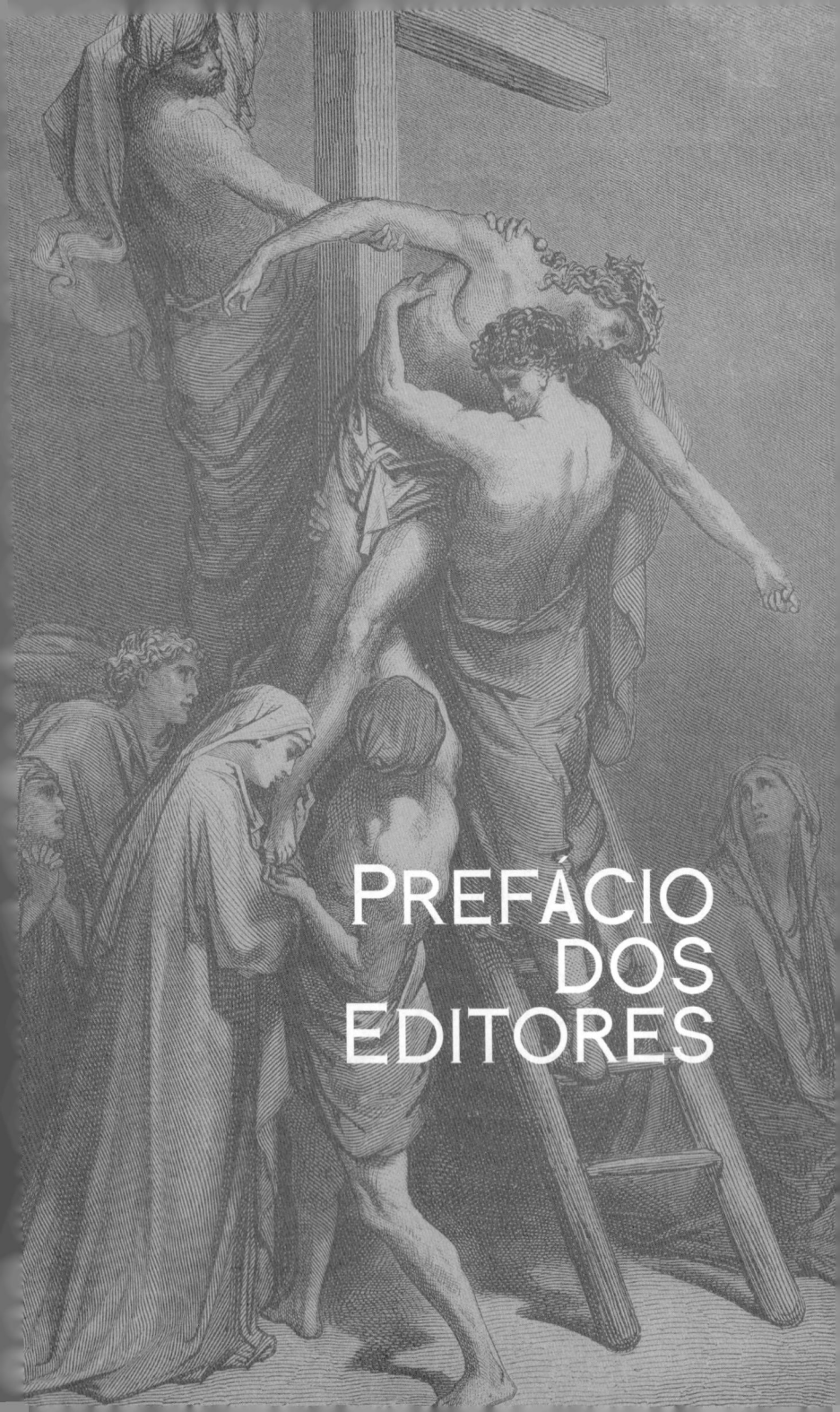

PREFÁCIO DOS EDITORES

Não se pode pensar em uma questão que os cristãos debatem com mais paixão do que a que nosso pequeno livro aborda. Alguns de nossos leitores podem até refletir sobre alguma discussão acerba sobre a extensão da expiação de Cristo que carecia de amor cristão. Por isso, quando propusemos um projeto que convocou deliberadamente participantes com perspectivas conflitantes sobre esse tópico, ficamos imaginando se o projeto poderia ser desagradável. Nossos temores se mostraram injustificados quando a graça prevaleceu. O projeto provou ser prazeroso.

Nossa equipe original de três ensaístas sofreu ligeira modificação ao longo do tempo e terminou finalmente como uma equipe de quatro componentes. Carl Trueman, professor de História da Igreja no *Westminster Theological Seminary*, na Filadélfia, traz sua voz engajada ao debate como defensor da expiação definida. Grant Osborne, professor de longa data do Novo Testamento na *Trinity Evangelical Divinity School*, contribui com um ensaio inicial em defesa da expiação ilimitada, e em razão de algumas sérias dificuldades de saúde, entregou o bastão ao seu colega, Tom McCall, professor associado de teologias bíblica e sistemática no mesmo *Trinity School*. McCall respondeu de forma competente às outras duas posições. John Hammett, professor de teologia sistemática no Seminário Teológico Batista do Sudeste, completa o grupo defendendo a visão de múltiplas intenções da expiação de Cristo.

Por isso, oferecemos a você uma troca de ideias irênica, mas vigorosa, sobre essa importante questão: por quem Jesus fez expiação e como Deus a aplica?

Andy Naselli e Mark Snoeberger | 22 de maio de 2014.

Introdução

Mark A. Snoeberger

Professores de faculdade e seminário regularmente alertam seus alunos contra o perigo de exagerar na importância de determinado tópico da pesquisa. Sem dúvida, os temas teológicos "mais importantes" e "mais controversos" devem existir em algum lugar, porém, poucos estudos que aspiram tal importância fazem jus ao que enfatizam. Com essa realidade em vista, permitam-me começar este estudo de maneira bastante frustrante, afirmando que a extensão da expiação não é a questão mais importante da teologia sistemática. De fato, os autores deste volume concordam que a importância da questão é frequentemente exagerada. Ainda assim, o tópico continua a ser – apesar da virulência com que algumas pessoas defendem e promovem suas respectivas posições – ainda algo bastante controverso.

As razões disso são múltiplas, entretanto, algumas preocupações básicas devem ser consideradas. De um lado, estão aqueles que temem que a autoridade das Escrituras e a missão da igreja possam ser comprometidas por uma ideia de expiação limitada. Afinal, a Bíblia afirma claramente que Jesus amou o *mundo inteiro*, morreu por *todos* e comissionou a igreja a evangelizar a *todos*. Por outro lado, estão aqueles que temem as implicações teológicas de uma expiação universal: conflito intratrinitário, universalismo, injustiça e visões errôneas sobre a natureza da expiação. Praticamente, um lado está preocupado com um tipo de evangelismo de desempenho inferior; enquanto o outro preocupa-se com um que promete demais.

Felizmente, as terríveis previsões do que está nas profundezas dos temores em ambos os lados deste debate raramente se cumprem na prática. Ainda assim, a questão da extensão da expiação oferece um maravilhoso laboratório de aprendizado de interseção entre a exegese e a teologia sistemática – ou, como Cornelius Van Til colocou em seu livro, *Survey of Christian Epistemology*, a harmonização entre a *correspondência* e a *coerência*.[1]

Van Til argumenta que a verdade deve ser caracterizada, em primeiro lugar, pela correspondência com a realidade e não apenas com qualquer realidade, mas com a que vem de Deus. Na busca pela verdade, a pessoa é sempre limitada pela realidade que Deus criou. Os que buscam a verdade não são livres para fabricar suas próprias alternativas. A verdade, em sua definição mais simples, é o que Deus *diria* sobre um determinado assunto; sabe-se melhor quando se considera o que Deus tem *dito* a respeito. Por causa disso, as Escrituras são a *norma normans non normata* no debate teológico: não uma mera contribuição, mas o árbitro final em tudo o que elas abordam.[2] Enquanto alguém constrói uma realidade coerente diferente da de Deus, em última análise, pouco importa se isso é realmente possível: nenhuma realidade alternativa pode ser chamada de verdadeira se entrar em conflito com aquela que Deus estabeleceu.

Van Til adverte, no entanto, que a correspondência, embora muito importante na descoberta da verdade, não exclui

---

[1] Cornelius Van Til, *A Survey of Christian Epistemology*, vol. 2 of *In Defense of the Faith* (Phillipsburg, NJ: Presbyterian & Reformed, n.d.), p. 1–3.

[2] Lit.: "a norma normativa que não pode ser normada", ou seja, é o princípio de que as Escrituras não podem ser submetidas a uma autoridade superior, porque são a palavra de Deus.

a coerência lógica do debate teológico. Ao discernir o sistema de verdade divina, também deve haver um compromisso absoluto com a coerência. Os teólogos nunca podem usar a correspondência bíblica como desculpa para contradições internas ou ilógicas em seus sistemas teológicos. Eles devem continuamente refinar e harmonizar cada detalhe com o todo, para que o sistema seja autoconsistente. Isso significa, às vezes, que os cristãos que buscam a verdade devem considerar a possibilidade de que seus melhores esforços na construção de sistemas teológicos que correspondam exegeticamente à verdade bíblica, ainda correm o risco de serem bloqueados não apenas por erros lógicos, mas, também, por erros interpretativos. Ao abordar essa preocupação (utilizando uma frase popularizada por um dos contribuintes deste livro), eles devem evocar uma "espiral hermenêutica" na qual não apenas verifiquem sua teologia (coerência) com a exegese (correspondência), mas também que façam o contrário.[3]

A questão sobre a extensão da expiação de Jesus Cristo tem sido apresentada como um debate entre correspondência (exegese) e coerência (teologia). Por um lado, muitos textos sugerem uma expiação ilimitada, anunciando, aparentemente, que Cristo levou os pecados de toda a população humana (Is 53.6; Jo 1.29; 3.16; 12.32; 2 Co 5.14-15, 19, 1 Tm 2.4-6, 4.10, Tt 2.11, 2.9, 10.29, 2 Pe 2.1, 3.9, 1 Jo 2.2; 4.14; etc.). Com muita frequência, aqueles que defendem a redenção particular descartam tais textos ou respondem com exegese que cheira à defesa apelativa.[4]

---

[3] Grant R. Osborne, *The Hermeneutical Spiral*, 2nd ed. (Downers Grove, IL: InterVarsity, 2006). [Publicado no Brasil por Edições Vida Nova, sob o título *A Espiral Hermenêutica*, 2009].

[4] Por exemplo, o *mundo*, às vezes, é qualificado como *o mundo dos eleitos*; muitas vezes sem qualquer defesa exegética desta leitura

Por outro lado, aqueles que promovem teorias universais de expiação, às vezes, descartam as tensões teológicas que suas posições levantam: a natureza da substituição, o problema da dupla punição pelos pecados e o risco de cair no universalismo. Com demasiada frequência, a justificativa para dissolver mais esses problemas vem na forma de trunfo da correspondência bíblica: a Bíblia diz que Cristo morreu por todas as pessoas, portanto, se isso faz ou não sentido, deve ser verdade – declarações absolutamente claras não são ameaçadas pela incapacidade do teólogo em harmonizá-las coerentemente com o todo sistemático. Em vez disso, tais antinomias teológicas permanecem como monumentos para o caráter misterioso do Criador, cujos pensamentos e modos excedem em muito os de suas criaturas.

Isso não significa que aqueles que aderem a uma expiação definida não tenham textos que apoiem a posição ou aqueles que aderem a uma expiação ilimitada não tenham preocupações teológicas.[5] No entanto, como regra, os adeptos de uma expiação ilimitada parecem vigorosamente agitar a bandeira da correspondência (exegese), enquanto os adeptos de uma expiação definida agitam a bandeira da

---

mais restrita. Ou a decisão aparentemente arbitrária é feita para transformar a palavra *todos* em algo inferior a *todos*, mesmo quando não há razão exegética para isso.

[5] Aqueles que defendem a expiação definida utilizam textos como João 6.37–40; 10.11 (cf. v. 15, 26); 17.6–10; Marcos 10.45; Atos 20.28; Romanos 8.29-32; Efésios 5.25; e os defensores da expiação ilimitada também utilizam textos bíblicos de apoio à posição (por exemplo, Is 53.11-12; 2 Co 5.14-15; 1 Tm 4.10). Aqueles que defendem uma expiação ilimitada sugerem que uma expiação definida (1) torna a oferta gratuita do Evangelho ilógica e injusta; (2) coloca limites no infinito amor de Deus; e (3) abandona a liberdade humana, negando ao crente qualquer participação de fé em sua própria salvação.

coerência (teologia). Como resultado, os dois grupos, infelizmente, tendem a debater, descartando qualquer objeção discrepante levantada.

É um prazer trabalhar com uma equipe de colaboradores que não são vítimas dos estereótipos que acabamos de descrever. Cada um está comprometido em manter a (1) fidelidade à Palavra de Deus como a *norma normans non normata;* e a (2) consistência teológica. Cada um lida cuidadosamente com as objeções do outro, sem truculência ou desrespeito. Naturalmente, todos os debatedores não podem estar certos ao mesmo tempo, e, os leitores deste livro provavelmente estarão do lado de um e contra os outros (ou descartarão todos eles). Isto já é esperado. Mas temos a expectativa de que o compromisso que os autores têm em relação à Bíblia, o sincero desejo de entender outras visões e o espírito cordial sejam úteis ao leitor.[6]

Um panorama dos três pontos de vista

Em certo sentido, o debate sobre a extensão da expiação é dividido entre: alguém que acredita que Cristo morreu por todos ou que morreu apenas pelos eleitos; portanto, um leitor pode razoavelmente concluir que Carl Trueman é colocado injustamente contra dois oponentes. Outros elaboraram este debate de acordo com a "opção tripla" de

---

[6] No interesse de perpetuar essa troca irênica, recomendo o texto "sugestões práticas para evitar o cisma doentio sobre a extensão da expiação", de Andrew Naselli, em John Owen's Argument for Definite Atonement in The Death of Death in the Death of Christ: A Summary and Evaluation," Southern Baptist Journal of Theology 14.4 (2010): p. 74–76, 81–82.

John Owen: Cristo morreu por (1) "todos os pecados de todos os homens" (universalismo), (2) "todos os pecados de alguns homens" (particularismo), ou 3) "alguns pecados de todos os homens" (Romanismo/Arminianismo).[7] Mas por que parar com apenas três posições? O protestantismo está repleto de variações (e possivelmente exceções) dessa taxonomia de Owen. Há cerca de um século, B. B. Warfield reconheceu onze variações[8] e, provavelmente, teríamos que dobrar esse número hoje.

Como editores, consideramos a possibilidade deste livro incluir mais de três perspectivas:

- No lado particularista, poderíamos ter acrescentado pelo menos duas visões: (1) a chamada "visão comercial", uma variação minoritária do particularismo, que nega o valor infinito da expiação e exclui a graça comum da expiação,[9] e (2) o modelo de "aplicação eterna" que vê a realização e aplicação da expiação como

---

[7] John Owen, *The Death of Death in the Death of Christ*, in *The Works of John Owen*, ed. William H. Goold (repr., Edinburgh: Banner of Truth, 1967), 10:173–74.

[8] Warfield vê três variações do modelo "particularista", três variações do modelo "universalista", três variações do modelo "sacerdotal" e duas variações de o modelo "naturalista" (*The Plan of Salvation* [Grand Rapids: Eerdmans, 1935], p. 23).

[9] Thomas J. Nettles defende essa compreensão particularista menos comum (sem usar o título de "visão comercial") contra a ideia de Andrew Fuller, que é um particularismo histórico e amplamente aceito (*By His Grace and for His Glory: A Historical, Theological, and Practical Study of the Doctrines of Grace in Baptist Life*, rev. and exp. 20th anniversary ed. [Cape Coral, FL: Founders Press, 2006], p. 335–59.

simultâneas – seja na eternidade passada ou na cruz.[10]

- No lado oposto, poderíamos ter incluído pelo menos quatro visões distintas de expiação ilimitada: (1) que a morte de Cristo assegura a expiação de todos os pecados e com ela a graça preveniente, a fim de que todos possam aceitar ou rejeitar a obra de Cristo;[11] (2) que a morte de Cristo simplesmente providenciou expiação de todos os pecados exceto o pecado da incredulidade, que é uma categoria separada;[12] (3) que a morte de Cristo satisfez a ira de Deus sem apropriadamente substituir cada pecador;[13] e (4) que a morte de Cristo expia todos pecados a fim de que todos os homens sejam salvos (isto é, universalismo).[14]

---

[10] Uma vez que esta é uma visão rara, mesmo entre hipercalvinistas (cf., por exemplo, John Brine, *A Defence of the Doctrine of Eternal Justification from Some Exceptions Made to It by Mr. Bragge, and Others* [London: A. Ward e H. Whitridge, 1732]), atualmente tem poucos ou nenhum proponente.

[11] Essa visão é comum entre os arminianos que rejeitam a teoria governamental da expiação. Grant Osborne habilmente defende essa visão neste livro.

[12] Robert P. Lightner, *The Death Christ Died: A Biblical Case for Unlimited Atonement* (Grand Rapids: Kregel, 1998), p. 101; David L. Allen, "The Atonement: Limited or Universal," in *Whosoever Will: A Biblical-Theological Critique of Five-Point Calvinism*, ed. David L. Allen and Steve W. Lemke (Nashville: B&H, 2010), p. 88.

[13] A teoria de satisfação no pensamento de Anselmo, que ainda é dominante nos círculos católicos romanos, indiscutivelmente, se encaixa nessa descrição.

[14] *Universalismo* significa que todas as pessoas, sem exceção, serão finalmente salvas. A expiação universal significa que Cristo providenciou

- No meio das posições, poderíamos ter modelos isolados como o amiraldismo, o universalismo hipotético inglês,[15] e a recentemente defendida "posição clássica"[16] como alternativas à visão de "múltiplas intenções" que acabamos escolhendo.[17]

E, além de tudo isso, restam, é claro, ainda muitos eruditos que defendem visões não substitutivas de expiação.[18] No interesse de um projeto mais fácil de administrar, no entanto, decidimos restringir a discussão a três opções básicas (que não são, para o alívio de alguns leitores, as três opções de John Owen). Começamos estreitando nosso foco nas visões protestantes e, além disso, naquelas visões que afirmam a reparação penal substitutiva. A pergunta principal, portanto, que este livro aborda não é: "em benefício de quem Cristo morreu?", porém, mais especificamente, "por

---

os meios de salvação para todas as pessoas, sem exceção. Todos os universalistas sustentam a expiação universal, mas a maioria dos que defende à expiação universal não é universalista.

[15] Jonathan D. Moore, *English Hypothetical Universalism: John Preston and the Softening of Reformed Theology* (Grand Rapids: Eerdmans, 2007).

[16] E.g., P. L. Rouwendal, "Calvin's Forgotten Classical Position on the Extent of the Atonement: About Sufficiency, Efficiency, and Anachronism," *WTJ* 70, no. 2 (Fall 2008): p. 317–35.

[17] E.g., Bruce A. Ware, "*The Extent of the Atonement: Select Support for and Benefits of a 'Multiple Intentions' Understanding,* ", esboço apresentado no 62º Encontro Anual da Sociedade Teológica Evangélica (18 de novembro de 2010). Veja também uma tese preparada por Gary Shultz sob a tutela de Ware: "*A Biblical and Theological Defense of a Multi-Intentioned View of the Atonement*" (PhD diss., Southern Baptist Theological Seminary, 2008).

[18] Cf. James Beilby and Paul R. Eddy, eds., *The Nature of the Atonement: Four Views* (Downers Grove, IL: InterVarsity, 2006).

quem Cristo morreu como substituto?"[19] Finalmente, concordamos que muito barulho entre as visões semelhantes, mas apenas levemente divergentes, criaria mais confusão do que clareza. Sendo assim, estreitamos nosso foco em três visões representativas que são suficientemente distintas para este formato de ponto-contraponto:[20]

1. Uma Expiação Definida
2. Uma Expiação Universalmente Suficiente
3. Uma Visão de Múltiplas Intenções da Expiação

Os representantes que participaram com este volume estão conscientes das várias nuances alternativas para às posições discutidas, mas no final, cada um não está defendendo um grupo de posições, mas apenas uma – a sua. Então, já pedindo desculpas aos leitores que têm uma inclinação a alguma posição específica deste debate, a seguir, um resumo das três visões.

Expiação definida

Carl Trueman defende a expiação definida (também conhecida como expiação limitada ou redenção particular), e argumenta que a expiação de Cristo é particular em intenção

---

[19] John Hammett solicitou e obteve permissão para expandir ainda mais essa questão, a fim de lidar com outros propósitos da expiação, mas a questão mais específica sobre a substituição continua sendo sua preocupação central.

[20] Consideramos usar os títulos históricos (por exemplo, calvinista, arminiano e amiraldismo, respectivamente), mas à luz de debates vigorosos sobre os posicionamentos exatos de Armínio, Amyraut e Calvino, decidimos que os rótulos teológicos seriam mais úteis.

e de caráter eficaz.[21] Por sua obra expiatória, Cristo pretendia efetivamente assegurar a salvação somente dos eleitos. A "limitação" da expiação de Cristo não reflete uma deficiência para o próprio Deus, nem qualquer restrição externa;[22] em vez disso, a limitação é o próprio decreto eletivo prévio de Deus.[23] Um debate enorme envolve a questão das origens modernas da expiação definida. Um debate antigo que desafia acerca do ensinamento de Calvino sobre o assunto, ainda tem sido travado por um grupo substancial de estudiosos que distinguem entre a teologia de Calvino e dos calvinistas (isto é, seus sucessores da escolástica reformada).[24] Se essa

---

[21] "Expiação limitada" é um rótulo usado mais por oponentes do que pelos proponentes dessa visão – os oponentes costumam usá-la pejorativamente. Além disso, não é também um rótulo especialmente preciso porque todas as três visões deste livro "limitam" a expiação, seja em intenção, suficiência ou aplicação.

[22] Isto é, limitar a expressão do amor prático de Deus (seu amor *ad extra*) não limita seu amor intrínseco (seu amor *in se*), nem qualquer força externa a ele limita sua capacidade de salvar.

[23] A ordem dos decretos (especialmente a prioridade do decreto de Deus de eleger anterior ao decreto de enviar Cristo para fazer expiação) é por vezes invocada como uma crítica (por exemplo, Lewis Sperry Chafer, Systematic Theology, 8 vols. [Dallas: Dallas Seminary Press, 1948], 3: p. 178-82). Se o decreto de fazer expiação precede ao decreto de eleger, argumenta-se, então a expiação é ilimitada; mas se o decreto de eleger precede ao decreto de fazer expiação, então a expiação é limitada aos eleitos. A maioria dos particularistas acha essa questão irrelevante. O que eles acham relevante, entretanto, é que quando Cristo realmente morreu na história, o número dos eleitos de Deus foi, pelo seu decreto eterno, fixado e conhecido por Cristo. E com essa informação em mente, o particularista argumenta, teria sido ilógico Cristo morrer (com ineficácia assegurada) por qualquer outra pessoa.

[24] Este entendimento, nascido no continente, foi penetrado no mundo de fala inglesa com a obra de Basil Hall: "Calvin Against the

última teoria estiver correta, então o claro ensino da expiação definida deve ser relegado à era pós-Reforma. Muitos, no entanto, negam a substância ou, no mínimo, a densidade dessa teoria.[25] À primeira vista, a disputa para identificar os legítimos herdeiros de Calvino parece indigna de toda essa

---

Calvinists," in *John Calvin*, ed. G. E. Duffield (Appleford, England: Sutton Courtenay, 1966). Pouco depois, tornou-se o tema de dissertação de Brian Armstrong, "The Calvinism of Moïse Amyraut: The Warfare of Protestant Scholasticism and French Humanism" (ThD diss., Princeton University, 1967), disponível em formato mais popular como *Calvinism and the Amyraut Heresy: Protestant Scholasticism and Humanism in Seventeenth-Century France* (Madison, WI: University of Wisconsin Press, 1969). Essa visão ganhou notável popularidade em 1979, com a publicação da dissertação de R. T. Kendall, *João Calvino e o Calvinismo Inglês até 1649: o puritanismo inglês e a modificação da teologia de Calvino*. Natal: Editora Carisma, 2019. Entre as outras obras simpáticas a essa tese, ainda duas se destacam: Alan C. Clifford, *Atonement and Justification: English Evangelical Theology 1640–1790—An Evaluation* (London: Oxford University Press, 1990); e G. Michael Thomas's *The Extent of the Atonement: A Dilemma for Reformed Theology from Calvin to the Consensus* (Carlisle, England: Paternoster, 2002). Mais recentemente, Kevin D. Kennedy tem promovido essa teoria, considerando as partes proeminentes de uma publicação anterior de Peter Lang, "Was Calvin a Calvinist? John Calvin on the Extent of the Atonement," in Allen and Lemke, *Whosoever Will*, p. 191–212.

[25] Cf. Roger Nicole, "Moyse Amyraut (1596–1664) and the Controversy of Universal Grace" (PhD diss., Harvard University, 1966); Paul Helm, "Calvin, English Calvinism, and the Logic of Doctrinal Development" *SJT* 34 (1981): 179–85; idem, *Calvin and the Calvinists* (Carlisle, PA: Banner of Truth, 1982); Jonathan H. Rainbow, *The Will of God and the Cross: A Historical and Theological Study of John Calvin's Doctrine of Limited Redemption* (Allison Park, PA: Pickwick, 1990); and Richard D. Muller, "Calvin and the 'Calvinists': Assessing Continuities and Discontinuities Between the Reformation and Orthodoxy," 2 parts, *Calvin Theological Journal* 30, no. 2 (1995): pp. 345–75; 31, no. 1 (1996): p. 125–60. Muller, especialmente, tem feito da relação entre a teologia da Reforma e a da pós-Reforma o assunto de uma vida inteira de trabalho.

confusão. Para muitos particularistas, no entanto, há mais em jogo do que mera proveniência teológica. Para estes, uma expiação definida é não menos essencial que uma peça do sistema Reformado, do que, digamos, a justificação pela fé ou qualquer um dos outros quatro "pontos" do Calvinismo. A posição explícita de Calvino sobre a extensão da expiação é uma questão de debate que continuará por décadas, mas a resposta não é particularmente relevante para essa discussão. O que é indispensável, argumentam os particularistas, é a necessidade de redenção particular como um corolário do sistema de Calvino.

Não é coincidência que "os calvinistas", em geral, defendam o particularismo, argumentam estes, porque o particularismo é uma consequência necessária do que Calvino ensinou – não uma contradição. Negar a redenção particular, os defensores alegam, logicamente desestabiliza todo o princípio da Reforma. Para estes, todos os "cinco pontos" ficam de pé ou caem juntos na refutação ao romanismo. Como mencionado anteriormente, os defensores da expiação definida oferecem uma série de textos-chave em apoio a essa posição. Seus argumentos mais substantivos, no entanto, vêm na forma de construções teológicas desenvolvidas a partir das implicações desses textos. Enquanto outros estão incluídos, as preocupações principais dominam:[26]

---

[26] Entre as obras recentes, cf. David Gibson and Jonathan Gibson, eds., *From Heaven He Came and Sought Her: Definite Atonement in Historical, Biblical Theological, and Pastoral Perspective* (Wheaton: Crossway, 2013) publicada em português pela Editora Fiel com o título *Do céu Cristo veio buscá-la* (2017); também Lee Gatiss, *For Us and for Our Salvation: 'Limited Atonement' in the Bible, Doctrine, History, and Ministry* (London: Latimer Trust, 2012) and Jarvis J. Williams, *For Whom Did Christ Die? The Extent of the Atonement in Paul's Theology* (Milton Keynes, UK: Paternoster, 2012). Outros tratamentos igualmente

Substituição penal

Em primeiro lugar, os particularistas argumentam que qualquer outra coisa além de uma expiação definida frustra a ideia de substituição penal. Desde os dias de Anselmo, a Igreja Católica Romana ensinou que Cristo se entregou satisfatoriamente pelo pecado, acumulando uma vasta quantidade de graça supererrogatória, que estava contingentemente disponível a todos os pecadores (isto é, com base em algo que eles fizeram para merecer isso). A provisão de Cristo poderia ser aceita ou rejeitada, mas foi oferecida a todos. A Teologia da Reforma, os particularistas argumentam, exige mais do que *provisão satisfatória para o benefício coletivo dos pecadores*; exige *a substituição penal pela culpabilidade individual dos pecadores*.[27] Os pecadores têm uma culpa capital

---

proeminentes incluem John Murray, *Redemption: Accomplished and Applied* (Grand Rapids: Eerdmans, 1955), p. 59-75; J. I. Packer, "The Love of God: Universal and Particular," in *Still Sovereign: Contemporary Perspectives on Election, Foreknowledge, and Grace*, ed. Thomas R. Schreiner and Bruce A. Ware (Grand Rapids: Baker, 2000), p. 277-91; Roger Nicole, "The Case for Definite Atonement," *Bulletin of the Evangelical Theological Society* 10, no. 4 (1967): p. 199-207; idem, "Particular Redemption," in *Our Savior God: Studies on Man, Christ, and the Atonement*, ed. James M. Boice (Grand Rapids: Baker, 1980), p. 165-78; e, mais especialmente, a obra de Owen, *The Death of Death in the Death of Christ*, in *The Works of John Owen*, ed. William H. Goold (repr., Edinburgh: Banner of Truth, 1967).

[27] Muitos hoje que defendem uma expiação ilimitada também ensinam uma visão substitutiva da expiação (um avanço marcante quando comparado à teoria governamental e à teoria da influência moral, que eram anteriormente mais comuns nos círculos arminianos). Particularistas, entretanto, veem essa afirmação como incoerente: enquanto os defensores da expiação ilimitada podem defender uma expiação que envolve satisfação penal, não é correto chamar isso de uma substituição penal, exceto em algum sentido potencial.

que a mera graça supererrogatória não pode satisfazer; eles precisam de uma substituição pessoal da vida.

Justiça divina

O precedente move-se naturalmente para uma segunda preocupação, a saber, a justiça divina. Enquanto certamente teria sido possível para Cristo, como Deus infinito, satisfazer a ira acumulada de seu Pai contra todos os pecados de cada pecador, expiá-los, pagar o preço de resgate de sangue por todos, e reconciliá-los com Deus, no entanto, um inferno ainda cheio de pessoas prova que Cristo não fez isso. Se ele assim o tivesse feito, então não haveria mais pecado e, consequentemente, nenhuma possibilidade de ira divina adicional. Sugerir o contrário, muitos particularistas argumentam, seria antiético e injusto – um tipo de "dupla punição" estranha à ordem divina. Assim, logicamente, qualquer pessoa enviada aos horrores punitivos do inferno não faz parte daqueles por quem Cristo fez a substituição penal.[28]

A linguagem de eficácia

Fechando uma possível brecha ao argumento anterior, apresenta-se o uso da linguagem de eficácia nas discussões bíblicas sobre a expiação. John Murray identifica as quatro "categorias" bíblicas de expiação descritas anteriormente – propiciação, expiação, redenção e reconciliação – categorias amplamente aceitas, mesmo fora do círculo de influência imediata de Murray. Mas, ao contrário daqueles que defendem uma expiação ilimitada, os particularistas veem essas

---

[28] Cf. Owen, *Death of Death*, p. 246–49, 273.

categorias como portadoras de significado intrinsecamente eficaz. Em nenhum lugar, as Escrituras dizem que Cristo apenas fez provisão para expiar o pecado, propiciar a ira ou reconciliar as pessoas com Deus. Pelo contrário, ele realmente levou os pecados (Jo 1.29), suportou a ira de Deus (1 Jo 2.2; 4.10), nos redimiu (Gl 3.13-14) e nos reconciliou com o Pai (Rm 5.10-11; 2 Co 5.18-19). É por esta razão, então, que o título do livro de Murray não é *Redenção: Providenciada e Aplicada*, mas *Redenção: Consumada e Aplicada*.[29]

A unidade do propósito de Deus

Finalmente, os proponentes argumentam que uma expiação definida é necessária para a unidade do propósito divino na salvação. O Pai elegeu um povo antes da fundação do mundo, Cristo morreu posteriormente por essas pessoas, e o Espírito as regenera. A sugestão proposta de que Cristo deliberadamente (e com ineficácia autoconsciente) expandiu a intenção divina quando morreu, argumenta-se, destrói não apenas a unidade de Deus, mas também sua imutabilidade e soberania.[30]

---

[29] Extraindo a metáfora de um sistema legal humano, achamos que é eticamente apropriado para um juiz estender a ira punitiva contra uma pessoa que rejeitou a *oferta* pelo pagamento por seus crimes. Mas este não é o paralelo oferecido nas Escrituras, particularistas afirmam. Em vez disso, a Escritura indica que Cristo ofereceu o pagamento e o Pai recebeu, aplacando assim a sua ira e efetuando a reconciliação. Neste ponto, Deus é eticamente auto-obrigado a estender todos os benefícios da salvação a cada beneficiário da expiação. A "corrente de ouro" da soteriologia começou e não pode ser interrompida (Rm 8.32). Veja também Owen, *Death of Death*, p. 211-14, 232-36, 259.

[30] Owen, *Death of Death*, p. 163–79 *et passim*.

Expiação ilimitada

Grant Osborne argumenta em favor da expiação ilimitada (também conhecida como expiação universal), que afirma que a expiação de Cristo é universal em intenção e de caráter provisional. Mediante sua obra na cruz, Cristo pretendia prover a expiação por todas as pessoas, sem exceção, e ele cumpriu perfeitamente o que pretendia.[31] Mas Cristo não pretendeu aplicar a expiação a todas as pessoas, sem exceção: a aplicação é alcançada pela fé. A culpabilidade por limitar a expiação cabe às pessoas que não abraçam a expiação que Cristo proporcionou livremente.[32]

As origens protestantes da expiação universal também são debatidas. Os particularistas sugerem que a expiação ilimitada não abandona completamente as teorias romanistas e bebe demais do poço do humanismo continental. Os próprios proponentes da expiação, no entanto, sugerem que sua visão flui diretamente da leitura clara das Escrituras e que muitos dos primeiros reformadores também a tinham. Assim, argumentam eles, não foram os remonstrantes que se aparataram da antiga ortodoxia da Reforma; em vez disso, foram os particularistas escolásticos que poluíram a teologia reformada com confissões lógicas que rivalizavam

---

[31] Isto desafia a afirmação particularista de que a expiação universal reflete um Deus impotente, que não realiza o que pretendeu. Para os defensores da expiação universal, Deus *realizou* tudo o que pretendeu. Mas Deus não pretendia *redimir efetivamente* alguém; ele simplesmente pretendia *prover redenção* a todos. E nisto, eles afirmam, Deus foi perfeitamente bem-sucedido.

[32] A relação exata da fé com a expiação é uma questão de debate entre os defensores da expiação universal. Todos concordam, no entanto, que a fé delimita a aplicação da expiação de Cristo.

com as Escrituras como cânones de fé.[33] Os remonstrantes não se opuseram, em princípio, aos sistemas confessionais de teologia, mas se opuseram ao status virtualmente canônico que essas confissões às vezes possuíam.

Com respeito à extensão da expiação, os remonstrantes argumentaram que as declarações claras da Escritura (neste caso, Jo 3.16 e 1 Jo 2.2) discordam das conclusões confessionais da escolástica, assim, rejeitaram as últimas:

> *Jesus Cristo, o Salvador do mundo, morreu por todos e por cada indivíduo, de modo que obteve para todos, por sua morte na cruz, reconciliação e remissão de pecados; contudo, de tal maneira, que ninguém participa desta remissão senão os crentes, de acordo com a palavra do Evangelho de João 3.16: "Porque Deus amou o mundo de tal maneira que deu o seu único Filho, para que todo aquele que nele crê não pereça, mas tenha a vida eterna." E na primeira carta de João, capítulo 2, versículo 2:"Ele é a expiação dos nossos pecados; e não para só a nossa, mas também pelos pecados do mundo inteiro".*[34]

As típicas preocupações levantadas pelos proponentes da expiação ilimitada incluem os seguintes pontos.[35]

---

[33] Veja as fontes citadas na nota nº 24.

[34] *Remonstrance* (1610), art. 2, in *Creeds and Confessions of Faith in the Christian Tradition*, vol. 2, *Reformation Era*, ed. Jaroslav Pelikan and Valerie Hotchkiss (New Haven: Yale University Press, 2003), 2:549.

[35] Veja Robert E. Picirilli, *Grace, Faith, Freewill: Contrasting Views of Salvation: Calvinism and Arminianism* (Nashville: Randall House, 2002), p. 103–22; Terry L. Miethe, "The Universal Power of Atonement,"

Preocupações exegéticas

A primeira preocupação geralmente levantada pelos defensores da expiação universal é exegética. Enquanto as Escrituras admitidamente falam, às vezes, da morte de Cristo por "nós", "os muitos", "as ovelhas" e "a igreja", tal linguagem não exclui logicamente todos os outros. Em vez disso, a exegese deve focar na multiplicidade de textos que descrevem claramente a morte de Cristo pelo "mundo" ou por "todos". Sendo assim, a vantagem pertence especialmente às passagens que falam explicitamente da morte de Cristo "não apenas" em favor dos crentes, mas para todos (por exemplo, 1 Jo 2.2), ou que afirmam inequivocamente que Cristo morreu até pelos incrédulos (por exemplo, Hb 10.29; 2 Pe 2.1).[36] Tais textos, afirmam os defensores, são provas seguras que os escritores da Bíblia ensinaram uma expiação universal.

Preocupações teológicas

As preocupações exegéticas concordam com três fatores teológicos fundamentais. Primeiro, levando em conta que

---

in *The Grace of God, the Will of Man: A Case for Arminianism*, ed. Clark H. Pinnock (Grand Rapids: Zondervan, 1989), 71–96; Robert P. Lightner, *The Death Christ Died*, rev. ed. (Grand Rapids: Kregel, 1998); and David L. Allen, "The Atonement: Limited or Universal?" p. 78–107. Estarei utilizando as três categorias de Allen no material apresentado neste livro.

[36] Veja, especialmente, Picirilli, *Grace, Faith, Freewill*, p. 123–37; Allen, "The Atonement: Limited or Universal?" p. 78–83; Lightner, *Death Christ Died*, p. 55–91.

o amor de Deus é infinito, sua expressão não pode ser limitada. Seria injusto que Deus enviasse Cristo para pagar pelos pecados de apenas algumas pessoas (cf. esp. 1 Jo 4.8-10).[37] Segundo, como a fé é um catalisador necessário entre o evento histórico da cruz e a união real do crente com Jesus, as pessoas são condenadas em última instância "não apenas por seus pecados, mas também por não colocarem fé em Cristo".[38] Segue-se que a morte de Cristo em si não salva ninguém; em vez disso, sua morte torna a salvação *possível* para aqueles que a recebem pela fé. A realidade de que nem todos são salvos não é, portanto, por causa de alguma deficiência por parte da obra de Cristo na cruz, mas devido à própria falha do pecador em exercer fé.[39] Terceiro, uma vez que os seres humanos são livres e, visto que Deus convida todas as pessoas a abraçarem a Cristo, a disponibilidade da obra expiatória deve estar universalmente disponível. Se Cristo

---

[37] Para uma defesa completa deste argumento, cf. Fritz Guy, "The Universality of God's Love," in *The Grace of God, the Will of Man*, ed. Clark H. Pinnock (Grand Rapids: Zondervan,1989), p. 31–49.

[38] Picirilli, *Grace, Faith, Freewill*, p. 118. Lightner argumenta ainda que a incredulidade não é um pecado comum, mas um pecado decisivo que deriva seu verdadeiro significado somente após o evento da cruz: "O pecado da incredulidade está sempre associado à obra completa de Cristo, assume uma qualidade específica e é tratada de maneira particular nas Escrituras" (*Death Christ Died*, p. 101); assim como, Allen, "Atonement: Limited or Universal", p. 88.

[39] Detalhes sobre a fonte dessa fé variam entre os defensores da expiação ilimitada. Alguns sugerem que todas as pessoas possuem a capacidade inata de crer (pelagianismo); outras, que a fé é disponibilizada como uma manifestação da graça preveniente (Picirilli e a maioria dos arminianos); ainda outras, veem a fé como conectada com um chamado eficaz (Lightner e muitos calvinistas de "quatro pontos"). Em todo o caso, é a falha do pecador em crer que limita a aplicação da expiação.

não morreu para prover expiação pelos pecados de todas as pessoas e, se Deus não concedeu às pessoas a liberdade de aceitar essa expiação, então, é ilógico e de fato antiético que Deus convide todas as pessoas a crer. Visto que Deus *faz* um convite sincero (por exemplo, Mt 28.18-20; At 1.8), segue-se que todas as pessoas podem exercer fé e que Cristo morreu por todos, sem exceção.

Preocupações evangelísticas

Se o que precede é verdadeiro, qualquer coisa que não seja uma expiação universal sufoca a evangelização. A menos que se possa dizer sinceramente: "Cristo morreu por *você*", argumentam os defensores da expiação universal, os apelos à fé tornam-se insinceros,[40] desajeitados,[41] e/ou raros.[42]

---

[40] Particularistas, por exemplo, podem evangelizar para obedecer a Deus, mas eles o fazem, argumenta-se, apesar da sua teologia, e não por causa desta (por exemplo, Allen, "Expiação: Limitada ou Universal?" p. 96-97).

[41] Porque os particularistas não podem dizer, por exemplo, "Jesus morreu por você", eles são obrigados a usar declarações evasivas e estéreis, como "Jesus morreu pelos pecadores" – declarações indignas do calor do evangelho cristão (ibid., p. 96–100).

[42] Allen, por exemplo, observa que a ambiguidade e insinceridade intrínsecas nas apresentações particularistas do evangelho, não apenas reduziram o uso de chamadas ao altar, mas, também, levaram alguns a denunciar os chamados ao altar como algo antibíblico (ibid., p. 101).

Uma visão de múltiplas intenções da expiação

John Hammett defende uma visão *de múltiplas intenções da expiação*, argumentando que a expiação de Cristo tem propósitos tanto universais quanto particulares, e tem elementos que são alternadamente provisórios e eficazes em caráter. A visão de múltiplas intenções não é precisamente *amiraldismo* ou *universalismo hipotético*, mas tem bastante semelhança com esses modelos a ponto de alguém confundi-los. Em relação ao propósito redentor de Cristo, essas visões coletivamente sustentam que Cristo pretendia (1) pagar a penalidade pelos pecados de toda raça humana, sem exceção, tornando assim possível tanto a salvação de todos quanto a oferta gratuita do evangelho a todos, mas (2) para garantir a salvação dos eleitos somente.[43] Dessa maneira, essas visões

---

[43] Alguns identificam mais do que duas intenções. Ware descreve cinco propósitos ("'Multiple Intentions' Understanding," 3–4), assim como, Robert L. Dabney (*Syllabus and Notes of the Course of Systematic and Polemic Theology Taught in Union Theological Seminary, Virginia*, 6th ed. [repr.; Richmond: Presbyterian Committee of Publication, 1927], p. 528–29). De particular interesse são as intenções de Deus em estabelecer a base ética para a providência e graça comum (por exemplo, Cl 1.17-18), e efetuar a restauração de todas as coisas. (por exemplo, Rm 8.19–23; 1 Co 15.24–28; Cl 1.19–20). Ademais, deve-se notar que os particularistas, especialmente aqueles da vertente do calvinismo holandês, têm discutido sobre essas preocupações por anos. Um lado, representado proeminentemente em décadas passadas por Herman Hoeksema e hoje por John Engelsma, rejeita essas "intenções" da expiação porque elas não podem ser entendidas como de natureza *substitutiva*. Os benefícios da providência, a assim chamada graça comum (termo que esse grupo rejeita) e a restauração global são simplesmente benefícios indiretos do impulso redentor

tentam abranger os pontos fortes da expiação definida, embora, simultaneamente, abordando as objeções da expiação ilimitada. Tomando emprestadas as palavras de William G. T. Shedd, um dos precursores da visão de Hammett, Cristo morreu para fazer simultaneamente tanto uma "expiação universal" quanto uma "redenção limitada".[44]

Historicamente, essa visão intermediária encontra seu maior apoio nos primeiros protestantes da escola de Saumur e dentre os maiores expoentes, na fase inicial, está John Cameron, e, especialmente, Moises Amyraut.[45] O amiraldismo, que é, propriamente, uma variação minoritária do calvinismo, inicialmente, foi mantido por Pedro Lombardo que adotou o entendimento de que a morte de Cristo foi "oferecida" [...] para todos no que diz respeito à suficiência do preço, mas apenas para os eleitos com relação à sua eficácia, pois ele trouxe salvação apenas aos predestinados".[46] A elasticidade conotativa da frase "suficiente para todos, mas eficiente para os eleitos" provou ser útil como um veículo de mediação em Dort que, em 1618-1919, calvinistas "puros" e amiraldianos uniram-se para criar uma resposta à ameaça

---

particular de Deus – e nada mais. O outro lado, representado em décadas passadas por proponentes como John Murray e Richard Mouw, vê esses benefícios como benefícios independentes e genuínos da expiação. Deve-se notar que este último grupo não abandonou, contudo, a sua posição particularista.

[44] William G. T. Shedd, *Dogmatic Theology*, 2nd ed., 2 vols. (New York: Scribners, 1889), 2:469. Veja, também, a afirmação de um contemporâneo de Shedd, Robert L. Dabney, que advogou uma "expiação ilimitada" e uma "redenção limitada" (*Systematic and Polemic Theology*, p. 528).

[45] Cf., Thomas, *Extent of the Atonement*.

[46] Peter Lombard, *The Sentences* 3.20.5 (Canada: Pontifical Institute of Medieval Studies, 2008), p. 86.

dos arminianos remonstrantes – documento conhecido como Cânones de Dort, do qual, os "cinco pontos" derivam.

O universalismo hipotético continuou ao longo dos séculos XVII e XVII como uma posição minoritária persistente nos círculos reformados;[47] provavelmente alcançou sua maior aceitação no presbiterianismo norte-americano do final do século XIX.[48] Novas variações do universalismo hipotético, entre as quais, a perspectiva das múltiplas intenções defendida neste livro, novamente tem crescido na igreja evangélica.[49]

O modelo de múltiplas intenções compartilha das preocupações teológicas das outras duas posições. De fato, o grande apelo é que ela permite que os proponentes sigam o sábio conselho de Dabney, "*In mediis tutissime ibis*"(literalmente, "o caminho do meio é o mais prudente")[50] ou para usar o axioma mais popular de Ware, este caminho oferece o" melhor dos dois lados".[51]

Como seus irmãos particularistas, os defensores do modelo de múltiplas intenções (1) aderem firmemente a uma redenção particular e, portanto, incontestavelmente substitutiva, (2) afirmam o sucesso absoluto de um decreto divino

---

[47] Para um olhar mais atento sobre o desenvolvimento do universalismo hipotético inglês do séc. XVII, cf., esp. Moore, *English Hypothetical Universalism*.

[48] Shedd, *Dogmatic Theology*, 2:464–89; Dabney, *Systematic and Polemic Theology*, p. 513–45.

[49] E.g., Ware, "'Multiple Intentions' Understanding"; Rouwendal, "Calvin's Forgotten Classical Position"; Shultz, "Multi-Intentioned View of the Atonement"; Alan C. Clifford, *Calvinus: Authentic Calvinism: A Clarification* (Charenton: Reformed Publishing, 1996).

[50] Dabney, *Systematic and Polemic Theology*, p. 527.

[51] Este é o primeiro dos quatro "argumentos teológicos-chave" para os quais Ware apela em apoio à sua "Compreensão das Múltiplas Intenções", p. 3.

imutável e (3) abraçam, deliberadamente, a linguagem eficaz das Escrituras, respeitando as várias categorias de expiação. No entanto, semelhantemente aos seus irmãos da expiação ilimitada, eles (1) relacionam a linguagem universal das Escrituras com a provisão e a oferta de salvação, (2) afirmam categoricamente a natureza infinita da provisão de Deus e a necessidade da fé salvífica, e (3) anunciam ao mundo inteiro, sem quaisquer reservas de consciência, que "Jesus morreu por você". O modelo de múltiplas intenções também possui a explicação ética mais abrangente das realidades teológicas sobre a providência divina, graça comum, e a promessa de restauração cósmica.

Conclusão

Nós o convidamos a ler atentamente, refletir e pesar sobre as três visões. Seguindo o exemplo dos bereanos (At 17), compare os argumentos dos participantes deste livro com as Escrituras, vendo se essas coisas correspondem ao testemunho bíblico e, além disso, se são coerentes com todo o testemunho de Deus (a *analogia fidei*). E uma vez que você tenha decidido qual é a opinião correta, lembre-se de que as outras visões também são mantidas por crentes genuínos. A questão da intenção de Deus em enviar Cristo para morrer é algo importante a ser considerado, no entanto, essa importância não é tão grande a ponto de não reconhecermos como cristãos àqueles que respondem de maneira diferente.

É com prazer que lhe recomendamos esta discussão. Que o seu conteúdo enriqueça não só a você, mas também a igreja por quem Cristo morreu, para a glória de Deus Pai.

CAPÍTULO 1

O PONTO DE VISTA DA EXPIAÇÃO DEFINIDA

Carl Trueman

A doutrina da expiação definida é uma daquelas doutrinas que pode soar tanto contraintuitiva quanto uma imposição sobre a Escritura que distorce seu significado claro. Não é óbvio que Deus ama a todos? Isso não deveria ser refletido na extensão da expiação? Parece básico que, nas palavras de João 3.16, Deus ame o mundo e que, portanto, um aspecto universal desse amor esteja no âmago da ação mais significativa de Cristo como Salvador: sua morte na cruz. Falar de limitação, em tal contexto, parece minar o ensino bíblico e atenuar o amor de Deus.[52]

Naturalmente, outros ensinamentos da igreja, muito menos controversos, são suscetíveis à mesma crítica

---

[52] A defesa clássica da expiação limitada foi elaborada por John Owen: *The Death of Death in the Death of Christ* (1647). A obra está disponível na reimpressão moderna das suas obras na edição do século XIX, no volume 10 (London: Banner of Truth, 1967). Também publicada pela Banner of Truth, como um volume separado e com uma introdução de J. I. Packer, que (devido ao tom acessível de Packer em relação ao estilo altamente complicado de Owen) provavelmente provou ser mais influente nos círculos evangélicos modernos do que o texto que introduz. Sobre a história da expiação limitada, cf. Richard A. Muller, *Christ and the Decree: Christology and Predestination from Calvin to Perkins* (Durham: Labyrinth, 1986); Carl R. Trueman, *The Claims of Truth: John Owen's Trinitarian Theology* (Carlisle: Paternoster, 1998); Jonathan D. Moore, *English Hypothetical Universalism: John Preston and the Softening of Reformed Theology* (Grand Rapids: Eerdmans, 2007). Para uma defesa recente da doutrina, cf. Lee Gatiss, *For Us and for Our Salvation: "Limited Atonement" in the Bible, Doctrine, History, and Ministry* (London: Latimer Trust, 2012).

de que, superficialmente, as Escrituras, à primeira vista, não parecem ensiná-los, pelo menos se focarmos apenas em certas passagens bíblicas. Por exemplo, a divina igualdade do Pai e do Filho parece contradizer as declarações de Jesus nos Evangelhos sobre o Pai ser maior do que ele. Todo cristão sabe – ou deveria saber – que tais textos precisam ser definidos dentro do contexto do ensino geral das Escrituras; e devem ser analisados segundo o que a igreja historicamente refletiu sobre o Pai e o Filho. Assim sendo, alguém poderá realmente entender porque a teologia trinitária afirma que as pessoas na divindade são iguais. Assim é com a expiação definida: é importante que não rejeitemos a doutrina de imediato, porque parece estar em desacordo com o "significado claro" de passagens como João 3.16. Para isso, precisamos entender exatamente quais perguntas a igreja fez que levaram à formulação da doutrina como a temos.

  O termo *expiação* definida atualmente tem uma série de variações. Alguns dos que defendem a expiação definida, por exemplo, sentem-se confortáveis com a fórmula medieval que declara que a morte de Cristo é suficiente para todos, mas eficiente apenas para os eleitos; outros usam pouco ou de nenhuma maneira essa frase. No entanto, todos se encaixam na gama de teorias de expiação que podem ser consideradas "limitadas" com base em seus entendimentos sobre a extensão. Levanto este ponto porque quero estabelecer, desde o início, que meu propósito é delinear a doutrina em termos do consenso confessional mais amplo e não de maneira estreita e intraconfessional. Assim, questões divergentes dentro de uma comunidade confessional, tais como a natureza e a utilidade da distinção "suficiente para todos, eficiente apenas para o eleito", não serão pontos de grande discussão neste trabalho.[53]

Desde o início, também, devemos observar que colocar a questão em termos da extensão da expiação não é a maneira mais apropriada de abordar o assunto. Um assunto tão denso, imediatamente vai gerar perguntas óbvias: como a expiação pode ser pregada àqueles que sabem que já são eleitos? (por alguma experiência mística?) Isso não elimina o evangelismo? De fato, é melhor pensar na questão da extensão da expiação como uma inferência extraída de sua natureza e eficácia. Tais questões como argumentarei posteriormente, lidam com problemas de teor *Kerigmático* sob uma ótica um tanto diferente: o pregador proclama uma obra finalizada e eficaz de Cristo na cruz, ou ele prega uma obra que meramente estabelece as bases para a salvação?

Historicamente, as diversas maneiras em que o assunto foi tratado levaram à frequente discussões sobre o valor do sacrifício de Cristo em relação às formulações cristológicas

---

[53] A fórmula que contrasta suficiência e eficiência recebeu sua expressão mais influente nos *Four Books of Sentences*, de Pedro Lombardo, o livro teológico padrão na Idade Média: cf. seu *IV Libri Sententiarum* 3.5.3; também Tomás de Aquino, *Summa Theologiae* 3a.2.5. Esta é essencialmente a posição articulada no Segundo Capítulo dos Cânones de Dort. Para uma discussão mais aprofundada sobre a história dessa frase, cf. W. Robert Godfrey, "Reformed Thought on the Extent of the Atonement to 1618," *WTJ* 37 (1975): 133-71, esp. 136, 142, 149, 159, 164-69; Trueman, *Claims of Truth*, 199-206; Raymond A. Blacketer, "Definite Atonement in Historical Perspective," in *The Glory of the Atonement: Biblical, Historical, and Practical Perspectives: Essays in Honor of* Roger Nicole, ed. Charles E. Hill e Frank A. James III (Downers Grove: InterVarsity, 2004), 311.

clássicas, com debates sobre se isso significa que a morte de Cristo, como Deus-homem, tem valor infinito.[54]

A teoria da expiação proposta por Anselmo ajudou a estabelecer grande parte do quadro geral para esse tipo de discussão. Tais debates, muitas vezes ligados à distinção medieval acerca da morte de Cristo como suficiente para todos, mas eficientes apenas para alguns. Em geral, não vou adotar esse tipo de estrutura para o meu argumento. A maioria, senão todos os teólogos cristãos, não teria nenhum problema com a ideia de que a morte de Cristo poderia ter sido suficiente para os pecados do mundo inteiro, se isso fosse de fato a intenção de Deus. Os arminianos e os universalistas hipotéticos concordam com os calvinistas de cinco pontos nessa questão.[55] Minha abordagem será, em vez disso, olhar

---

[54] Este é essencialmente o argumento dos Cânones de Dordt II. 4.

[55] Na terminologia, eu uso os termos "universalismo hipotético", "arminianismo" e "amiraldismo" (juntamente com seus cognatos) para descrever as três abordagens de expiação indefinida. O universalismo hipotético refere-se àquela perspectiva que defende uma expiação potencialmente geral, ilimitada ou universal. Deve-se notar, entretanto, que neste ensaio o termo não implica universalismo escatológico ou salvação universal. O arminianismo é posto aqui como uma perspectiva cristã que vê a expiação como universal; e o fator decisivo na eficácia individual da expiação sendo exercido no ato de fé não coercitivo do indivíduo. Amiraldismo tornou-se um termo moderno para aqueles que se consideram calvinistas ou reformados, mas que rejeitam a noção tradicional de expiação limitada. De fato, o amiraldismo, tecnicamente falando, é uma forma específica de teologia da aliança que coloca o decreto para designar Cristo como mediador logicamente antes do decreto da eleição; assim, Cristo é nomeado mediador de todos, embora nem todos se beneficiem dele. O uso contemporâneo do amiraldismo é, portanto, uma apropriação um tanto desleixada e imprecisa do termo. A maioria dos "amiraldianos" modernos é mais provavelmente adepta do universalismo hipotético: eles acreditam simplesmente que Cristo morreu por todos, embora

para a natureza bíblica da mediação de Cristo, especificamente no que se refere à unidade da intenção que é mantida pela sua obra sacerdotal de sacrifício e intercessão. A questão da extensão da expiação não é, portanto, meramente uma dedução lógica do tipo que simplesmente coloca a expiação sob o guarda-chuva do decreto de eleição; está intimamente ligada a vários aspectos da expiação. Não se pode lidar com a questão da extensão isolada da matriz doutrinal, na qual, ela deve ser compreendida. Assim, a questão da extensão da expiação é uma parte – ou talvez melhor dizendo, uma inferência necessária – da natureza da expiação.

Preciso enfatizar mais um ponto preliminar: a mera presença da linguagem universal em um texto bíblico não requer que a leiamos de maneira inequivocamente universal. Contexto e intenção sempre determinam o sentido. Um exemplo óbvio é João 12.19: "De sorte que os fariseus disseram entre si: vede que não aproveitais! Eis aí vai o mundo após ele".[56] É óbvio, a partir desse contexto, que a palavra "mundo" não significa que todo ser humano foi atrás de Jesus, mas, simplesmente, que um número significativo o fez. Também está claro que o orador não está usando "mundo" da mesma maneira que João o usa em João 1.9–10, em que claramente significa algo diferente. Isso realmente não precisa de uma

---

a eleição de Deus seja restritiva e particular. Em outras palavras, eles são frequentemente mais antissistemáticos ("apenas pregue e ensine a Bíblia") em sua abordagem, o que é irônico, dado à natureza fortemente sistemática da própria teologia de Amyraldus. O que se segue tipicamente distingue as três categorias, mas ocasionalmente abrange todas as três sob o termo geral "universalista hipotético". O uso deve ser claro em cada contexto.

[56] Salvo indicação do contrário, as citações das Escrituras são da Bíblia Revista e Atualizada, 2ª edição. Barueri – SP: Sociedade Bíblica do Brasil, 2011.

explicação elaborada: estamos todos familiarizados com o uso comum da linguagem que usa esses termos universais para um número um pouco mais limitado. Qualquer pessoa que já impediu o filho adolescente de fazer alguma coisa ou de ir a algum lugar, já ouviu a resposta: «Mas todo o mundo estará lá", e sabe que a conversa é apenas sobre um subconjunto do círculo social dele. Também podemos falar de alguém que é bem-visto como popular entre todos, mas que, neste caso, compreende automaticamente que "todos" não significa toda a raça humana. Assim, devemos entender os versos das Escrituras que trazem uma aparente expressão universal, nos seus devidos contextos – tanto o contexto imediato como o do ensino da Bíblia como um todo – em vez de assumir que tais passagens podem simplesmente funcionar como textos-prova irrefutáveis.[57]

---

[57] O comentário de John Murray é pertinente: "Termos universais são frequentemente usados em conexão com a morte de Cristo, como também em conexão com as categorias que definem sua importância (2 Co 5.14, 15, 19; 1 Tm 2.6; Hb 2.9; 1 Jo 2.2). É surpreendente que os estudantes das Escrituras, com tanta facilidade, apelem para esses textos como se determinassem a questão em favor da expiação universal. A Escritura frequentemente usa termos universais quando, obviamente, os mesmos não devem ser entendidos como todos os homens de forma inclusiva e distributiva ou de todas as coisas inclusivamente. Quando lemos em Gênesis 6.13, " Resolvi dar cabo de toda carne", é claro que isso não deve ser entendido de forma absoluta ou inclusiva. Nem *toda* a carne foi destruída. Ou quando Paulo diz que a transgressão de Israel era a riqueza do mundo (Rm 11.12), ele não pode estar usando a palavra "mundo" como todos os homens de forma distributiva. Israel não está incluído, nem todos os gentios eram participantes das riquezas pretendidas. Quando Paulo diz: "todas as coisas são lícitas para mim" (1 Co 6.12; cf. 10.23), ele não quis dizer que tinha liberdade para fazer toda e qualquer coisa. Exemplos podem ser multiplicados e todos deve perceber a restrição implícita. Uma expressão deve ser sempre interpretada nos termos do universo do discurso. Assim, em Hebreus

A defesa em favor de uma redenção particular, como acontece com a doutrina da Trindade, não depende da compreensão de um único texto, nem de qualquer texto isolado ensinando o ponto explicitamente. Em vez disso, é o resultado da força cumulativa e das implicações de uma série de elementos do ensino bíblico. Podemos resumir estes como (1) a particularidade da intenção na missão salvífica de Cristo e (2) a eficácia objetiva da obra de Cristo. Esses dois devem ser colocados como pano de fundo do ensino bíblico geral acerca da intenção, eficácia e expiação na Bíblia. Uma vez feito isso, é possível abordar os textos que parecem na superfície militar contra a expiação definida.

A Particularidade da Intenção na Missão Salvadora de Cristo

Para as visões antipelagianas da predestinação, o foco da missão de Cristo no que se refere ao decreto será inevitavelmente entendido de uma maneira focalizada e particular. No entanto, essa particularidade não depende apenas de uma construção teológica; a doutrina, também, reverbera em vários textos das Escrituras.

2.9, *todos* por quem Cristo provou a morte, devem ser entendidos como referindo-se a cada um dos quais o escritor está falando, a saber, todos os filhos a serem trazidos à glória, os santificados, os filhos que Deus deu a Cristo e de quem ele não se envergonha (v. 10, 11, 12, 13). E não deve ser esquecido que em 2 Coríntios 5.14, 15 os 'todos' por quem Cristo morreu não inclui mais do que aqueles que morreram nele, pois "um morreu por todos: portanto, todos morreram". No ensinamento de Paulo, morrer com Cristo é morrer para o pecado (cf. Rm 6. 2-10)" (*The Atonement* [Grand Rapids: Baker, 1962], p. 29–30).

Textos

Mateus 1.21; 20.28; 26.28. Quando o anjo visita José, ele declara que Cristo "salvará o seu povo dos pecados deles" (Mt 1.21), Zacarias ecoa o mesmo em Lucas 1.68. Mais tarde, em Mateus 20.28 e 26.28, Cristo fala especificamente de seu trabalho como destinado à salvação de muitos, não de todos. Assim, esses textos apoiam a noção de que a origem da missão de Cristo está em uma intenção salvífica que tem referência particular e limitada.

João 6.37–40. O Evangelho de João é um lugar ainda mais frutífero para essas referências. João 6.37–40 coloca de forma impressionante a missão do Filho sob a vontade do Pai, mas de tal maneira que o Filho está disposto a fazer o que o Pai tem ordenado e prometido. Mesmo que algumas pessoas tenham visto Jesus e não tenham crido nele, isso não indica que sua missão falhou ou foi frustrada de alguma forma (v. 37). Ele é claro: todos os que o Pai lhe deu virão até ele. D. A. Carson de forma convincente argumenta que a segunda metade do versículo 37 enfatiza isso, e que deve ser entendida como "eu certamente os guardarei".[58] A passagem então prossegue indicando o alicerce sobre o qual isto é construído: Cristo veio para fazer a vontade do Pai (v. 38). Cristo então define a vontade do seu Pai de não perder ninguém que lhe foi dado, mas os ressuscitará no último dia (v. 39). O impulso da expiação particular e do elemento predestinacionista disso é claro: Cristo veio para fazer a

---

[58] D. A. Carson, *The Gospel According to John*, PNTC (Leicester: Apollos, 1991), p. 290.

vontade de seu Pai, significando que ele levará ao lar de glória aqueles que o Pai lhe deu.

João 10. Esse texto também é importante. Apresentando a si mesmo como o cumprimento da figura do pastor nos moldes do Antigo Testamento (cf. Ez 34), Cristo fala sobre o conhecimento que tem de suas ovelhas e o conhecimento que elas têm de dele (v. 14), o qual se torna um paralelo do conhecimento que o Pai e o Filho têm um do outro (v. 15). Essas são as mesmas ovelhas por quem ele veio para dar a sua vida (v. 10–11, 15). A referência a outras ovelhas (v. 16) não é de um grupo indiscriminado, mas trata-se daqueles que estão fora da etnia de Israel. Os versículos 26–29 confirmam isto: aqueles que não ouvem não fazem parte do rebanho pelo qual Cristo desceu para entregar a sua vida.

João 17. O mais importante, é claro, dada a realidade da morte de Cristo como parte de seu sumo sacerdócio, é a conhecida oração sacerdotal de João 17. Cristo explicitamente restringe sua oração dizendo que não está orando pelo mundo, mas por aqueles que o Pai lhe deu (v. 9). A intenção por trás da ação salvadora neste ponto é limitada pela natureza restrita do que o Pai deu ao Filho.

A passagem do clímax no Evangelho de João, que conecta tanto a missão de Cristo quanto sua intenção particular, é a oração sacerdotal em João 17. Os versículos 6–10 são claros em seu particularismo: Jesus manifesta o nome de Deus àqueles que o Pai lhe deu do mundo (v. 6); ele não ora pelo mundo, mas por aqueles que o Pai lhe deu (v. 9); e há uma identidade compartilhada entre aqueles que pertencem ao Pai e aqueles que pertencem ao Filho (v. 10). Esse é o mesmo tipo de ensinamento de João 6 e 10, no qual a vontade do Pai é decisiva àqueles que virão ao Filho e é por estes que o Filho ora. A missão de Jesus não é uma missão indiscriminada para o mundo inteiro, mas para aqueles do mundo que o Pai lhe deu.[59]

A oração sacerdotal é central não apenas para nossa compreensão da missão de Cristo, mas, também, para nosso pensamento sobre Deus como Trindade; assim, esses dois aspectos da cristologia estão ligados de maneira significativa. A ênfase joanina na unidade do Pai e do Filho é uma parte fundamental da compreensão da igreja sobre o Pai e o Filho como compartilhando da mesma substância. Esse era o propósito do termo *homoousian* no credo. O termo, tão central para o desenvolvimento da ortodoxia nicena nos anos entre Niceia (325 d.C) e Constantinopla (381 d.C), é doutrinariamente importante por várias razões. Mais obviamente, protege a noção de que Pai, Filho e Espírito Santo são todos igualmente Deus e que, portanto, não pode haver subordinação estritamente ontológica entre as subsistências da Divindade. Isso também tem implicações importantes para entender o relacionamento dos três em suas ações em relação à criação e à redenção, questões não menos importantes da obra expiatória de Cristo.

Significativamente, o sentido de *homoousian* traz a ideia de que a interação entre Pai e Filho não pode ser interpretada em quaisquer termos que impliquem alguma relação minimamente contraditória. Na obra da salvação, a vontade do Pai e a do Filho têm a mesma intenção.[60] Apresentações

---

[59] Carson, *John*, p. 560–61.

[60] Mateus 26.39 é um verso misterioso, no qual o Filho encarnado submete sua vontade à do Pai; mas não ensina uma oposição entre as vontades do Pai e do Filho. Em vez disso, ressalta a realidade do

populares da obra sacerdotal de Cristo, particularmente no que se refere à substituição penal, podem fazer com que Deus Pai esteja irado com a humanidade caída, e que o Filho veio antes para defender sua morte como uma base de persuasão ao Pai relutante em olhar com misericórdia para essa humanidade. Isto é claramente contrário ao ensino direto da Escritura sobre o relacionamento entre Pai e Filho, e o *homoousian* é a salvaguarda teológica que reforça isso. Se o Pai e o Filho são da mesma substância, ambos são um só Deus e, portanto, unidos na vontade, então qualquer tentativa de tornar a expiação e intercessão de Cristo uma questão de persuadir o Pai em bondade tende claramente ao triteísmo.

Assim, em João 17, quando Cristo fala de orar por aqueles que o Pai lhe deu, somos levados ao coração do Deus Trinitário em termos de suas intenções salvadoras: o Pai e o Filho como um em intenção salvífica não a toda a humanidade, mas àqueles a quem Deus designou para a vida.

Atos 20.28. Essa particularidade da intenção se manifesta em outras partes do Novo Testamento. A morte de Cristo e a salvação da igreja estão diretamente conectadas em várias passagens. Paulo declara que a igreja foi obtida pelo sangue de Cristo (At 20.28), que tem fortes implicações comerciais.[61] Uma transação ocorreu. A moeda dessa transação é o sangue de Cristo. O que foi comprado é um grupo particular de pessoas.

---

que Cristo está passando e, de alguma maneira, indica que ambas as vontades são inteiramente consistentes entre si.

[61] David G. Peterson, *The Acts of the Apostles*, PNTC (Grand Rapids: Eerdmans, 2009), p. 570.

Efésios 5.25–27. Paulo traça um importante paralelo entre o casamento humano e a obra de Cristo: os maridos devem amar suas esposas "como Cristo amou a igreja e se entregou por ela, a fim de santificá-la, tendo-a purificado pela lavagem de água com a palavra, para que possa apresentar a igreja para si mesmo em esplendor, sem mancha ou ruga, a fim de que ela seja santa e sem defeito" (Ef 5.25-27). Isso implica que Cristo pretendia fazer certas coisas por sua igreja. Se o paralelo fosse estabelecido diferentemente, ou seja, digamos que os maridos deviam amar suas esposas como Cristo amou o mundo em geral, então o ensinamento ético sobre o casamento seria por si mesmo fundamentalmente mudado. O ponto é que os maridos devem ter um amor particular, especial e eficaz por suas esposas, amor esse que não é direcionado aos outros. O autossacrifício por essa pessoa em particular é uma marca desse relacionamento. Assim também é com Cristo e a igreja.

Tito 2.14. Esse é também um texto significativo, falando sobre como Cristo agia para "purificar para si um povo para sua própria possessão" [Gr. *laonperiousion*]. A frase *laonperiousion* ocorre também na Septuaginta em Deuteronômio 7.6; 14. 2; 26.18, inserida no contexto do amor de Deus pelo antigo Israel. As conotações bíblicas da passagem de Tito, portanto, parecem enfatizar a questão da particularidade e da intenção divina. Cristo está purificando um povo especial, não simplesmente fazendo uma purificação geral disponível a qualquer um que venha.

Objeções

O desejo universal de Deus de salvar a todos (Ez 18.23).
Uma resposta aos argumentos baseados na intenção particular da missão de Cristo é apontar textos como Ezequiel 18.23: "Tenho algum prazer na morte do ímpio, diz o Senhor Deus, e não antes de ele se converter de seu caminho e viver?" Esse texto parece ensinar o desejo universal de Deus para a salvação de todos, e ele tem sido, particularmente, central para muitos debates na história da igreja sobre a questão da predestinação, talvez mais notoriamente no confronto entre Erasmo e Lutero em 1525. Na superfície, pelo menos, o texto parece contradizer qualquer noção de um decreto anterior de eleição particular (e, portanto, desafia todos os tipos de antipelagianos não universalistas, não simplesmente aqueles que aderem a redenção particular).

No entanto, antes de abordar o tipo de questões levantadas por esse texto, é útil lembrar que tais declarações nas Escrituras conectam-se ao problema geral do mal que afeta todas as teologias. Se o antipelagiano tem que lutar com a maneira pela qual um Deus soberano pode ser absolvido da responsabilidade direta pelo pecado, o arminiano deve lutar com o motivo pelo qual Deus escolheu tornar real um mundo onde o mal existe.[62]

A maneira de Lutero lidar com esse texto seria simplesmente postular um aparente conflito entre a revelação

---

[62] Pelo menos, para o arminiano clássico é assim. O teísmo aberto, redefinindo e (em minha opinião) limitando o conhecimento e o poder de Deus, não precisa justificar Deus neste caminho, mas gera problemas exegéticos e teológicos significativos em muitas outras questões.

de Deus e seu ocultamento, por meio do qual Deus diz e faz muitas coisas de acordo com o primeiro, o que ele realmente não faz em termos do último.[63] Agostinho também faz esse tipo de distinção lutando com o mistério providencial do porquê algumas crianças chegam seguramente à pia batismal e outras não.[64] O problema com a abordagem de Lutero é que parece colocar em risco a confiabilidade da revelação de Deus. Esse ponto não se perdeu nas gerações posteriores: Karl Barth viu esse enfraquecimento da revelação como o resultado inevitável de manter um decreto de predestinação no sentido agostiniano clássico e, assim, trabalhou para reconstruir a predestinação focalizada em Cristo.[65]

Muitos arminianos podem muito bem pensar que a passagem não apresenta nenhum problema para eles: o fator discriminador na salvação é, afinal de contas, a livre vontade humana, e não o decreto de Deus. Não é tão óbvio, no entanto, que esse é o caso. O arminianismo clássico tem tipicamente entendido a economia da salvação em termos de conhecimento médio. Essa é a noção pela qual Deus sabe como os homens agirão livremente em todos os mundos possíveis; com base nesse conhecimento, ele escolhe tornar efetivo o mundo que consiste nas ações e resultados que ele mais deseja. O conceito parece equilibrar as necessidades da soberania divina e da liberdade humana, embora o problema da natureza fechada do futuro permaneça, dado que Deus decide qual mundo é possível tornar real. Isso significa que

---

[63] Martin Luther, *The Bondageofthe Will in Luther's Works* 33, ed. Philip Watson and Helmut Lehman (Philadelphia: Fortress, 1972), p. 139–40.

[64] Augustine, "Epistle 217," p. 19.

[65] Karl Barth, *Church Dogmatics*2.2, ed. G. W. Bromileyand T. F. Torrance (Edinburgh: T&T Clark, 1957), p. 308–11.

o problema proposto por Ezequiel 18 para os antipelagianos, se manifesta de uma forma ligeiramente diferente para os teólogos arminianos. A questão, então, para o arminiano clássico em relação a Ezequiel 18 (e passagens semelhantes) é esta: Por que Deus não torna um mundo possível onde todos são salvos? Dado o conhecimento de Deus de um número infinito de mundos possíveis, combinado com uma antropologia que permite a cada pessoa a capacidade de se transformar e ser salva, deve haver tal mundo (logicamente concebível) possível. Por que não perceber isso, se Ezequiel 18.23 declara incondicionalmente o desejo de Deus pela salvação universal?

Mais importante para compreender a categoria mais restrita de redenção, no entanto, é o papel que essa passagem particular desempenhou no desenvolvimento do amiraldismo no século XVII. Amyraut alegou que a exegese de João Calvino dessa passagem ensinou duas vontades de Deus: com uma vontade, Deus desejou salvar a todos; com a outra, mais restritiva, ele decidiu salvar os eleitos. Essa distinção teológica forneceu a base para a construção amiraldiana da expiação.

Richard Muller desmentiu categoricamente a leitura de Calvino feita por Amyraut aqui, e no processo ele contribuiu para o entendimento de Calvino sobre esse texto.[66] Para Amyraut, o texto é evidência de duas vontades de Deus: a vontade de Deus de que ninguém pereça e a vontade dele em relação aos eleitos como uma condição (fé) pela qual lhes concederá a vida eterna. Isso fortalece sua compreensão da

---

[66] "A Tale of Two Wills? Calvin, Amyraut, and Du Moulinon Ezekiel 18:23," in Richard A. Muller, *Calvin and the Reformed Tradition: Studies on the Work of Christ and the Order of Salvation* (Grand Rapids: Baker, 2012), p. 107–25.

redenção: uma vontade universal de salvar, uma redenção universal em Cristo, e uma aplicação limitada dessa redenção mediante a garantia dessas condições de salvação somente aos eleitos. Estruturalmente, isso está próximo da visão de Aquino das vontades antecedente e consequente de Deus.

A visão de Calvino, no entanto, é mais parecida com a de Lutero, porém mais cuidadosa em sua expressão. Enquanto ele vê o verso como um encorajamento para a proclamação universal do evangelho, ele não o vê como evidência de duas vontades de Deus, ou de qualquer genuíno desejo interno de Deus que todos os seres humanos, agora constituídos como pecaminosos, devam ser salvos. Se Calvino é indiscutivelmente mais claro sobre o que o versículo não significa, certamente é também o caso que ele não faz qualquer tentativa de conectá-lo ao tipo de debate que mais tarde cercou a definição sobre a expiação definitiva.[67]

As objeções universalistas arminianas e amiraldianas exigem, em última instância, duas vontades reais e contraditórias dentro de Deus. Para o arminiano clássico, o problema se manifesta em termos de conhecimento médio. Se Deus não deseja a morte de um pecador, então, por que ele escolhe na eternidade tornar real um mundo possível onde nem todos os pecadores são salvos? Seu conhecimento de todos os mundos possíveis, onde as pessoas respondem livremente ao evangelho, significa que ele conhece um mundo onde todas as pessoas se arrependem e creem. Deus poderia desejar atualizar esse mundo, mas optou por não o

---

[67] John Calvin, *Commentaries on the First Twenty Chapters of the Book of the Prophet Ezekiel*, vol. 2, trans. Thomas Myers (Edinburgh: Calvin Translation Society, 1850), p. 247–48; cf. *Calvin's Calvinism: Treat is son the Eternal Predestination and the Secret Providence of God*, trans. Henry Cole (London: Wertheim and Macintosh, 1856), p. 99.

fazer. A resposta arminiana, que os homens ainda escolhem livremente rejeitar a Cristo neste mundo, não ajudará: se Deus já escolheu tornar real um mundo onde eles fazem essa escolha, alguém deve se perguntar quão "livres" essas pessoas são para fazer uma opção diferente. Deus não deseja a morte de um pecador, mas deseja tornar real um mundo onde os pecadores morrem.

Para o universalista hipotético, o problema é duplo. Primeiro, há o problema teológico de postular duas vontades contraditórias em Deus: isso não coloca Deus contra si mesmo de alguma forma? Se ele é um em substância, então o conflito não pode ser estabelecido como uma questão interpessoal. O Pai e o Filho ambos farão a mesma coisa. Em segundo lugar, há o problema lógico: o que significa dizer que Deus não deseja a morte de um pecador quando o faz de fato, ou pelo menos não exerce seu poder para afetar esse desejo em particular?

A distinção padrão na teologia protestante antipelagiana entre a vontade revelada (ou preceptiva) de Deus e sua vontade oculta (ou decretada) não é isenta de seus problemas, mas pelo menos evita o tipo de dificuldades associadas às soluções alternativas.

Não coloca nenhuma contradição interna em Deus, e não exige que ele deseje algo que não tem intenção de transformar em realidade. A questão gira em torno dos limites e da natureza da revelação divina, e não em um problema da própria ontologia de Deus.[68]

---

[68] Para definições concisas das várias distinções na vontade de Deus de acordo com a teologia protestante ortodoxa, cf. Louis Berkhof, *Systematic Theology* (London: Banner of Truth, 1959), p. 77–78. John Piper recentemente construiu sobre essa herança sistemática clássica via Jonathan Edwards, para argumentar que a vontade declarada de

Provisão vs. aplicação. Kevin Bauder oferece uma objeção recente à noção de que a intenção particular e exclusiva está por trás da morte de Cristo.[69] Embora não ofereça uma crítica bíblica da redenção particular, Bauder a critica logicamente, com base em uma distinção entre provisão e aplicação. A distinção parece similar àquela entre suficiência e eficiência, com a diferença fundamental de que a provisão requer um elemento de intenção divina ausente da compreensão clássica da suficiência.

Nesse ponto, ele afirma que os argumentos para a expiação definida (ele usa o termo "expiação limitada") falham em última análise porque não podem fornecer evidências bíblicas específicas de que existam pessoas específicas pelas quais Cristo não morreu: "A mais forte defesa da expiação limitada ocorreria se seus proponentes pudessem oferecer textos bíblicos específicos que nomeassem determinados indivíduos ou grupos, aos quais, Cristo não tenha morrido para prover a salvação".[70]

Deus para que todas as pessoas sejam salvas é genuína, mas restrita por seu compromisso de demonstrar toda a sua glória por meio de sua misericórdia e ira, cf.: "Are There Two Wills in God?" in *Still Sovereign: Contemporary Perspectives on Election, Foreknowledge, and Grace*, ed. Thomas R. Schreiner e Bruce A. Ware (Grand Rapids: Baker, 2004). Embora os argumentos de Piper sejam certamente interessantes, acho a solução tradicional (Agostinho / Lutero / Calvino / Reformada Tradicional) mais persuasiva pela qual o problema da conciliação de textos universalistas e particularistas é visto como uma das limitações do conhecimento humano finito (e pecaminoso).

[69] "The Logic of Limited Atonement," *In the Nick of Time*, February 4, 2005; acessado em 21 de fevereiro, 2012 em http://seminary.wcts1030.com/resources/testimony/doc_download/58—the-logic-of-limited-atonement

[70] Ibid., p. 5.

Essa afirmação é problemática. Primeiro, Bauder adotou a noção de limitação da expiação como a ideia-chave. É possível que existam calvinistas de cinco pontos que abordem o assunto da mesma maneira. Neste ensaio, no entanto, argumento que é melhor ver a questão em termos de particularidade. Eu também argumento que essa particularidade resulta diretamente de ver o ensinamento do Novo Testamento sobre a expiação de Cristo como antítipo aos sacrifícios típicos do Antigo Testamento. Ainda argumento que o sacrifício de Cristo é objetivamente eficaz para a salvação, como vários textos do Novo Testamento ensinam claramente. Igualmente demonstrei que a particularidade é uma inferência do ensino bíblico de que a missão de Cristo tem a intenção específica de salvar seu povo específico e particular (fazendo, assim, uma provisão particular de salvação ou, em outras palavras, "limitada").

Pode-se também responder que o conhecimento de uma determinada intenção não requer, tipicamente, negar explicitamente outras intenções. Se eu sair de casa para ir à loja, não preciso dizer à minha esposa que não vou ao zoológico, ao restaurante ou ao teatro.

Não é assim que a linguagem funciona normalmente. Pode-se imaginar um cenário, por exemplo, onde há duas pessoas, David e Michael, se afogando em uma piscina. Eu mergulho para salvar David; que minha ação tinha uma disposição/intenção limitada não requer que eu explique o meu ato de não ter salvo Michael. Ao dizer que mergulhei para salvar David, estou implicitamente indicando que não mergulhei para salvar Michael.

Segundo, se alguém deve responder à pergunta de Bauder – onde está o texto que nos diz por quem Cristo não morreu? – poderia apontar para a oração sacerdotal de João

17. Lá, Cristo não apenas exclui especificamente Judas de sua oração para que as Escrituras sejam cumpridas (Jo 17.12), mas ele afirma que não ora por aqueles que o Pai não lhe deu (Jo 17.9). Dada à unidade da ação sacerdotal mediadora de Cristo, esse texto parece satisfazer o critério de Bauder.

Passagens que parecem ensinar expiação universal. Há, é claro, passagens no Novo Testamento que aparentam militar contra o tipo de particularidade prévia da intenção a qual argumentei. 1 Timóteo fornece alguns exemplos.

1 Timóteo 2.4–6. "Que deseja que todas as pessoas sejam salvas e cheguem ao conhecimento da verdade. Porque há um só Deus, e há um mediador entre Deus e os homens, o homem Cristo Jesus, que se deu a si mesmo em resgate por todos, que é o testemunho dado no tempo apropriado".

À primeira vista, esse texto parece argumentar contra qualquer noção de redenção particular, dada a aparente referência universal ao desejo de salvação de Deus. No entanto, evidências na passagem em si apontam para longe disso.

Primeiro, em 1 Timóteo 2.1–2, Paulo qualifica seu chamado à oração por todas as pessoas por meio de referência a "reis e todos os que ocupam cargos de prestígio" dentro da sociedade, a fim de que a igreja desfrute de uma existência pacífica. Isso sugere que o chamado universal se refere a todos os níveis da sociedade, em vez de uma coleção universal de indivíduos. No contexto geral de 1 Timóteo, Paulo está escrevendo para destacar o problema do falso ensino dentro da igreja e para propor meios para lidar com isso. Parece possível, portanto, que o "todo" nessa seção esteja voltado para o falso ensino, que, embora indefinido, pode ter tido aspectos elitistas ou inadequadamente exclusivistas.[71]

Em segundo lugar, os versos subsequentes se conectam à base teológica ou estilhaçam a parede entre judeus e gentios. Referências à existência de um Deus e um mediador (v. 5) e à nomeação de Paulo como apóstolo aos gentios (v. 7) contextualizam o versículo universal chave. Isso fortalece a noção de que "tudo" se refere a categorias de pessoas. De fato, Paulo fornece algo como um paralelo em Romanos 3.28-30, no qual ele está explicitamente discutindo a relação entre judeus e gentios em relação ao evangelho, e o poder do argumento está novamente enraizado em enfatizar que há somente um Deus.[72]

Diante disso, é razoável ler 1 Timóteo 2.1 falando sobre a necessidade de se orar por todos, independentemente da posição ou status dentro da sociedade. Assim, a afirmação anterior fornece uma justificação teológica para tal (que Deus não faz acepção de hierarquia e que a salvação não está restrita a uma classe ou categoria de pessoas); não é uma afirmação sobre o escopo universal da expiação em termos de indivíduos particulares. O alvo de Paulo é o elitismo dos falsos mestres em Éfeso.

À luz disso, parece razoável entender o "todo", no versículo 4, como parte do mesmo argumento básico contra alguma forma de elitismo ou exclusivismo categórico que

---

[71] Cf. I. Howard Marshall, *A Critical and Exegetical Commentary on the Pastoral Epistles*, ICC (Edinburgh: T&T Clark, 1999), p. 425.

[72] Sou grato a Thomas Schreiner por essa conexão: cf. "'Problematic Texts' for Definite Atonement in the Pastoral and General Epistles," in *From Heaven He Came and Sought Her: Definite Atonement in Historical, Biblical, Theological, and Pastoral Perspective*, ed. David Gibson and Jonathan Gibson (Wheaton, IL: Crossway, 2013), p. 375–97.

fazia parte do falso ensino então propagado dentro da igreja de Éfeso. I. Howard Marshall, no entanto, objeta a reduzir esse texto ao significado, na verdade, de todos os tipos ou categorias de pessoas, uma vez que exige uma distinção demasiadamente nítida entre categorias de pessoas e indivíduos.[73] Essa objeção não tem peso significativo: as categorias de pessoas são inevitavelmente constituídas por indivíduos; aquele que acredita em redenção particular, por exemplo, e que ora por reis, presumivelmente ora não apenas pelos reis em geral, mas também por reis específicos; e a crença na redenção particular não tem sido tipicamente entendida por seus defensores para exigir oração somente pelos eleitos. O argumento de que considerar "todos" aqui como referindo-se a categorias não requer a exclusão de indivíduos ou a limitação da oração aos eleitos.

1 Timóteo 4.10. Posteriormente na mesma carta, o tema surge mais uma vez. Em 1 Timóteo 4.10, Paulo fala do "Deus vivo, que é o Salvador de todos as pessoas, especialmente [gr. *malista*] daqueles que creem". Essa é uma passagem difícil, e os comentaristas reformados diferem em como interpretá-la. Para começar, parece que o termo "Salvador" é aqui usado no lugar de Deus Pai, ou pelo menos mais geralmente, do Filho. Como tal, não fala diretamente sobre questões de expiação.[74]

---

[73] Marshall, *Pastoral Epistles*, p. 427.

[74] Calvino faz o seguinte comentário: "*O qual é o Salvador?* Este é o segundo consolo, embora dependa do primeiro; pois a libertação da qual ele fala pode ser vista como fruto da esperança. Para tornar isso mais claro, deve ser entendido que isso é um argumento extraído do menor para o maior; pois a palavra *sōtēr* é aqui um termo geral e denota alguém que defende e preserva. Ele quer dizer que a bondade de Deus se estende a todos os homens. E se não há homem que não

Além disso, há um debate sobre como traduzir a palavra-chave *malista*. Poderia ser traduzido como "a saber", qualificando, assim, o aparente universalismo da cláusula anterior.[75] Vern Poythress, no entanto, reuniu provas suficientes para tornar essa leitura implausível.[76] Assim, parece que "especialmente" é de fato a melhor tradução.

Diante disso, o versículo não pode argumentar a favor de entendimentos universalistas rígidos da salvação, uma vez que Paulo está discriminando entre o Deus vivo como Salvador para todos (assim compreendido) e aqueles que realmente creem. Assim, o problema se torna exatamente o que Paulo quer dizer com "Salvador" neste contexto.

Steven Baugh argumentou que "Salvador" aqui se refere não à salvação espiritual, mas aos vários benefícios à humanidade que se acumulam, em geral, como resultado da expiação de Cristo. Esses são os teólogos reformados que normalmente consideram os aspectos da graça comum. Novamente, isso resolveria o problema que o texto

---

sente a bondade de Deus para com ele, e que não é participante disso, quanto mais será experimentado pelos piedosos, que esperam nele? Ele não terá cuidado peculiar com eles? Não dará mais livremente sua generosidade sobre estes? Em uma palavra, ele não irá, em todos os aspectos, mantê-los seguros até o fim?" J. Calvin and W. Pringle, *Commentaries on the Epistles to Timothy, Titus, and Philemon*(Bellingham, WA: Logos Bible Software, 2010), p. 111–12.

[75] T. C. Skeat, "'Especially the Parchments': A Note on 2 Timothy iv. 13," *JTS* 30 (1979): 173–77, esp. 174. Essa leitura é adotada por George W. Knight III, *The Pastoral Epistles*, NIGTC (Grand Rapids: Eerdmans, 1992), 203–4

[76] Vern Sheridan Poythress, "The Meaning of *malista* in 2 Tim 4:13 and Related Verses," *JTS* 53 (2002): 523–32

aparentemente apresenta aos defensores da redenção particular.[77] A leitura é possível, embora em outras partes das Pastorais, Paulo use o "Salvador" e seus cognatos exclusivamente para a salvação espiritual. Que Paulo possa ter usado a palavra para significar algo diferente aqui seria, portanto, possível, mas não necessário.

Thomas Schreiner vê a passagem contra o pano de fundo de decisões exegéticas anteriores a respeito de 1 Timóteo 2.6–10. Ele confirma a ideia de que Paulo está usando "Salvador" aqui de uma maneira consistente com outros usos nas Pastorais, mas paralelos ao verso com 2.3–4 para o qual "chegar ao conhecimento da verdade" espelhe "especialmente daqueles que creem". Assim, "todos" em 4.10 se refere mais uma vez a todos os tipos de pessoas e ao amor de Deus que é universal, no sentido de que não o restringe a nenhuma categoria social específica. Assim, Deus está certamente disponível como Salvador para todos os tipos de pessoas, porque existe apenas um Deus e um mediador; mas isso é verdade como uma realidade apenas para aqueles que realmente creem. Tal leitura não exige que se afirme uma intenção salvífica universal por trás da expiação, apenas a crença (comum aos muitos adeptos da redenção particular) que a morte de Cristo é certamente suficiente como propiciação pelos pecados de todos.[78]

---

[77] Steven M. Baugh, "'Savior of All People': 1 Tim 4.10 in Context," *WTJ* 54 (1992): 331–40.

[78] Cf. Schreiner, "Problematic Texts," p. 380–86. Towner e Knight veem esse verso como parte da polêmica de Paulo contra os aparentes excessos ascéticos dos falsos profetas em Éfeso, em vez de um texto tratando do assunto sobre a natureza da natureza de uma expiação universal ou particular (Philip H. Towner, *The Letters to Timothy and Titus*, NICNT [Grand Rapids: Eerdmans, 2006], p. 311–12; Knight,

Se Baugh ou Schreiner estão corretos aqui, esta passagem está longe de ser um texto-prova para uma vontade universal de Deus de salvar todos os indivíduos.

Tito 2.11–14. Uma passagem final nas Pastorais é Tito 2.11-14, que fala da salvação "para todas as pessoas". Mais uma vez, a declaração vem no final de uma seção em que vários tipos de pessoas foram mencionados (homens mais velhos, mulheres de mais idade, mulheres mais jovens, maridos, filhos, homens jovens, escravos, mestres). O impulso geral da passagem é o poder transformador do evangelho para todos. Do verso 11 em diante, Paulo usa a primeira pessoa do plural, indicando que ele está falando sobre os santos; e nesse contexto, o apóstolo faz uma declaração clara, usando a cláusula *hina*, para expressar a intenção de Cristo de que sua expiação seja eficaz. Paulo não está falando sobre uma intenção universal da expiação.

2 Pedro 2.1. "Mas, assim como, falsos profetas também surgiram entre o povo, assim haverá falsos mestres entre vocês, que trarão secretamente heresias destrutivas, negando até mesmo o Mestre que os resgatou, trazendo para si uma repentina destruição."

Pastoral Epistles, p. 203–4). Em sua recente introdução à teologia, Mark Driscoll e Gerry Breshears citam 1 Timóteo 4.10 e 2 Pedro 2.1 como um ensinamento de uma expiação universal consistente com o calvinismo de quatro pontos e em oposição à vertente de cinco pontos. No entanto, eles não interagem com a variedade de comentários sobre essas passagens ou sequer trabalham as questões linguísticas e teológicas que surgem da leitura (*Doctrine* [Wheaton: Crossway, 2010], p. 269–70).

Alguns consideram 2 Pedro 2.1 tão direto em sua implicação de redenção universal que não fazem nenhuma tentativa de engajar posições particularistas alternativas.[79] Para um arminiano, o texto parece claro: Cristo morreu por essas pessoas, mas elas caíram na fé. Para um universalista hipotético, o texto é talvez mais problemático, embora não tanto por sua aparente redenção hipotética universal, mas porque parece apontar para uma rejeição da doutrina da perseverança.

Esse versículo necessariamente subverte a doutrina da redenção particular. Não entendo assim. Um argumento é que o termo "resgatou" pode ser entendido em um sentido não soteriológico, embora haja a questão de saber exatamente o que significa *agora santa*. Infelizmente para esta leitura, todas as outras ocorrências do Novo Testamento dessa palavra e seus cognatos, quando usados no contexto da morte de Cristo, tem um significado soteriológico (por exemplo, 1 Co 6.10).

Isso faz com que o sentido não soteriológico aqui seja um pouco improvável. A alternativa é entender o termo em um sentido fenomenológico pelo qual a referência é realmente àqueles que alegam ter sido comprados com o sangue de Cristo. A aparência da fé verdadeira não é um conceito estranho no Novo Testamento. Está presente na parábola do Semeador (Mc 4.1-20) e também nas Epístolas Pastorais (por exemplo, 2 Tm 2.16-19). Aqui em 2 Pedro, seu retorno final aos seus antigos caminhos indica que eles nunca foram realmente mudados (2.22). No uso linguístico cotidiano, por exemplo, não é incomum que aqueles que acreditam

---

[79] E.g., Peter H. Davids, *The Letters of 2 Peter and Jude*, PNTC (Leicester: Apollos, 2006), p. 221.

firmemente na perseverança ainda falem sobre amigos que eram cristãos e que agora repudiam a fé como se tivessem caído. A referência é à aparência, não à realidade espiritual. O mesmo fenômeno é descrito em Hebreus 10.29.

Wayne Grudem oferece uma alternativa a essa compreensão fenomenológica da linguagem, apontando para a conexão entre a referência a ser comprada pelo mestre aqui e a linguagem similar no Velho Testamento, onde Deus repreende os israelitas por rebelião, visto que o Senhor os comprou, ou seja, ele os tirou do Egito no êxodo. A passagem alude, assim, aos falsos profetas judeus do Antigo Testamento no contexto de advertência contra os falsos mestres judeus que se infiltraram na igreja.[80]

Cada uma dessas leituras parece pelo menos possível e, dado o impulso do ensino bíblico sobre a particularidade e a eficácia delineadas até agora, parece que é claramente desnecessário entender esse versículo como uma prova direta e incontestável da redenção ilimitada.

Hebreus 2.9. Outro verso que parece na superfície, pelo menos, ser problemático à doutrina da redenção particular é Hebreus 2.9, especificamente a última cláusula: "para que pela graça de Deus ele provasse a morte por todos".

Primeiro, lembre-se do que dissemos sobre o ensino em Hebreus a respeito do sacerdócio de Cristo: é eficaz; é uma unidade na qual o sacrifício e a intercessão não podem ser separados; e essas coisas apontam claramente para a particularidade deste sacrifício.

---

[80] Wayne Grudem, *Systematic Theology: An Introduction to Biblical Doctrine* (Leicester: InterVarsity, 1994), p. 600.

Em segundo lugar, observe o fluxo geral da passagem em que esse texto aparece. No verso 10, o escritor descreve o resultado da morte de Cristo como trazendo "muitos filhos à glória". Ele então chama aqueles a quem ele salvou de "irmãos" no versículo 11. No verso 13, ele cita Isaías 8.18 (cf. 17.6, 9), que é uma passagem profundamente marcada pela particularidade. Ele então reforça isso pela referência à descendência de Abraão no versículo 16. Se o tema na passagem é universalista, esperamos que a referência aqui seja à descendência de Adão, não a descendência daquele que o Senhor elegeu para ser a descendência de Abraão, o pai de todos os fiéis. A estrutura básica do argumento é particular, não universal, e cabe a nós lermos o verso 9 dentro desse contexto geral. Em suma, "todos", no versículo 9, mais naturalmente se refere a "cada um dos filhos de Abraão", e não a cada um dos filhos de Adão de forma indiscriminada e universal.

1 João 2.2. Outra passagem difícil é 1 João 2.2. Curiosamente; mesmo com todo o debate sobre a questão de se Calvino acreditava em "expiação limitada"; Calvino claramente rejeita a interpretação universalista desse verso. De fato, ele chega a ponto de negar que a distinção suficiente/eficiente possa ser usada aqui como uma maneira de explicar a intenção da passagem.[81] O significado do versículo não é claro, mesmo

---

[81] "Vale muito a pena ler o comentário de Calvino: "Aqui a pergunta pode ser feita sobre como os pecados do mundo inteiro foram expiados. Eu falo dos fanáticos sonhadores, que fazem disso uma razão para estender a salvação a todos os réprobos e até mesmo ao próprio Satanás. Uma ideia tão monstruosa que não vale a pena refutar. Aqueles que querem evitar esse absurdo dizem que Cristo sofreu o suficiente por todo o mundo, mas efetivamente apenas pelos eleitos. Essa solução prevaleceu comumente nas escolas. Embora eu permita em alguma medida isto, contudo, nego que essa distinção se encaixe

para aqueles que simpatizam com abordagens do universalismo hipotético. Assim, Colin Kruse afirma que é mais fácil dizer o que o versículo não significa do que o que ele tenciona, e, então, tenta sugerir que a distinção tradicional de suficiente para todos e eficiente para os crentes pode ser tão boa quanto qualquer outra opção.[82]

Embora simpatizando com Kruse sobre a obscuridade do significado positivo da passagem, não acredito que essa solução seja particularmente satisfatória. Primeiro, é impossível conciliar com as declarações indicativas em outros lugares sobre a obra de Cristo que mostram claramente que sua ação sacerdotal não é simplesmente tornar um estado de coisas possível, mas, de fato, real. Segundo, há a questão de como deve ser entendido "suficiência" e se essa linguagem é de todo significativa. Dada à intenção particularista de Deus na salvação, a pergunta é esta: o que significa dizer que o sacrifício é suficiente para todos? Se for destinado apenas a ter um escopo específico, como é suficiente àqueles fora desse

---

nessa passagem. Pois o propósito de João era apenas tornar essa bênção comum a toda a Igreja. Portanto, sob a palavra "todos" ela não inclui os réprobos, mas refere-se a todos os que creem e àqueles que estão espalhados em todo mundo. Pois assim entendo, a graça de Cristo se torna realmente clara quando é declarada ser a única salvação do mundo". (*The Gospel According to St. John 11–21 and the First Epistle of John*, trans. T. H. L. Parker [Edinburgh: Oliver and Boyd, 1961], p. 244).

[82] "Enquanto podemos dizer que Jesus Cristo é o sacrifício expiatório "pelos pecados do mundo inteiro" não significa, que é mais difícil dizer o que é isto, pois o autor não nos dá pistas. Podemos sugerir que Jesus Cristo é o sacrifício expiatório pelos pecados do mundo inteiro, porque sua morte foi suficiente para lidar com os pecados do mundo inteiro, mas que seu sacrifício não se torna eficaz até que as pessoas creiam nele". (Colin G. Kruse, *The Letters of John*, PNTC [Grand Rapids: Eerdmans, 2000], p. 75).

escopo? É de algum modo um "sacrifício" em favor daqueles aos quais não se pretendia ser eficaz, algo a mais do que os sacrifícios de Levítico 16 oferecidos aos de fora de Israel? Se a passagem é realmente obscura, então é melhor interpretá-la à luz de passagens mais claras e do ensino das Escrituras, como a particularidade representativa do sacerdócio levítico, a oração sacerdotal de João 17 e as declarações indicativas sobre o sacrifício de Cristo, do que sugerir significados positivos que parecem estar em tensão com estes. Assim, embora o sentido de 1 João 2.2 seja difícil de discernir, é claramente insuficiente para construir uma visão universalista hipotética da expiação em oposição a uma visão mais particularista. No entanto, isso não significa que não haja benefícios mais amplos acarretados pela morte de Cristo; o tipo de coisa da qual a teologia Reformada tipicamente fala como elementos da graça comum. Assim, Robert Yarbrough, embora defendendo uma visão claramente particularista da expiação nessa passagem, contudo, sente-se à vontade em falar assim e cita C. H. Spurgeon como apoio.[83]

Resumo

Numerosas passagens bíblicas, pelo menos superficialmente, parecem apresentar desafios significativos à noção da redenção particular. Quando colocadas dentro do contexto geral do ensino bíblico, no entanto, essas passagens podem ser entendidas de uma maneira consistente com a expiação definida. Porque a Bíblia enfatiza tanto a particularidade da intenção divina que está por trás do papel de Cristo quanto

---

[83] Robert W. Yarbrough, *1–3 John*, BECNT (Grand Rapids: Baker Academic, 2008), p. 80–81.

ao mediador e à eficácia objetiva s expiação, deveríamos entender essas passagens contra tal estrutura teológica.

A eficácia objetiva da obra de Cristo

O uso de texto-prova na mesma moeda é uma abordagem igualmente infeliz, mas bem estabelecida à questão da extensão e eficácia da expiação. Uma abordagem mais pertinente e construtiva, no entanto, é entender a expiação dentro do contexto bíblico da eficácia objetiva da obra de Cristo como mediador. Assim, em um ensaio merecidamente bem conhecido, "O que a cruz conseguiu? A Lógica da Substituição Penal," J.I. Packer defende que a noção de substituição penal implica particularidade da expiação; na verdade, ambas as coisas devem ser vistas como dois lados da mesma moeda soteriológica.[84] Seu principal argumento é que o ensino da Bíblia sobre a eficácia da expiação exige a particularidade desta.

O ponto central nessa visão de Packer é que aqueles que desejam negar a eficácia da expiação, ou atenuá-la um pouco, precisam necessariamente redefinir o que significa substituição. Eu não poderia expressar isso melhor do que ele:

> Qualquer um que tome essa posição [de negar a eficácia da expiação] deve redefinir a substituição em termos imprecisos, se de fato não

---

[84] Packer originalmente entregou o ensaio como Tyndale Biblical Theology Lectureat Tyndale House, Cambridge, in 1973. It is reprinted in *Celebrating the Saving Work of God: The Collected Shorter Writings of J. I. Packer* (Carlisle: Paternoster, 1998), 1:85–123.

abandonar totalmente o termo, pois eles estão se comprometendo a negar que o sacrifício vicário de Cristo assegura a salvação de qualquer pessoa... Se quisermos afirmar a substituição penal para todos, sem exceção, devemos ou inferir a salvação universal ou, para evitar essa inferência, negar a eficácia salvadora da substituição para qualquer um; e se vamos afirmar a substituição penal como um ato salvífico efetivo de Deus, devemos ou inferir a salvação universal ou, para evitar essa inferência, restringir o escopo da substituição, tornando-a uma substituição para alguns, não todos. [85]

O mesmo tipo de argumento certamente se aplica à nossa compreensão sobre o que exatamente Deus puniu na cruz. Se os pecados que Deus puniu ali são realmente os pecados de todos indiscriminadamente, de Hitler, Buda ao próprio Packer, o que significa realmente dizer que Cristo levou os pecados de alguém na cruz quando, a menos que o defensor da ideia seja universalista, Deus pune esses mesmos pecados (outra vez) na própria pessoa, no inferno, quando morre sem Cristo?

Talvez isso imponha uma lógica racionalista à natureza da expiação, mas há realmente um ponto bíblico em jogo aqui: se o Novo Testamento apresenta a expiação como eficaz, parece que as únicas opções para a expiação substitutiva são o universalismo intencional ou o particularismo intencional. Não há terceiro caminho. Isso não é racionalismo; em vez

---

[85] Packer, "What Did the Cross Achieve?" p. 116.

disso, está levando a sério as declarações definitivas da Bíblia sobre a natureza objetivamente eficaz do sacrifício de Cristo.

Essa compreensão da eficácia objetiva da expiação está profundamente enraizada na Bíblia, tanto no contexto tipológico e profético do Antigo Testamento como no cumprimento disso na obra de Cristo no Novo Testamento.[86]

Intenção, eficácia e expiação na Bíblia

Levítico 16 e Hebreus 9–10

O tratamento mais extensivo da expiação de Cristo como o um ato central do seu papel como sacerdote é encontrado em Hebreus 9-10. Aqui o escritor está descrevendo a obra de Cristo como acabada e, assim, abrindo o caminho para a presença de Deus com o seu povo. A confiança que ele

---

[86] Um tratamento completo dessa questão não é possível aqui, mas uma exposição completa do ensino do Novo Testamento sobre a intenção e a eficácia da expiação é oferecida por Jarvis J. Williams, *For Whom Did Christ Die? Atonement in Paul's Theology* (Milton Keynes: Paternoster, 2012). Por exemplo, veja Efésios 1.7 e Colossenses 1.14: "A redenção mediante o sangue de Jesus em Efésios 1.7 e em Colossenses 1.14 (cf. Cl 1.20; 2.13) confirma que Jesus morreu com um propósito específico e que ele foi efetivado na vida daqueles que creem, pois a sua morte realmente (não hipoteticamente) apagou os pecados e até anulou as transgressões daqueles que violavam os mandamentos específicos de Deus. Mas seus comentários sobre a redenção em Efésios 1.7 são especialmente úteis [para provar a conexão entre eleição e expiação]... Assim, pode-se inferir que aqueles que recebem a redenção e o perdão dos pecados mediante o sangue de Jesus... são aqueles a quem Deus escolheu e predestinou para estar em Cristo antes da fundação do mundo" (214).

expressa em Hebreus 10.19 é incompreensível se a obra não for completa. É somente porque "nosso coração [está] aspergido" que podemos nos aproximar "com um coração verdadeiro em plena certeza de fé" (v. 22). Novamente, não há hipóteses aqui em que nossos corações possam ser limpos se cumprirmos alguma condição e, assim, obtermos acesso ao escopo hipoteticamente universal da obra de Cristo. O escritor está simplesmente descrevendo em termos indicativos um estado de coisas que agora se aplica porque Cristo entrou no santuário celestial e realizou o ato de purificação.

O pano de fundo dessa passagem é Levítico 16, que trata do Dia da Expiação. Os elementos centrais para o drama dessa passagem são: a morte do bode, que é a oferta pelo pecado; a aspersão subsequente de sangue sobre e ao redor do propiciatório; e os vários rituais em torno do envio do bode expiatório para o deserto.

O termo central aqui é a palavra hebraica *kipper*, que a ESV traduz como "fazer expiação". A palavra carrega quatro significados possíveis: perdão, purificação, resgate e o aplacar da ira de Deus.[87] Números 25.10–13 estabelece o último significado, o mais importante no contexto de debates sobre a substituição penal: Fineias afasta a ira de Deus dos israelitas e faz expiação por eles.

O que é significativo na discussão sobre a questão da limitação ou particularidade da expiação, é a natureza daquilo que os sacrifícios expiavam:

---

[87] Aqui estou em débito com a obra de David G. Peterson, "Atonement in the Old Testament," in *Where Wrath and MercyMeet: Proclaiming the Atonement Today*, ed. David G. Peterson (Carlisle: Paternoster, 2001), 1–25; também Steve Jeffery, Michael Ovey, and Andrew Sach, *Pierced for Our Transgressions: Rediscovering the Glory of Penal Substitution* (Wheaton: Crossway, 2007), p. 44–48.

> Então ele matará o bode da oferta pelo pecado que é para o povo e trará seu sangue para dentro do véu e fará com seu sangue como ele fez com o sangue do touro, aspergindo sobre o propiciatório e em frente ao propiciatório. Assim fará expiação pelo lugar santo, por causa das impurezas do povo de Israel e por causa de suas transgressões, de todos os seus pecados. E assim fará pela tenda da revelação, que habita com eles no meio das suas imundícias. Ninguém pode estar na tenda de reunião a partir do momento em que ele entra para fazer expiação no Lugar Santo até que ele saia e faça expiação por si mesmo e por sua casa e por toda a assembleia de Israel. (Lv 16.15-17)

O que é notável sobre essa passagem é a particularidade da ação. O bode é sacrificado especificamente e apenas pelos pecados do povo de Israel. Esse não é um sacrifício realizado pelo sacerdócio no contexto da adoração de Israel para os pecados do mundo em geral. Independentemente da leitura de *kipper* como perdão, purificação, resgate, o desvio da ira de Deus, ou como tendo conotações de todos os quatro, o escopo da ação é restrito ao povo de Deus, o povo de Israel. Não é destinado a outros, e essa particularidade está intimamente ligada à sua eficácia.

Exatamente o mesmo se aplica ao bode expiatório, embora desta vez em termos ainda mais explícitos:

> E Arão porá as duas mãos sobre a cabeça do bode, e sobre ele confessará todas as iniquidades do povo de Israel e todas as suas transgressões,

todos os seus pecados. E ele os porá na cabeça do bode e o enviará para o deserto pela mão de um homem que esteja pronto. O bode levará sobre si todas as suas iniquidades para uma área remota, e ele deixará o bode ir livre no deserto. (Lv 16.21-22)

Na verdade, Arão confessa os pecados do povo sobre o bode e os "coloca" sobre a cabeça do animal antes de ser lançado no deserto; simbolicamente excluído do acampamento e da presença de Deus. A particularidade da ação não poderia ser mais explícita. Esses não são os pecados dos egípcios ou dos midianitas ou do resto do mundo; os pecados colocados sobre a cabeça do bode e expulsos para o deserto são apenas os pecados do povo de Israel. Mais uma vez, a conexão íntima entre particularidade e eficácia é óbvia.[88]

Outro aspecto da obra expiatória dos sacerdotes do Antigo Testamento é a unidade que existe entre o ato do sacrifício e a aspersão do sangue que flui do sacrifício. O sacerdote mata o bode como em favor do povo de Israel, e então ele entra após o véu e asperge o sangue por essas mesmas pessoas. Não é que o animal seja sacrificado por todos indiscriminadamente e depois oferecido aos israelitas em particular. A morte e a aspersão (o sacrifício e a purificação que lhe estão ligados) são dois lados da mesma moeda, cobrindo os pecados do mesmo grupo de pessoas. O mesmo se aplica ao bode expiatório: os mesmos pecados colocados em sua cabeça são levados da presença de Deus para o deserto.

---

[88] Claramente, uma parte fundamental do entendimento de alguém sobre o relacionamento entre os sacrifícios do Antigo Testamento e o de Cristo é o entendimento da relação entre o Israel do Antigo Testamento e a Igreja do Novo Testamento. Em uma leitura inicial de

Não há escopo de restrição entre as duas ações. De fato, pode-se dizer que com ambos os bodes há, em cada caso, apenas um ato geral de expiação que envolve várias ações.

Levítico 16 fornece um pano de fundo à extensa discussão do sacerdócio de Cristo no livro de Hebreus. Hebreus 9 deixa claro que o derramamento e a aspersão de sangue são partes integrantes do ritual do Antigo Testamento: "Sem o derramamento de sangue não há perdão dos pecados"(Hb 9.22). O escritor então faz uma analogia entre Cristo e as atividades do sumo sacerdote ao entrar no lugar santo: Cristo purificou as coisas celestiais (das quais as coisas terrenas eram apenas sombras) com sacrifícios melhores do que aqueles disponíveis aos sacerdotes (Hb 9.23).

Esse é um verso estranho, pois não é imediatamente óbvia a razão do lugar santo no céu precisar ser purificado. Peter O'Brien descreve três maneiras pelas quais alguns entenderam isso. Em primeiro lugar, a inauguração do santuário celestial, por isso se refere mais à consagração do que à purificação no sentido estrito da palavra. Em segundo lugar, o próprio céu precisava de purificação por causa de sua associação com um povo pecador. Como o pecado afeta toda a criação, sua sujeira e impureza se estendem até mesmo ao reino celeste, que também precisa ser lavado e purificado como parte da obra expiatória de Cristo. Em terceiro lugar, refere-se a purificar o povo de Deus. O'Brien cita F. F. Bruce para corroborar a ideia de que o povo de Deus seja também

---

Levítico 16, alguém poderia objetar que alguns membros da comunidade da aliança cujos pecados foram sobre o bode expiatório não foram salvos. Se entendermos Levítico 16 como um tipo de sacrifício de Cristo, porém, e o povo de Israel como um tipo de igreja, então certamente o Novo Testamento, com seu ensinamento sobre a eficácia objetiva do sacrifício de Cristo, torna-se decisivo para tais objeções.

o seu lugar de habitação e, portanto, precise ser não apenas purificado do pecado a fim de se aproximar dele, mas também purificado para que possa ser uma habitação apropriada para ele.[89]

O'Brien prefere a terceira opção, e isso certamente parece consistente com Levítico 16.16-19, onde Moisés indica que eles purificam o santuário porque o próprio povo é impuro e tem pecado.[90] Mais uma vez, observe o particularismo e a eficácia em destaque: a purificação parece ser um ato completo e eficaz. Como resultado disso, os lugares celestiais são purificados e, com referência específica, não à humanidade em geral, mas ao povo de Deus; o povo, poderíamos dizer, por quem Cristo é sacerdote e, portanto, por quem ele morreu.

Os versos seguintes de Hebreus também são significativos, particularmente no que diz respeito ao tipo de posição que R. T. Kendall articula.[91] Ele postula um estreitamento de foco entre uma morte universalmente orientada e o particularismo da intercessão de Cristo: ele morreu por todos, mas intercede apenas pelos eleitos. Veremos posteriormente que isso não alcança as vantagens kerygmáticas/pastorais

---

[89] Peter T. O'Brien, *The Letter to the Hebrews*, PNTC (Leicester: Apollos, 2010), p. 336–37.

[90] Ibid., 337–38. Cf. George H. Guthrie: "No caso da oferta da nova aliança de Cristo, o tabernáculo celestial teve que ser purificado por causa dos pecados das pessoas que seriam trazidas à aliança. O tabernáculo celestial é purificado em conjunção com a purificação do povo de Deus" ("Hebrews," in *Commentary on the New Testament Use of the Old Testament*, ed. Gregory K. Beale e D. A. Carson [Grand Rapids: Baker Academic, 2007], p. 975).

[91] R. T. Kendall, *João Calvino e o calvinismo inglês até 1649: os puritanos ingleses e a modificação da teologia de Calvino*. (Natal: Editora Carisma, 2019).

que Kendall espera; aqui é útil notar que também não é uma posição exegética sólida.

Em Hebreus 9.24 e versos seguintes, o escritor continua a construir suas reflexões cristológicas contra o pano de fundo de Levítico 16 e as ações do sumo sacerdote: o sumo sacerdote terreno entrou em um santuário terreno; Cristo, no entanto, entra na presença de Deus (Hb 9.24). Assim como o sumo sacerdote entrou no santuário terreno em nome do povo, Cristo agora aparece na presença de Deus em nosso favor. Citando em parte Harold W. Attridge, O'Brien comenta:

> De particular importância é o paralelismo aqui apresentado entre o sacrifício de Cristo de si mesmo e a entrada do sumo sacerdote terreno no lugar Santíssimo. Sua morte sacrificial não é "um ato distinto de sua entrada na presença de Deus". O cumprimento tipológico da aspersão anual de sangue do sumo sacerdote no Santo dos Santos foi a morte de Cristo na cruz.[92]

O escritor realmente dá poucos detalhes em Hebreus 9 acerca do que exatamente está envolvido nessa aspersão celestial, mas em outros lugares de Hebreus parece claro que o conteúdo dessa aspersão é a intercessão de Cristo (Hb 2.18; 4.15; 7.25). Isso também deve estar ligado às palavras de Cristo em João 17.9, um versículo que liga a particularidade da intenção salvadora do Pai e da intercessão do Filho. Se a intenção do Pai e a intercessão do Filho estão centradas no

---

[92] O'Brien, *Letter to the Hebrews*, p. 339, citando H. W. Attridge, *The Epistle to the Hebrews* (Philadelphia: Fortress, 1989), p. 264. Em importante nota de rodapé, O'Brien também cita o apoio de B. F. Westcott, O. Michel, e William L. Lane.

mesmo grupo de pessoas, e se o sangue de Cristo constitui parte dessa intercessão, então a morte de Cristo na cruz e sua intercessão estão unidas como dois lados da mesma moeda. Esse é talvez um dos elementos mais importantes na defesa da redenção particular.

Se alguém rejeitar a particularidade da expiação, a abordagem do ensino de Hebreus sobre a morte e intercessão de Cristo poderá ser entendida de várias maneiras.

Primeiro, pode-se adotar a abordagem de Kendall e separar a morte de Cristo da sua intercessão. Isso, no entanto, requer que se divida a morte de Cristo de sua entrada nos lugares celestiais e da aspersão das realidades celestes. Isso parece contradizer o consenso sobre Hebreus 9 e, de fato, requer uma leitura bastante forçada do próprio texto.

Segundo, pode-se dividir a universalidade do sacerdócio de Cristo do efeito limitado que isso tem. Isso parece exigir uma das duas opções:

> **1.** Poder-se-ia argumentar que a vontade do Pai de salvar apenas alguns supera a vontade do Filho de salvar a todos. Isso tem várias falhas graves. Cria uma relação contraditória entre Pai e Filho que é incompatível com o trinitarianismo bíblico, particularmente porque a *homoousian* resume isso (como falei anteriormente). Pai e Filho não podem ter vontades contraditórias, pois isso exigiria que fossem deuses diferentes; nem o Pai simplesmente pode anular o Filho contra a sua vontade, pois isso exigiria uma situação em que o Filho é claramente subordinado ao Pai; uma espécie de arianismo. Isso também enfraquece a confiança que os crentes

têm na intercessão de Cristo em favor deles. A chave para a certeza cristã é certamente que o Filho revela o Pai e que o Pai ama o Filho e se deleita em conceder o que o Filho pede. Uma relação contraditória entre os dois realmente exclui o crente de saber quem é Deus Pai. De que utilidade, então, seria o ensinamento em outros lugares de Hebreus sobre a intercessão complacente do Filho em nosso favor?

2. Poder-se-ia optar pelo elemento da decisão humana, como o elemento decisivo na eficácia da expiação. Isto, naturalmente, levanta toda uma série de questões teológicas que vão muito além de qualquer consideração restrita da expiação e sua particularidade e que não podemos abordar aqui com qualquer adequação. No entanto, vale a pena levantar a questão: o que exatamente Cristo pretende alcançar por sua intercessão se a vontade humana é o elemento decisivo no efeito da ação sacerdotal de Cristo? Por que Cristo intercede junto ao Pai? O que isso significa teologicamente? Como pode ter algum significado ou utilidade pastoral? Eu pergunto isso não como perguntas retóricas, mas porque as respostas não parecem ser óbvias.

Isaías 53 e 1 Pedro 2.22–25

Outra passagem significativa do Antigo Testamento para entender a intenção particular e a eficácia objetiva por trás da expiação é Isaías 53, que fala do sofrimento do Servo do Senhor. A passagem é claramente a base para 1 Pedro 2.22–25 e, assim, fornece *insights* importantes sobre a morte de Cristo.

Numerosos aspectos da passagem são do nosso interesse. Primeiro, o Servo sofre de bom grado. O verso 4 começa com a voz ativa: "Ele suportou nossas dores e levou o nosso sofrimento", depois o verbo muda para a voz passiva. Parece que o ponto da passagem é que, enquanto o Servo sofre passivamente nas mãos dos seus opressores, toda a ação ainda está fundamentada em um ato da sua vontade, pelo qual ele voluntariamente assume o seu papel. Isto encontra seu eco óbvio no Novo Testamento (1 Pe 2.24): "Ele mesmo levou os nossos pecados em seu corpo sobre o madeiro, para que pudéssemos morrer para o pecado e viver para a justiça. Por suas chagas fostes sarados." A intenção ativa, portanto, está no âmago dos sofrimentos do Servo e, portanto, conecta-se ao que eu disse anteriormente em relação à intenção da morte de Cristo.

Em segundo lugar, o Servo sofre pelos outros:

> Mas ele foi ferido por nossa transgressão;
> esmagado por nossas iniquidades;
> o castigo que nos trouxe a paz estava sobre ele,
> e pelas suas feridas fomos curados (Is 53.5).

Alguns argumentaram que isso significa ele sofrer como resultado do pecado de outras pessoas e não como um substituto por elas.[93] Essa leitura falha por duas razões.

---

[93] Cf. R. N. Whybray, *Thanksgiving for a Liberated Prophet: An Interpretation of Isaiah 53* (Sheffield: JSOT Press, 1978); Para uma refutação cuidadosa a Whybray, veja J. Alan Groves, "Atonement in Isaiah 53," em Hill e James, *The Glory of the Atonement*, p. 61–89.

Primeira, parece exigir um enfraquecimento significativo de toda a noção de disposição ativa, que eu já apontei. Segunda, isso não nos permite entender a outra metade do verso. Não é simplesmente o caso que o pecado humano criou uma situação em que outro, agora, sente as consequências desse pecado. Em Isaías 53.5, o sofrimento realmente traz paz e cura. Esse não é um caso de alguém que se identifique com outros em seu sofrimento ou receba tal sofrimento porque outros transgrediram; há um claro aspecto substitutivo no que está acontecendo. O texto de 1 Pedro 2.22–25 confirma isso, descrevendo a Cristo como tendo nossos pecados em seu corpo para que pudéssemos viver.

Devemos também notar a identidade daqueles por quem o Servo sofre. O "nós" em Isaías 53 são aqueles que uma vez não viram beleza no Servo e nada para atraí-los (v. 2) e que não o estimavam (v. 4). De fato, eles também eram aqueles que tinham se extraviado (v. 6). Agora, no entanto, essas mesmas pessoas estão falando de sua obra e têm profundos *insights* sobre a natureza do que ele realizou (v. 4-9).[94]

---

[94] Millard Erickson comenta: "Duas passagens adicionais devem ser notadas como sendo especialmente significativas. A primeira é a passagem profética em Isaías 53.6: "Todos nós, como ovelhas, nos desviamos, cada um de nós voltou-se para o seu próprio caminho; e o Senhor colocou sobre ele a iniquidade de todos nós". Essa passagem é especialmente poderosa do ponto de vista lógico. É claro que a extensão do pecado é universal; é especificado que cada um de nós pecou. Também deve ser notado que a extensão do que será colocado sobre o servo sofredor é exatamente paralelo à extensão do pecado. É difícil ler essa passagem e não concluir que, assim como todos pecam, todos também são expiados" (*Christian Theology*, 2nd ed. [Grand Rapids: Baker, 1998], p. 847). O argumento apenas vale se o "nós" aqui significa todas as pessoas indiscriminadamente. Que "todos nós" pecamos não é, por si só, suficiente para fazer tal identificação. Além disso, o contexto imediato anterior ao capítulo 53 é

Vista desta maneira, a passagem assume a conversão pessoal do orador. O interessante é que isso não está enraizado na passagem em qualquer resposta do falante aos eventos, mas parece ser o resultado direto da obra do Servo. Este é o terceiro ponto da passagem: o sofrimento do Servo em si traz benefícios eficazes àqueles por quem o Servo sofreu. Certamente os versículos 4–6 estão entre os mais óbvios do particularismo na Bíblia: o ferimento por nossas transgressões e o esmagamento por nossas iniquidades são o conteúdo do castigo que nos trouxe paz e cura. O impulso é intencionalmente particular e objetivamente eficaz.

Essa natureza eficaz da obra do Servo aponta para a descrição oferecida em Isaías 54–56 da libertação prometida ao povo de Deus. Aqueles que sofrem no exílio devem ser trazidos de volta à presença de Deus, precisamente por meio do Servo Sofredor de Isaías 53. Novamente, 1 Pedro 2.25 toca nesse ponto: o povo de Deus está se desviando como ovelha, mas agora retornou para o grande pastor de almas.

Quarto, colocar o pecado sobre o Servo é a ação do Senhor (Is 53.6). Isso conecta tanto o Pai como o Filho como agentes unidos no ato da expiação. Isso é importante tanto para entender a natureza do sacrifício quanto seus efeitos: a "alma" de Cristo (v. 10) é uma oferta de recompensa que é a base (v. 11) para fazer com que muitos sejam considerados justos porque ele levou suas iniquidades. O versículo 12 reforça isso: ele despoja a muitos e recebe o prêmio porque derramou sua alma, identificou-se com os transgressores, carregou os pecados e por eles intercedeu. Em resumo, sua

---

o Senhor dirigindo-se a seu povo em particular; o "nós" no capítulo 53 é assim lido mais naturalmente como a voz do povo de Israel, não da humanidade em geral.

morte trouxe tanto os efeitos da redenção como a aplicação àqueles que o Senhor lhe deu.

Resumindo, podemos fazer várias observações baseadas em Isaías 53. Primeiro, o Servo está substituindo o pecado de muitos. Não há sugestão de que é o pecado de todos. Isaías é específico: ele suportou nossas aflições, levou nossas tristezas, foi ferido por nossas transgressões, foi esmagado por nossas iniquidades; seu castigo nos trouxe a paz, por suas feridas somos curados. Embora o versículo 6 possa parecer à primeira vista dar uma referência universal ("todos nós"), o "todo" é qualificado por ser um dos "nós"; e mais tarde na passagem, quando Isaías deixa de usar a primeira pessoa, ele se refere ao Servo carregando os pecados "de muitos", não "de todos" (v. 12). Há uma particularidade clara na obra do Servo que traz alguma noção de substituição e, de fato, de expiação como penal. Isso também está ligado ao fato de que tanto o Servo quanto o Senhor são participantes intencionais e dispostos no exercício dessas coisas. Uma noção de expiação que não a vê como particular, também é problemática a partir de uma perspectiva trinitária, dado que poderia parecer, assim, o estabelecimento de um conflito entre a vontade do Pai e a vontade do Servo.

Segundo, a expiação do Servo é eficaz na medida em que realmente alcança resultados reais às outras pessoas, aqueles para quem ele está agindo, aqueles cujos pecados ele está suportando. O Servo não está agindo para tornar a salvação uma mera possibilidade, a fim de fornecer a base para uma resposta humana a Deus; o sofrimento do Servo realmente efetua os seus resultados. Os capítulos subsequentes em Isaías (onde o retorno do exílio flui diretamente como resultado da obra do Servo) e Pedro no Novo Testamento (que claramente vê o retorno ao grande pastor pelas ovelhas perdidas como resultado da obra de Cristo) confirmam isso. As palavras de Pedro em 1 Pedro 2. 24–25 são indicativas: trata-se de uma ação vicária realizada por Cristo, que é completa por si mesma.[95]

Romanos 5: Adão e Cristo

Romanos 5 sempre foi fundamental nas discussões da obra de Cristo. Podemos resumir a divisão entre Agostinho e os pelagianos em como eles entendem essa passagem. Se Adão é o primeiro sacerdote e rei que falha, então Cristo é o último sacerdote e rei que obteve êxito. Paulo descreve a relação entre esses dois nos versículos 12–21 de Romanos 5. Os elementos básicos são claros: por meio da transgressão de Adão, o pecado entrou no mundo e, junto com ele, a morte; mediante a obediência de Cristo, isso foi revertido. Ele trouxe graça, justiça e vida.

Os principais versos deste ensaio são os 18-19:

> Portanto, como uma transgressão levou à condenação de todos os homens, um ato de justiça leva à justificação e à vida de todos os homens. Pois como pela desobediência de um homem muitos foram feitos pecadores, assim pela obediência de um homem muitos serão feitos justos. (Rm 5.18-19)

---

[95] Como Garry Williams expressa, "Fica claro que o Servo é punido, que sua punição é substitutiva, pois é o resultado do pecado dos outros, e que sua punição é expiatória, uma vez que lhes traz integridade, cura e justiça". ("The Cross and Punishment for Sin," in Peterson, *Where Wrath and Mercy Meet*, p. 81).

O paralelo Adão-Cristo claramente imputa uma eficácia à obra de Cristo. À primeira vista, eles parecem defender uma salvação universal: como o pecado de Adão levou à morte a todos, a obediência de Cristo leva vida a todos. A prótase[96] do versículo 18 é claramente de âmbito universal e, portanto, parece natural considerar a apódose como coextensiva.

Vários pontos militam contra isso. Primeiro, tal interpretação colocaria o ensinamento de Paulo, nesse texto, em conflito com o que ele diz em outro lugar. Se nem todos são salvos em Cristo da maneira que todos, de fato, caíram em Adão, então a passagem precisa ser cuidadosamente analisada. Assim, em 2 Tessalonicenses 1.8–9, Paulo fala da punição da destruição eterna àqueles que não conhecem a Deus ou desobedecem ao evangelho. Se o paralelo entre Adão e Cristo fosse mantido em todos os detalhes, haveria claramente uma salvação universal que tornaria incoerente a passagem de 2 Tessalonicenses.

Segundo, o propósito subjacente da passagem não é tanto enfatizar a natureza coextensiva das obras de Adão e Cristo, respectivamente, mas sim enfatizar os principais paralelismos estruturais entre os dois. É por isso que nos versos 15 e 19, Paulo usa o termo "muitos" em vez de "todos". A alternância entre "todos" e "muitos" certamente seria mais estranha se sua principal preocupação fosse estabelecer um ponto sobre o paralelo preciso entre Adão e Cristo em termos de representação universal da humanidade.

---

[96] Gram. A primeira parte de um período gramatical, que determina a condição para que o fato principal aconteça [p.ex.: *se você estudar* (condição), *fará boas provas* (fato principal)]. *Dicionário Aulete Digital*

De fato, como Douglas Moo comenta, Paulo está aqui preocupado em definir esse ponto básico: "Cristo afeta aqueles que são seus tão certamente quanto Adão aqueles que são seus."[97] Noutras palavras, a passagem chave do Novo Testamento que trata sobre Cristo como sacerdote e rei, em termos de seu relacionamento tipológico com Adão, não ensina que seu papel representativo é tão coextensivo quanto o do primeiro homem, por exemplo, o dom desse último representante não é especificamente descrito como a transgressão (v. 15). Em vez disso, a limitação da representação que observamos nos papéis dos reis e sacerdotes no antigo Israel é continuada em Cristo. Ele não age para com todos como último Adão; ele age apenas por aqueles que serão ultimamente encontrados para estar nele.[98]

Essa visão é consistente com a compreensão de Cristo como sacerdote, à medida que traçamos a linha da ação sacerdotal desde o Antigo Testamento até o seu cumprimento no Novo Testamento. Com Cristo, evidentemente, não vemos a extensão direta do sacerdócio levítico; ele é da linha de Judá, não da de Levi. Em vez disso, vemos o cumprimento das funções sacerdotais por meio dele sendo nomeado sacerdote de acordo com a ordem de Melquisedeque (Sl 110. 4; Hb 7). Assim, seu sacerdócio será eterno e eficaz de uma maneira que o sacerdócio levítico nunca o foi. No entanto, o particularismo do sacerdócio levítico encontra seu paralelo na singularidade de Cristo como o último Adão. Como já observamos, os sacerdotes do Antigo Testamento

---

[97] Douglas Moo, *The Epistle to the Romans*, NICNT (Grand Rapids: Eerdmans, 1996), 343. Cf. John Murray, *The Epistle to the Romans*, NICNT (Grand Rapids: Eerdmans, 1979), p. 203.

[98] Cf. Grant R. Osborne, *Romans*, IVP New Testament Commentary (Leicester: Inter- Varsity, 2004), p. 144, citando Moo.

não sacrificaram e fizeram intercessão geral por todas as pessoas em todos os lugares; eles tinham um papel específico em relação ao antigo Israel, o povo da aliança de Deus. Eles sacrificaram e ofereceram esses mesmos sacrifícios a Deus em nome do seu povo somente. Assim é com Cristo: ele não é sacerdote para todos, mas apenas para aqueles que o Pai lhe deu, como indicado não apenas por Romanos 5, mas também pela natureza restritiva de sua oração sacerdotal (Jo 17.9).

Hebreus 2.14-18, uma das passagens mais importantes para entender a obra de Cristo, também confirma a particularidade da sua mediação. Enfatiza a necessidade de Cristo ser humano para que ele possa participar da morte e, assim, destruí-la bem como o diabo, que tem poder sobre a morte. Por essa razão, ele se tornou humano para ser um sumo sacerdote e cumprir a função sacerdotal de fazer propiciação em nome do povo.

Essa ação é especificamente definida como não sendo em favor dos anjos, mas para os filhos de Abraão. Se o escritor intencionasse uma referência universal, ele presumivelmente teria citado Adão em Hebreus 2.16; mas citando Abraão, ele se concentra particularmente no povo da aliança como aqueles para quem Cristo age como sumo sacerdote e, portanto, restringe suas ações como mediador àquela comunidade. Além disso, como observa Peter O'Brien, toda a passagem está repleta de ressonância com a história do êxodo e também com uma linguagem semelhante a do livro de Isaías. A história contada aqui está fundamentada no relato da libertação de seu povo do Egito.[99]

Parece que nem as construções do universalismo hipotético e do arminianismo sobre a obra de Cristo como

---

[99] Veja O'Brien, *The Letter to the Hebrews*, p. 116-18.

mediador, podem fazer jus à natureza indicativa dessas passagens. Se a mediação apenas torna essas coisas possíveis, então como pode Paulo ou o escritor aos Hebreus falar em tais termos? Sua linguagem teria que ser condicional porque a situação objetiva da obra realizada de Cristo ficaria muito aquém das declarações indicativas que esses autores bíblicos fazem. Para os universalistas hipotéticos arminianos e antipelagianos, uma ação é requerida por parte do indivíduo antes que o estado de coisas descrito nas passagens possa ser visto como assegurado. Isso por si só quebraria a lógica das passagens, nas quais o indicativo é a base das declarações imperativas subsequentes, e não o contrário. É porque Cristo cumpriu completa e decisivamente o papel do último Adão, que devemos fugir do pecado (Rm 5–6); não devemos fugir do pecado para tornar a obra de Cristo completa. Em Hebreus 2–3, Cristo quebrou o poder da morte e, portanto, devemos considerá-lo, mantendo a nossa confiança nele; não devemos manter nossa confiança a fim de tornar eficaz seu triunfo sobre a morte.

Precisamente porque a representação é ao mesmo tempo particular e eficaz, o Novo Testamento pode falar nesses termos sobre Cristo. Assim como os reis do Antigo Testamento agiram em nome de toda a nação (e quando eles caíram, a nação caiu imediata e eficazmente em crise), Cristo, também, age em favor do seu povo; seu êxito é creditado incondicionalmente à sua conta. O mesmo se aplica ao sacerdócio: no Antigo Testamento, os sacerdotes tinham uma estreita responsabilidade representativa, estando diante de Deus em nome do povo de Israel; seu trabalho em nome de Israel foi eficaz, mas apenas para o povo de Israel. Assim, no Novo Testamento, Cristo, o grande rei e sacerdote, permanece como herdeiro dessa particularidade do Antigo Testamento e pode, portanto, agir eficazmente para seu povo. E essa eficácia, inextricavelmente conectada à sua particularidade representativa, requer que entendamos que o Novo Testamento mantém uma doutrina de redenção particular; ou expiação definida.

Alguns Pensamentos Finais sobre Expiação Definida e a Pregação

A Expiação Definida Prejudica a Pregação?

Quando nos movemos do reino da teologia para a prática da vida da igreja, uma das objeções comuns à expiação definida é que ela impacta negativamente a pregação de várias maneiras, mais notavelmente o evangelismo e a questão da segurança.

Atenuando o amor de Deus?

Uma das razões pelas quais a expiação definida parece à primeira vista particularmente desagradável é como ela parece atenuar o amor de Deus. Se Cristo morreu por apenas um número limitado de pessoas, então, até que ponto se pode falar significativamente sobre o amor de Deus pela humanidade em geral?

Restringindo o evangelismo?

Sobre a questão do evangelismo, o argumento contra a expiação particular tipicamente aponta, exegeticamente, para a dificuldade de pregar passagens que parecem ter um alcance universal e, teologicamente, à natureza restrita do amor de Deus que a expiação definida parece incorporar. Colocando à maneira de James B. Torrance em suas palestras em sala de aula da Universidade de Aberdeen, minha *alma mater*, expiação limitada (usar o seu termo preferido para expiação definida) faz com a justiça essencial de Deus e seu amor às coisas arbitrárias. Não se pode pregar que tal Deus é realmente amor.[100]

Minando a segurança?

Além disso, na questão da segurança, teólogos como R. T. Kendall e Michael Eaton argumentaram que a expiação definida enfraquece a Reforma — e a ênfase bíblica sobre a segurança do cristão — impedindo o pastor de apontar para cruz aos que lutam com a segurança cristã. Se alguém duvida da salvação deles, assim diz o argumento, o pastor que acredita em expiação definida não pode dirigir àquele que está lutando por segurança para que olhe para cruz e, então dizer: "Veja, Jesus morreu por você". Para Kendall, essa teologia encontra-se no pano de fundo das noções puritanas de fé temporária e, encorajando a introspecção, empurrou funcionalmente a teologia reformada em termos práticos para

---

[100] Cf. "The Incarnationand 'Limited Atonement,'" *Evangelical Quarterly* 55 (1982): 83–94.

o arminianismo que ostensivamente a repudiava[101]. Torrance pontua de forma semelhante, vendo a "expiação limitada" como transformar os meios sacramentais da graça em meros emblemas da eleição: uma eleição discernida não olhando para Cristo, mas para ver se há algum fruto do Espírito na vida do crente.[102]

Resposta

A Bíblia apresenta uma expiação eficaz.

Primeiro, há o truísmo, tão habilmente articulado por Lutero em sua resposta a Erasmo sobre a vontade, que a tarefa do pregador é pregar a Palavra de Deus, não para adivinhar quais problemas práticos tais causas podem ter. Assim, as objeções pragmáticas à expiação definida com base em como isso afeta a pregação estão nesse nível não substancial. Essa é uma área onde é vital que não permitamos que a retórica da "expiação limitada" modele nossa pregação: a Bíblia não apresenta a expiação como limitada; apresenta-a como eficaz, a partir do qual a limitação é uma inferência. Então, se a expiação eficaz é o que a Bíblia ensina, devemos pregá-la e deixar o resto para Deus.

---

[101] Cf. a obra de R. T. Kendall, *João Calvino e o Calvinismo Inglês até 1649: os puritanos ingleses e a modificação da teologia de Calvino*. Natal: Editora Carisma, 2019; Michael Eaton, *No Condemnation: A New Theology of Assurance* (Downers Grove: InterVarsity, 1997).

[102] Cf. "Strengths and Weaknesses of the Westminster Theology," in *The Westminster Confession in the Church Today*, ed. A. I. C. Heron (Edinburgh: St. Andrew Press), p. 40–54.

Todos os que rejeitam a salvação universal atenuam o amor de Deus em algum sentido.

Segundo, sobre a questão da atenuação do amor de Deus, podemos notar que nem abordagens do universalismo hipotético nem o arminianismo realmente se saem melhor nesse ponto. Em cada caso, o amor de Deus é atenuado; é simplesmente uma questão de exatamente onde o problema da atenuação do amor de Deus se manifesta.[103] Assim, o amiraldiano pode argumentar que Deus exibe o amor universal, indicando Cristo como mediador por todos, mas deve, em seguida, abordar a questão da restrição dessa mediação no decreto logicamente subsequente da eleição. Isso coloca a questão do amor de Deus em um estágio diferente da economia soteriológica, mas em uma forma não menos aguda. Que Deus deseja que todos sejam salvos em um ponto lógico, mas em algum momento logicamente subsequente àquele, o Senhor ama apenas os eleitos; isso torna toda a noção de universalismo não menos problemática do ponto de vista da

---

[103] Cf. Os comentários do teólogo arminiano Howard Marshall sobre 1 Timóteo 2.4: "Para evitar todos os equívocos, deve ficar claro desde o início que o fato de que Deus deseja que todas as pessoas sejam salvas não implica necessariamente que todos responderão ao evangelho e serão salvos. Devemos certamente distinguir entre o que Deus gostaria de ver acontecer e o que ele realmente quer que aconteça, e ambas as coisas podem ser ditas como a vontade de Deus". ("Universal Grace and Atonement in the Pastoral Epistles," in *The Grace of God, the Will of Man: A Case for Arminianism*, ed. Clark H. Pinnock [Grand Rapids: Zondervan, 1989], p. 56).

pregação do que uma visão consistentemente de particularismo da mediação de Cristo. O universalista hipotético enfrenta o mesmo tipo de problema, sustentando que há, na verdade, e não simplesmente na aparência, duas vontades em Deus: uma vontade pela qual ele deseja a salvação de todos e de outra vontade pela qual deseja a salvação de apenas alguns.

Os problemas para o arminiano são um pouco diferentes na medida em que não há necessidade de atenuar o amor de Deus em relação aos seus objetos, os homens são considerados como um grupo indiferenciado (com a possível exceção de Judas). No entanto, a noção de que Deus deseja que todos sejam salvos, mas de uma maneira a significar que nenhum indivíduo certamente será salvo, pareceria outra forma de limitar o amor de Deus. Também não faz justiça à natureza indicativa das declarações bíblicas sobre a expiação e o sacerdócio de Cristo. Em suma, nenhuma das alternativas está livre de complicações sérias com referência a discussões sobre o amor de Deus e suas limitações.[104]

Todo sistema tem problemas.

Terceiro, não é imediatamente óbvio que as objeções universalistas hipotéticas à expiação definidas realmente servem para criar um fundamento melhor à pregação ou ao trabalho pastoral. A posição de R. T. Kendall claramente distingue entre o sacrifício de Cristo na cruz e sua intercessão à direita do Pai. Se, por uma questão de argumento, permitirmos que essa seja uma posição sólida, então também precisamos reconhecer

---

[104] D. A. Carson destaca as complexidades que envolvem essa questão *The Difficult Doctrine of the Love of God* (Wheaton: Crossway, 2000), p. 73–79.

que o tipo de perguntas feitas pelo incrédulo ou pela pessoa que está lutando com a falta de segurança emergirá de uma matriz pastoral-teológica diferente e, assim, serão distintamente trazidas de maneira significativa. Para aquele que está lutando com segurança no contexto da teologia de Kendall, a pergunta certamente não será: "Cristo morreu por mim?", pois ele na verdade morreu por todos indiscriminadamente, do apóstolo Paulo ao devoto muçulmano, desde Adolf Hitler até Joseph Stalin. A pergunta é outra: Cristo está, agora, intercedendo por mim? Quando essa questão é colocada, o pastor que segue Kendall está certamente diante do mesmo problema que enfrentou seus colegas calvinistas de cinco pontos. Sua teologia simplesmente mudou o objetivo lógico cristológico da segurança do Calvário para a sala do trono celestial.

A posição universalista hipotética se sai um pouco melhor. Alguns dizem que devemos acreditar na predestinação, rejeitar a ideia da salvação universal e também sustentar que Cristo morreu indiscriminadamente por todos; e se tivermos dificuldade em conectar esses assuntos de maneira harmoniosa, não devemos nos preocupar, mas simplesmente continuar pregando independentemente. Muitas vezes essa visão está ligada a uma preocupação apropriada de deixar o texto bíblico falar e não ser alterado para se ajustar à cama de Procusto[105], de algum sistema dogmático assumido.

Essa é uma preocupação real, e a história da igreja tem ocasionalmente testemunhado pregadores que mantêm

---

[105] Procusto era um vilão que vivia na serra de Elêusis. Em sua casa, ele tinha uma cama de ferro do exato tamanho de sua estatura, para a qual convidava todos os viajantes a se deitarem. Se os hóspedes fossem mais altos, Procusto amputava o excesso de comprimento para ajustá-los à cama, e os que tinham pequena estatura eram esticados até atingirem o comprimento suficiente. Uma vítima nunca se ajustava exatamente ao tamanho da cama, porque Procusto, mantinha

um sistema mais importante que a exegese. Minha suspeita, no entanto, é que os relatos de tais foram em geral muito exagerados. Se John Owen é o garoto-propaganda da redenção particular, poucos, algum de seus críticos, podem se gabar de terem dedicado tempo na exegese bíblica, o que é evidente em seu comentário massivo de sete volumes sobre Hebreus. Sua exegese pode não estar correta, mas não se pode acusá-lo de não o fazer ou simplesmente que ele pregava mensagens com meros textos-prova. Podemos observar também que há alguns aspectos da formulação da teologia sistemática em que a modéstia diante do mistério insondável não é simplesmente a resposta mais apropriada, mas a única possível. É por isso que a grande fórmula credal de Calcedônia é expressa em termos negativos, nos dizendo aonde não podemos ir em nossa discussão sobre Cristo. Ela guarda o mistério.

Tendo dito isso, devemos perceber como pregadores que os nossos ouvintes —particularmente os não cristãos— farão perguntas sistemáticas e não serão deixados de lado com uma saída muito fácil para o mistério ou referências a paradoxos ou antinomias. Você pode muito bem pregar que Cristo morreu por todos, mas se o astuto e indagador não cristão perguntar qual é sua visão de predestinação, você descobrirá que toda a ênfase na universalidade do amor mostrada na expiação não é suficiente para prevenir o constrangimento nesse ponto. O mesmo ouvinte também pode perguntar o que significa dizer que Cristo morreu por todos, se nem todos são salvos. Novamente, essa é uma questão que, goste ou não, ainda exigirá uma resposta sistemática de algum tipo, para que não pareça estar simplesmente brincando com palavras.

---

secretamente duas delas com tamanhos diferentes. Ver *Dicionário da Mitologia Grega e Romana*. Pierre Grimal, p. 396. [N. do E.].

A questão problemática das abordagens antipelagianas à expiação, seja universalista hipotética, amiraldiana ou limitada, é certamente o compromisso com as construções agostinianas da predestinação. Uma vez que se permita que a salvação não seja universal e que o fator discriminador último na questão de quem é salvo (e quem não é) repouse sobre a vontade de Deus, não apenas na resposta dos homens, então o problema da particularidade inevitavelmente existirá. A questão não é se existe algum problema; é simplesmente em qual parte do sistema o problema se manifesta. Como Herman Bavinck comenta que o significado final da dupla predestinação não é realmente alterado pelo fato de alguém colocá-la no início ou no fim do sistema, assim o mesmo vale para qualquer construção particularista do predestinacionismo antipelagiano.[106] A pergunta sobre por que se deve pregar, já que Deus escolheu seu povo na eternidade é premente para todos os agostinianos protestantes e não simplesmente para aqueles que veem a cruz como parte da redenção limitada e particular da humanidade.

Assim, o incrédulo desejará saber exatamente o que significa dizer que Cristo morreu por ele quando a vontade eterna de Deus foi eleger alguns e não outros. Nesse contexto, pelo menos, estou disposto a admitir que o teólogo arminiano tem, à primeira vista, uma resposta mais convincente do que o calvinista de quatro pontos.[107] O pregador precisa de uma resposta em tal contexto, e é improvável que o "mistério" tenha força significativa. Podemos temer categorias sistemáticas, mas, às vezes, não temos o privilégio de determinar quais perguntas podem ou não ser feitas.

---

[106] Herman Bavinck, *Reformed Dogmatics*, 4 vols., ed. John Bolt (Grand Rapids: Baker, 2003–08), 2:360–61.

[107] O problema para o arminiano clássico será um pouco diferente: se Deus conhece o futuro e sabe que vou me arrepender e colocar

> *A expiação efetiva de Cristo é tanto o conteúdo quanto a base da pregação.*

Quarto, como observei, a linguagem de substituição parece ser bastante equívoca, mesmo sem sentido, quando a substituição é ao mesmo tempo universal e não, em si mesma, eficaz. O que significa dizer a alguém: "Cristo morreu por você", se esse fato, por si só, não faz diferença? "Eu paguei sua hipoteca, mas o banco ainda vai fechar o seu empréstimo e reaver sua casa" parece uma situação sem sentido, mas tem paralelos claros com esse assunto. Você pode estar certo de que um não cristão fará algumas conexões semelhantes e exigirá uma resposta. Essa resposta é certamente João 3.16, e não "Cristo morreu e não morreu por você, dependendo do que você quer dizer". Se alguém é um arminiano ou um calvinista de cinco pontos, existe uma suposição de que a realidade existencial do amor de Deus na salvação para o indivíduo pressupõe que o indivíduo cumprirá uma condição (seja essa condição preenchida autonomamente pelo indivíduo ou da parte da soberania de Deus, particular salvação). Assim, não tenho problema em dizer a alguém: "Cristo morreu por seus pecados", se deixei claro como essa declaração se conecta ao ensino bíblico geral sobre a salvação.[108]

---

minha confiança em Cristo em uma determinada data e hora, então até que ponto eu sou livre para escolher crer ou não?

[108] Grudem (que defende a expiação limitada), *Systematic Theology*, p. 602 afirma: "Realmente parecem ser apenas picuinhas que criam controvérsias e disputas inúteis quando reformados insistem em ser tão puristas no discurso que se opõem toda vez que alguém diz

De fato, a redenção particular, como a predestinação, realmente fortalece a mão do pregador. Isto não é tanto por causa de seu impacto imediato no conteúdo de toda e qualquer mensagem, mas por causa da confiança que dá ao pregador: Deus agiu por meio de seu Filho para salvar. Quando eu prego, declaro que Cristo é a manifestação histórica e instrumental do plano de Deus para salvar. Digo às pessoas que, na encarnação, a Palavra de Deus realiza sua parte do drama trinitário da salvação de tal maneira que sua expiação é eficaz, da mesma forma que sua encarnação, sua ressurreição e sua atual intercessão: diferentes partes do seu único ofício de mediador. Quando prego Cristo e a ele crucificado, eu prego a ação eficaz de Deus para alcançar e salvar o que foi perdido, não apenas Deus estabelecendo certas condições pelas quais alguém pode ser salvo se assim o desejar.

Isso é o que me dá confiança: as ações de Deus em Cristo são eficazes e não simplesmente algum tipo de base que Deus coloca em prática para os indivíduos agirem da maneira que escolherem. Sei que minha pregação terá um efeito porque a morte de Cristo é, em si mesma, eficaz e que a declaração dela será da mesma forma. A expiação de Cristo

---

que 'Cristo morreu por todas as pessoas'. Há, certamente, maneiras de entender essa sentença que são consistentes com o discurso dos autores das Escrituras". "Da mesma forma, eu não acho que devamos nos apressar em criticar um evangelista que fala para uma audiência de incrédulos, 'Cristo morreu pelos seus pecados', se isso for esclarecido no contexto que é necessário confiar em Cristo antes que possa receber os benefícios da oferta do evangelho. Nesse sentido, a sentença é simplesmente entendida como significando "Cristo morreu para oferecer-lhe perdão pelos seus pecados" ou "Cristo morreu para tornar disponível o perdão pelos seus pecados". O ponto importante aqui é que os pecadores percebem que a salvação e o pagamento de pecados está disponível a todos".

é tanto o *conteúdo* quanto a *base* para a minha pregação, e à medida que eu prego sua eficácia, eu também me regozijo em saber que isso garante a eficiência. A obra do Pai, Filho e Espírito Santo na única economia da salvação é um arranjo definido, particular, sólido e garantido. É por isso que o Novo Testamento fala em termos indicativos da natureza da expiação; e no meu trabalho como pregador do evangelho, eu também sigo o paradigma da Bíblia e declaro a obra de Cristo como cumprida na cruz, continuando agora à direita do Pai e definida nos termos dos seus resultados.

Nesse contexto, talvez eu esteja voltando mais uma vez a um ponto que trabalhei no começo: o termo "expiação limitada" é infeliz porque foca a nossa mente na limitação. De fato, a preocupação que as formulações da expiação limitada pretendem proteger não é a limitação da expiação, mas sua natureza indicativa, sua eficácia gloriosa e poderosa em lidar, de uma vez por todas, com os pecados do povo de Deus e garantir a salvação. Essa é uma mensagem que podemos pregar, e é também por isso que devemos preferir a linguagem da expiação definida àquela que fala da limitação. De fato, eu poderia ir mais longe ao dizer que a mensagem de uma expiação definida é a única mensagem que vale a pena pregar.

Conclusão

Embora haja mais a ser dito, creio que consegui oferecer uma explicação plausível de porque muitos cristãos estão convencidos da expiação definida. O ponto não é, ou não deveria ser, a limitação; em vez disso, consideramos como uma inferência dos tipos do Antigo Testamento e seu cumprimento no Novo Testamento por meio de Cristo, indicando que a expiação é eficaz. Isso não lança base para uma salvação meramente potencial; realmente Cristo aplica essa salvação.

Minhas respostas aos outros autores neste volume sem dúvida me darão uma oportunidade de expressar maior apreciação pelo que foi dito, mas as preocupações de arminianos e calvinistas de quatro pontos são legítimas: eles desejam fazer justiça ao amor de Deus e também prover uma base sólida para a pregação e a evangelização. Não há distância entre nós quanto a esses desejos. Para mim, no entanto, parece que apenas a expiação particular (limitada) é capaz de salvaguardar tais preocupações, ao mesmo tempo em que faz justiça às declarações indicativas da Bíblia concernentes à obra de Cristo como Redentor.

Resposta de Thomas H. Mccall com Grant R. Osborne

Expiação Definitiva e Teológica

Método: algumas observações

Carl R. Trueman nos dá uma defesa bem informada e fundamentada da doutrina da expiação "definida" (ou "limitada"). Ele tanto aborda objeções à sua visão que são extraídas da teologia bíblica e sistemática, como elabora uma forte defesa do seu ponto. Examinarei um pouco mais os pontos contra a expiação universal e os argumentos do próprio Trueman em favor da expiação definida, mas, antes, algumas observações sobre o método teológico podem ser necessárias.

Primeiro, uma expressão recorrente é tanto estranha quanto potencialmente enganosa. Trueman refere-se repetidamente à sua posição como a visão "antipelagiana". Isso é estranho por vários motivos. Não é – pelo menos até onde eu sei – um rótulo de uso tradicionalmente recorrente e, por essa razão, não é imediatamente descritivo de um partido ou de uma perspectiva teológica distinta. É também um pouco confuso, uma vez que o debate sobre a extensão da expiação não era a característica definidora da controvérsia pelagiana (ou mesmo "semipelagiana"). Além disso, é totalmente negativo; não diz muito sobre o que a posição, mas serve apenas para distingui-la de um rival herético. Ou não é isso?

Talvez sirva a um propósito retórico mais aguçado; talvez funcione para associar a "expiação ilimitada" à teologia própelagiana. No entanto, Trueman justapõe repetidamente a visão "antipelagiana" contra a perspectiva "arminiana". É aqui que esses rótulos podem não apenas causar confusão, mas também se mostrar potencialmente enganosos. Considere um caso paralelo em que, digamos, um teísta aberto, ou um arminiano, clássico se referem consistentemente à sua própria visão como "a visão antifatalista" e, além disso, justapõe tal rótulo contra "o calvinista".

Certamente os teólogos reformados protestariam que isso é enganoso e até mesmo injusto. Eles seriam rápidos em apontar que não é preciso ser um teísta aberto (ou arminiano clássico) para identificar-se como um não fatalista e mesmo como um antifatalista. Eles justificariam, e com razão, que um grande número de cristãos resistiria ao fatalismo como uma doutrina perigosamente equivocada e até subcristã. Eles justificariam, acertadamente, que muitos teólogos católicos romanos, ortodoxos e luteranos (entre outros) não são contados realmente como "arminianos"; ainda assim, tais tradições se opõem ao fatalismo. Eles — novamente com razão — argumentariam que a teologia *reformada* histórica também é diametralmente oposta ao fatalismo.[109]

Mas assim como o arminiano não é dono da perspectiva "antifatalista", o defensor da expiação definida também não tem o monopólio de mercado da expressão "antipelagiano". Teólogos católicos romanos, ortodoxos e luteranos (entre outros) não estão entre os "arminianos" ou "reformados", mas se opõem à doutrina defendida por Trueman. Para citar alguns exemplos da teologia luterana, Lutero insiste que Cristo "levou todos os pecados de todo o mundo; isso implica que ele também se entregou pelos seus e oferece-lhes graça".[110] Johann Andreas Quenstadt está convencido de que Cristo "sofreu e morreu por todos... ele verdadeiramente deseja a salvação de cada alma, mesmo daqueles que falham nessa salvação."[111] E Johann Gerhard diz: "Se os réprobos são condenados porque não creem no Filho de Deus, segue-se que

---

[109] Por exemplo, *A Confissão de Fé de Westminster* (1647), IX. Questões relacionadas à liberdade humana na escolástica pós-reforma são objeto de vigoroso debate na teologia histórica contemporânea, e.g., Willem J. Asselt, J. Martin Bac, e Roelf T. De Velde, eds., *Reformed Theologyon Freedom: The Concept of Free Choice in Early Modern Reformed Theology* (Grand Rapids: Baker Academic, 2010) e Paul Helm, "*Reformed Thought on Freedom:* Some Further Thoughts," *Journal of Reformed Theology* (2010): 185–207.

[110] Martin Luther, *Luther's Works*, 22:169. Minha gratidão a Douglas A. Sweeney por seus insights e ajuda com essas referências.

[111] Heinrich Schmid, ed., *The Doctrinal Theology of the Evangelical Lutheran Church*, 3rd ed. (Augsburg, 1899), p. 363.

a paixão e a morte de Cristo também pertencem a eles. De outra forma, eles não poderiam ser condenados por aquilo que, de acordo com o decreto divino, não é obtido para eles".[112] Tais afirmações não são fáceis de encaixar nas categorias da doutrina da redenção particular. Os teólogos luteranos não são também "antipelagianos"? Certamente que são. E também os arminianos clássicos.[113] Talvez Trueman esteja convencido de que é possível escapar do pelagianismo se — e somente se — alguém abraçar sua doutrina. Se for esse o caso, então ele deve elaborar um argumento para tal conclusão. Se não, então deveria evitar tais expressões inúteis e justaposições enganosas.

Segundo, voltando às questões mais amplas do método teológico, acho interessante que Trueman admita que nenhum texto isolado ensina explicitamente a doutrina. Não se preocupe, diz Trueman, pois a doutrina "não depende da compreensão de um único texto", mas sim da doutrina da Trindade. Assim como a doutrina da Trindade não se baseia em um único texto-prova, e é construída sobre uma ampla e profunda base bíblica (que inclui [a] um claro testemunho da distinção das pessoas; [b] testemunho múltiplo da igualdade e da divindade das pessoas e [c] um compromisso profundo e inabalável com o monoteísmo), assim também, afirma Trueman, a doutrina da expiação definida é edificada sobre uma ampla base bíblica. Em outras palavras, Trueman não vê nada na Escritura que realmente seja contra a doutrina da expiação definida, embora não haja uma única passagem que

---

[112] Ibid.
[113] Sobre algumas importantes questões históricas, cf. Thomas H. McCall, "'But a Heathen Still': The Doctrine of Original Sin in Wesleyan Theology," in *Adam, the Fall, and Original Sin*, ed. Hans Madueme e Michael Reeves (Grand Rapids: Baker Academic 2014), p. 265-99.

a ensine definitivamente, ainda assim traz o melhor sentido do relato bíblico como um todo.

Não me oponho a esse tipo de metodologia teológica; de fato, sou até solidário com isto: *desde que a formulação doutrinária realmente dê sentido à mensagem bíblica geral, penso que é uma maneira madura e cuidadosa de fazer teologia*. Mas a doutrina da expiação definida realmente faz o melhor sentido do relato bíblico como um todo? Certamente *não é como* a doutrina da Trindade em alguns pontos. Pois, enquanto os vários elementos doutrinários da teologia trinitária (as distinções das pessoas nas relações mútuas, a divindade e igualdade das pessoas, e o compromisso fundamental com o monoteísmo) realmente são bem fundamentados nas Escrituras, a questão da doutrina da expiação definida não tem uma base tão ampla e profunda até mesmo para Trueman. Essa doutrina também não é paralela à da Trindade em outro sentido decisivo: enquanto a da Trindade recebeu formulação de credo e apoio ecumênico, o mesmo não pode ser dito da doutrina que Trueman defende. Em bases tradicionais, talvez a melhor coisa que possa ser dita dessa doutrina antes da Reforma é que ela ostenta "uma posição minoritária e frequentemente ambígua", enquanto que, após a Reforma, ainda permanece fortemente contestada mesmo nos círculos reformados.[114] De alguma maneira, a defesa da expiação definida é mais parecida com a da graça preveniente, pois os defensores da doutrina da graça preveniente também afirmam que ela faz sentido em várias vertentes importantes do ensino bíblico (a depravação e incapacidade humana, a responsabilidade dos pecadores

---

[114] Raymond A. Blacketer, "Definite Atonement in Historical Perspective," in *The Glory of the Atonement: Biblical, Theological, and Practical Perspectives*, ed. Charles E. Hill and Frank James III (Downers Grove: InterVarsity Press, 2004), p. 313.

e a vontade de Deus) quando consideradas em conjunto.[115] No entanto, enquanto Trueman teria um argumento mais forte se algumas passagens discretas realmente ensinassem explicitamente a doutrina, eu concordo com ele que a falta de tal elemento não significa que a própria doutrina esteja equivocada.

Sendo assim, a doutrina de Trueman faz justiça ao ensino bíblico como um todo neste ponto? Ele argumenta que (a) enquanto não há nenhuma passagem bíblica explícita que enfraqueça ou destrua a doutrina, a Escritura mostra (b) particularidade da intenção e (c) a eficácia objetiva, e conclui que isso pode ser visto em uma leitura propriamente tipológica da Escritura. Tratemos desses pontos agora.

A defesa de Trueman da "Expiação Definida"

Sobre "Particularidade da Intenção"

Vamos primeiramente olhar para a defesa de Trueman sobre a expiação definida. Ele argumenta que há uma "particularidade

---

[115] A diferença fundamental aqui, é claro, é que a doutrina da graça preveniente desfruta de uma base histórica que a doutrina da expiação definida não pode reivindicar, pois em uma versão ou outra, a doutrina da graça preveniente pode ser traçada desde a escolástica da pós-Reforma voltando à teologia medieval até a teologia patrística latina. Tenho um pouco mais a dizer em defesa dessa afirmação na minha resposta a John Hammett.

de intenção na missão salvífica de Cristo". Até agora, tudo bem; nada na frase elimina outras visões. Ninguém nega que Cristo tenha uma intenção de particularidade. Em vez disso, o debate diz respeito à natureza dessa intenção. Mas logo fica claro o que Trueman quer dizer: a intenção particular provê a salvação de alguns pecadores enquanto exclui outros. Trueman argumenta esse ponto a partir de vários textos. Refletindo sobre Mateus 1.21 ("ele salvará seu povo dos pecados")[116] e textos como Mateus 20.28 e 26.28, ele observa que Cristo veio para dar sua vida como resgate por "muitos". Ele continua argumentando a partir de João 6.37-40 (que na verdade nem sequer menciona a extensão da expiação) e João 10. Eu concordo com Trueman que esses textos podem ser consistentes com a doutrina da expiação definida, mas pela pouca atenção que ele dedica à discussão, não vejo como tais textos demonstram a verdade dessa doutrina.

Trueman argumenta mais extensivamente a partir da oração sacerdotal de Jesus em João 17. Aqui ele faz algumas observações úteis sobre a importância de uma interpretação propriamente teológica (isto é, trinitária e cristológica) dessa passagem, e insiste corretamente que a doutrina da Trindade implica que não pode haver divisão na intenção ou obra entre as pessoas divinas. Dessa passagem ele conclui: "O Pai e o Filho são um em intenção salvífica, não para toda a humanidade, mas àqueles a quem Deus designou para a vida". No entanto, é difícil ver como essa conclusão decorre desse texto. Trueman pode estar correto em apontar que em João 17 Jesus ora apenas por aqueles que o Pai deu

---

[116] A menos que seja observado de outro modo, as citações das Escrituras são da The Holy Bible, Versão Padrão Inglês ®, copyright © 2011 da Crossway Bibles, um ministério de publicações da Good News Publishers. Usada com permissão. Todos os direitos reservados.

a ele, e em vez de ser dito sobre "o mundo inteiro".[117] Mas isso de forma alguma implica que o Deus Triúno não deseja a salvação de toda a humanidade, nem significa que Jesus falhou em oferecer orações mais amplas em outro lugar. De fato, presumivelmente ele faz exatamente isso, pois (como aponta Hammett) na cruz ele ora: "Pai, perdoa-lhes, porque não sabem o que fazem" (Lc 23.34), e o Senhor lamenta claramente sobre a cidade rebelde de Jerusalém (Lc 13.34).

Voltando à teologia paulina, Trueman diz que a declaração de Paulo de que a igreja foi obtida pelo sangue de Cristo (At 20.28) mostra que "o que foi comprado é um corpo particular de pessoas". A afirmação de Trueman é ambígua, e como tal poderia ser considerado agradável por proponentes de expiação geral também (afinal, eles geralmente não negam que a igreja é composta de um corpo particular de pessoas). Para Trueman, isso provavelmente significa *"este corpo particular em exclusão a todos os outros"*, mas é preciso ler algo assim no texto. Quando alguém diz "eu te amo" ou "eu comprei um presente para você", por si só, isso não implica que "eu amo *você e só você*" ou "eu comprei um presente para *você e para mais ninguém*". Dado o contexto de um enunciado de "eu te amo", pode ser razoavelmente considerado como (ou mesmo implicar em) "amo *você* e mais ninguém", mas isso não é óbvio na própria locução. Isso é óbvio no contexto da exortação de Paulo aos presbíteros de Éfeso? De maneira alguma, pois Paulo os está alertando sobre os perigos *para*

---

[117] Eu digo "pode ser" porque não estou convencido da exegese de Trueman sobre esse texto. Por enquanto, Jesus primeiro ora estritamente pelos discípulos originais (v. 9), e, então, amplia isso a todos que crerão por intermédio deles (v. 20), e ele então amplia ainda mais para que "o mundo" possa crer (v. 21). Mas, por uma questão de condescendência no argumento, concederei isso.

a igreja e exortando os líderes a ficarem vigilantes. Ele não está falando sobre a extensão dos propósitos salvíficos mais amplos de Deus para o mundo; ele está falando sobre os perigos para a igreja de Deus em um contexto específico. Ele está chamando esses anciãos para serem pastores e guardiões desse rebanho, e quando ele os lembra que esse rebanho foi comprado com o sangue de Cristo, certamente ele não está dizendo aos tais que a obra expiatória de Cristo foi intencionada *somente* para a igreja de Éfeso.[118]

Uma defesa mais forte da posição de Trueman está no seu tratamento da carta de Paulo aos Efésios. O apóstolo compara a igreja a uma noiva (5.25-27). Trueman diz: "O ponto é que os maridos devem ter um amor particular, especial e eficaz por suas esposas que eles não têm para com as outras pessoas. O autossacrifício em favor dessa pessoa em particular é uma marca do relacionamento. Assim também é com Cristo e a igreja". Não estou convencido de que a extensão da expiação é *o* ponto da passagem (que parece estar focada principalmente na obra expiatória de Cristo para a santificação de sua igreja); no entanto, essa é uma dimensão importante. Ademais, devemos lembrar que, em *qualquer leitura tolerável* desse texto, Reformado ou não, devemos concluir que Cristo se entregou por um corpo corporativo composto de muitos membros (alguns dos quais já incluídos

---

[118] Em Gálatas 2.20, Paulo exulta: "Vivo pela fé no Filho de Deus, que me amou e se entregou por nós". Se adotássemos como regra hermenêutica para a interpretação teológica da Escritura, a noção de que *devemos sempre interpretar textos no sentido mais particularista possível*, então devemos ser levados a concluir que a expiação era *muito* definida e *muito* limitada – quando, por exemplo, Paulo diz que o Filho "se entregou por mim", o que ele realmente quer dizer é que foi "por mim e somente para mim".

e outros potencialmente, mas não incluídos).[119] Quando percebemos isso, o argumento perde muito de sua força retórica. A questão em jogo é quem pode fazer parte desse corpo de muitos membros e da noiva corporativa (seja real ou potencialmente). Cristo se entregou a fim de purificá-la; sobre isso podemos concordar. Mas isso ocorreu para a purificação de apenas alguns pecadores, excluindo intencionalmente outros da possibilidade de serem incorporados nesse corpo? O texto não diz isso. Nem, estritamente falando, implica essa conclusão.[120] Em outras palavras, enquanto está claro no texto que Cristo se entregou para santificar os crentes justificados que compõem a igreja, o texto não nos diz que Cristo se entregou de uma forma que somente um número limitado pode possivelmente ser parte dessa comunidade de crentes justificados.

Sobre a "Eficácia"

Trueman elabora muito sobre a "eficácia objetiva" da obra expiatória de Cristo. Ele ecoa o argumento de John Owen (e J. I. Packer) na conclusão de que "as únicas opções à expiação substitutiva são o intencionalismo intencional ou o particularismo intencional", pois "não existe uma terceira via ". Eu vejo o argumento de Trueman, e acho que possui algum peso e, de

---

[119] Talvez haja questões eclesiológicas negligenciadas em jogo; talvez as coisas mudem se adotarmos, digamos, a metafísica polidimensional para uma doutrina da igreja. Sobre a metafísica quadridimensionalista, cf. Michael C. Rea "Four-Dimensionalism", in *The Oxford Handbook of Metaphysics*, ed. Michael J. Loux e Dean W. Zimmerman (Oxford: Oxford University Press, 2003), p. 246–80.

[120] Se A realmente *implica* (em vez de, digamos, meramente sugere) B, então B *deve* ser verdadeiro se A for verdadeiro; se A for verdadeiro, então B não pode deixar de ser verdadeiro.

fato, pode ser decisivo contra o "calvinismo de quatro pontos" e outras formas de determinismo teológico. Pois se alguém é determinista (ou mesmo um indeterminista que defende a eleição incondicional), então Trueman pode finalmente estar certo de que essas são as únicas opções consistentes. Mas não consigo ver como esse argumento pode funcionar para os teólogos cristãos que não estão comprometidos com o determinismo.[121]

Por "objetivo", entendo que Trueman afirma algo que acontece à parte de nossa apreensão subjetiva. Por "eficácia", eu entendo Trueman quer dizer que tudo o que acontece é poderoso e eficaz. Até agora não vejo nada censurável: todos devemos concordar que a obra expiatória de Cristo acontece à parte da nossa permissão ou apropriação, e devemos concordar ainda mais que essa obra é sucessivamente eficaz em tornar possível a salvação dos pecadores. Trueman pode querer dizer que também torna tal salvação "real". Mas sem uma nuance cuidadosa, tal afirmação poderia ser enganosa — e talvez seja simplesmente uma confusão. Pois ninguém tolerantemente trinitário — e de fato bíblico – considera que a *ordo salutis* afirma que pecadores foram salvos à parte da obra do Espírito Santo na aplicação dos benefícios da expiação. Em outras palavras, não importa o quanto os teólogos reformados ou quaisquer outros possam dizer "somente Cristo", isso não significa que alguém seja salvo à parte da obra regeneradora do Espírito Santo. Pois qualquer que seja o significado de "objetivo" e "eficaz", teologicamente não significa que o processo de salvação é completo antes que

---

[121] Cf. o importante ensaio de Oliver D. Crisp, "The Double Payment Objection to Universal Atonement," International Journal of Systematic Theology.

um pecador chegue à fé, ou que seja "real" à parte da obra do Espírito na vida do crente. Assim, em significados bastante diretos de tais termos, os proponentes da expiação definida e ilimitada podem – e devem – concordar em muitos aspectos. Um defensor da visão de Trueman pode querer dizer que isso torna a salvação real *em vez de* possível. Mas isso seria uma confusão infeliz, já que o "real" é um subconjunto do "possível". Assim, tais termos dificilmente podem ser usados para montar um argumento contra a expiação geral. Talvez Trueman tenha outro sentido, mais preciso e sem questionamento em mente. Se sim, então seria útil saber qual é.

Tipologia e Interpretação Teológica da Escritura

Trueman apela para a uma leitura tipológica das Escrituras a fim de dar peso para o ponto discutido. Notavelmente, ele argumenta a partir do uso de Levítico 16 em Hebreus 9-10.[122] Depois de discursar sobre as provisões para a oferta pelo pecado e a relação disso com o animal do Dia da Expiação, ele afirma:

> O que é notável sobre essa passagem é a particularidade da ação. O bode é sacrificado especificamente e apenas pelos pecados do povo de Israel. Este não é um sacrifício realizado pelo sacerdócio no contexto da adoração

---
[122] Trueman também apela para Isaías 53 e 1 Pedro 2. 22–25, assim como a Romanos 5. Como eu considero a discussão sobre Levítico 16 e Hebreus 9–10 o ponto mais forte de Trueman, vou concentrar a atenção nessa parte aqui.

de Israel para os pecados do mundo em geral. Independentemente da leitura de *kipper* como perdão, purificação, resgate, desvio da ira de Deus, ou como tendo conotações de todos os quatro, o escopo da ação é restrito ao povo de Deus, o povo de Israel. Não é destinado a outros, e essa particularidade está intimamente ligada à sua eficácia... A particularidade da ação não poderia ser mais explícita. Esses não são os pecados dos egípcios ou dos midianitas ou do resto do mundo; os pecados colocados sobre a cabeça do bode e expulsos para o deserto são apenas os pecados do povo de Israel.

E visto que a epístola aos Hebreus se baseia nesse entendimento para explicar a obra de Cristo, Trueman conclui que a sua obra também é limitada.

A proposta parece impressionante, mas há razões para duvidar de que isso realmente apoia a doutrina da expiação limitada. Primeiro, enquanto Trueman está correto em apontar que Levítico 16 fala diretamente dos pecados de *Israel*, deve-se notar também que o texto não diz nada que exclua aqueles que não são de Israel. Eu não estou oferecendo um contra-argumento do silêncio, mas incentivando a não exigirmos demais do texto bíblico. Mais importante, no entanto, é o fato de que, em outras partes do Pentateuco, o sistema sacrificial é dito estar aberto àqueles que não são eleitos como o foi Israel. Números 15 também prescreve a oferta pelo pecado, mas essa passagem torna explícito o fato de que ela está disponível tanto para os israelitas quanto para os não israelitas.

Quer a oferta pelo pecado seja em benefício de toda a comunidade (15.25–26) ou para os indivíduos (15.27–28), os mesmos sacrifícios aplicam-se tanto a israelitas como a não israelitas, e o mesmo perdão é oferecido tanto aos israelitas como aos não israelitas entre eles. De fato, o texto é explícito: "Uma mesma lei aplica-se a todos... quer seja um israelita nativo ou um estrangeiro residente entre vós" (15.29 NVI).

Além disso, essa passagem deixa claro que a mesma culpa e penalidade espera àqueles que pecam "temerariamente", pois blasfemaram contra o Senhor e "devem ser cortados", pois a "culpa permanece neles" (15.30-31). Então, o que aprendemos da oferta pelo pecado é: os mesmos sacrifícios expiatórios estão disponíveis para os israelitas (= "eleitos") e não israelitas (= não eleitos, mas talvez nem sempre sejam antieleitos), enquanto faziam parte da comunidade da aliança, a qual a expiação era realizada, não garantia um relacionamento adequado com Deus.[123] Assim, longe de demonstrar uma expiação definida, uma leitura atenta do testemunho do Antigo Testamento sobre a oferta pelo pecado, na verdade, poderia dar apoio a uma doutrina da expiação ilimitada.

O tratamento de Trueman acerca das evidências da expiação ilimitada

Até este ponto, examinamos várias características importantes dos argumentos de Trueman quanto à (b) particularidade da intenção e (c) eficácia objetiva. Mas, e quanto a sua acusação de que (a) não há evidências bíblicas ou argumentos

---

[123] Veja Joel S. Kaminsky, *Yet I Loved Jacob: Reclaiming the Biblical Concept of Election* (Nashville: Abingdon, 2007).

teológicos sólidos contra sua visão (favorecendo, assim, a expiação ilimitada)?

Ao considerar a evidência bíblica de que Deus deseja que todos sejam salvos (por exemplo, Ez 18.23; cf. 2 Pe 3.9), ele reconhece que há pelo menos a aparência de um problema para sua visão aqui. Ele alega que "arminianos", bem como "antipelagianos não universalistas de todas as vertentes" enfrentam o mesmo problema. Não consigo ver como isso não é um exemplo de falácia *tu quoque* (isto é, "você também"). Mas será que os arminianos (e, presumivelmente, os luteranos e outros indeterministas da expiação ilimitada) enfrentam esse problema? Com relação aos "arminianos", ele pergunta por que Deus não "tornou real" um mundo possível onde tudo funciona bem e todos são salvos: se Deus realmente quer que todos sejam salvos e cheguem ao conhecimento da verdade, então por que alguns não são salvos? Eu penso que a conclusão mais caridosa que alguém pode perceber aqui é que Trueman simplesmente não entende da "defesa do livre-arbítrio", pois ele não demonstra consciência, por exemplo, de tais dimensões da discussão sobre a distinção entre mundos possíveis e factuais, ou da importância da depravação transmundial (e, também, a possibilidade de condenação transmundial) .[124]

A abordagem de Trueman, por outro lado, é simplesmente apelar para o mistério da relação entre as "vontade revelada (ou preceptiva) e vontade oculta de Deus" (decretiva). A seu favor, Trueman percebe que sua visão "não está livre de problemas". Infelizmente, no entanto, ele não esclarece

---

[124] Sobre a identidade transmundial e a depravação transmundial, cf. Alvin Plantinga, *The Nature of Necessity* (Oxford: Oxford University Press, 1974), especialmente p. 88–120, 184–89.

a natureza desses problemas, nem trabalha para suavizá-los. Trueman afirma que a sua perspectiva não implica vontades contraditórias em Deus, mas ele não demonstra como a ideia de que *"Deus não quer que alguém pereça"* não chega a contradizer o *seu desejo de não oferecer a possibilidade de salvação e, assim, desejar que alguns pereçam.*

Trueman também lida brevemente com vários textos que frequentemente são organizados em apoio à expiação ilimitada. Em relação a 1 Timóteo 4.10, ele observa que Steven Baugh e Thomas R. Schreiner oferecem interpretações do texto que se encaixam na doutrina da expiação definida. Curiosamente, Schreiner critica e rejeita a interpretação de Baugh; como ele aponta, a noção de que "Salvador" aqui tem um significado meramente temporal e mundano (e não espiritual e eterno), falhando nos fundamentos lexicais e contextuais.[125] Mais importante – e frustrante – é que Trueman não nos oferece qualquer razão para pensar se Schreiner ou Baugh estão corretos. Ele apenas diz que "se Baugh ou Schreiner estiverem corretos aqui", não haverá problema para a sua visão. Se algum deles está correto, no entanto, é um ponto deixado sem resposta por Trueman. Não consigo ver como isso possa convencer alguém que não seja defensor da expiação definida.

Agora considere o que Trueman diz sobre 1 João 2.2. Ele reconhece que a afirmação joanina de que Jesus "é o sacrifício expiatório por nossos pecados, e não somente pelos nossos, mas também pelos pecados do mundo inteiro" (NIV)

---

[125] Cf. Thomas R. Schreiner, "Textos Problemáticos' para a expiação definida nas Epístolas Gerais e Pastorais", em *From Heaven He Came and Sought Her: Definite Atonement in Historical, Biblical, Theological, and Pastoral Perspective*, ed. David Gibson and Jonathan Gibson (Wheaton: Crossway Books, 2014), p. 385.

apresenta um desafio. Em seu favor, ele rejeita interpretações convenientes, mas exegeticamente implausíveis. Ele responde dizendo que a "obscuridade" do texto torna "claramente insuficiente a construção da visão do universalismo hipotético acerca da expiação". Talvez seja insuficiente ("claramente" ou não) para o universalismo hipotético (isto é, "calvinismo de quatro pontos"). Tal admissão não diria nada, no entanto, contra as visões mais básicas sobre expiação ilimitada (por exemplo, a luterana ou arminiana).

No entanto, eu me pergunto o que, exatamente, é tão obscuro na frase "não somente pelos nossos, mas também pelos pecados do mundo inteiro?" O significado mais plausivelmente claro não pode estar certo, na teologia de Trueman, então deve haver algum outro significado exegeticamente sustentável disponível. O que permanece obscuro é o que poderia ser a outra interpretação. Mas, e quando nós não a temos? Em algum momento isso deve levantar uma questão: em vez de apelar para a "obscuridade" como uma defesa do sistema, por que não questionar o sistema de pensamento que obscurece o texto em primeiro lugar?

Conclusão

Trueman argumentou que enquanto (a) não há evidência bíblica e teológica contra a doutrina da expiação definida, há boas razões para concluir que (b) a particularidade da intenção e (c) a eficácia objetiva da obra de Cristo apoiam essa doutrina. Eu levantei algumas dúvidas em todos esses pontos; aleguei que, embora seu argumento para essa doutrina não seja decisivo, sua defesa contra as objeções é incapaz de fazer mais do que apelar para o "mistério" e para a "obscuridade" dos pontos-chaves.

Essas são as razões apontadas para pensarmos que a defesa de Trueman da expiação definida não teve sucesso. E acho que são boas razões. Não penso que seu fracasso, de alguma forma, milite contra as suas habilidades de estudioso. Ao contrário: quando um estudioso com habilidades tão impressionantes quanto as de Trueman não pode montar uma defesa bem-sucedida da doutrina, talvez devêssemos concluir que a própria doutrina é extraordinariamente difícil de manter e defender. Pela minha ótica, é simplesmente indefensável.[126]

Resposta de John Hammett

Dos colegas colaboradores deste livro, Carl Trueman é o que teologicamente tenho mais em comum do que com Grant Osborne. Nós três somos evangelicais e inerrantistas, o que cobre um amplo espectro teológico. Mas Trueman e eu somos reformados, e Osborne é arminiano. Ao ler seu ensaio, muito do que Trueman falou ressoou em mim. Enquanto lia, meu pensamento mais comum era de responder: *"sim, mas eu não diria dessa maneira; ou sim, mas ainda acrescentaria esse detalhe"*. Assim, se pareço me concentrar mais neste tipo de resposta naquelas áreas em que Trueman e eu diferimos, isso não deve obscurecer aquilo que mais temos em comum.

---

[126] Agradeço a Gary Cockerill, E. Jerome Van Kuiken, e Steve Blakemore por suas observações no rascunho anterior deste ensaio.

Logo no início, Trueman questiona se a extensão é "a maneira mais apropriada de abordar o tópico". Ele sugere que a extensão é "uma inferência extraída de sua natureza e eficácia [da expiação]". Eu quero sugerir ambas as propostas aqui. Acho que a extensão é abordada de maneira bastante explícita em vários textos bíblicos que apoiam uma intenção universal, mas, também, incluo inferências da natureza e da eficácia da cruz.

Ele se concentra, especialmente, nas inferências sobre a "obra sacerdotal de sacrifício e intercessão" de Cristo, na qual, ele vê uma "unidade de intenção". Como alguém argumentando em favor das múltiplas intenções na expiação, essa frase chamou minha atenção. Voltaremos à questão do sacerdócio de Cristo, como Trueman o desenvolve detalhadamente em seu ensaio, mas tenho uma preocupação em registrar esse ponto logo no início. Não quero deixar inferências da natureza do sacerdócio de Cristo substituir os textos bastante claros que apontam para uma intenção adicional.

Talvez antecipando questões levantadas por alguns dos textos que tenho em mente, Trueman, em seguida, acrescenta um "último ponto preliminar" sobre a linguagem universal da Bíblia. Ele está certo em notar a importância do contexto na interpretação. Palavras como "todos" ou "o mundo" têm um amplo campo semântico. Podem significar "todos sem exceção" ou "todos sem distinção" (ou seja, de todos os tipos). Naturalmente, o significado nos textos bíblicos relacionados é a questão-chave.

Com essa ressalva, Trueman entra na questão da redenção particular. Ele não afirma que qualquer texto ensina explicitamente a doutrina, mas a vê como "o resultado de força cumulativa e implicações de uma série de vertentes do ensino bíblico"; para ser específico, "(1) a particularidade da intenção na missão salvífica de Cristo e (2) a eficácia objetiva da obra de Cristo". Esses dois pontos podem ser um forte argumento em favor de uma redenção particular, mas acho que é preciso incorporar outras vertentes que não sejam inconsistentes com as duas primeiras – elementos tais que acrescentem uma intenção universal ao lado da intenção específica.

Trueman constrói uma defesa em favor da intenção particular na missão salvadora de Cristo a partir de textos conhecidos a todos que estão familiarizados com esse debate, textos que afirmam que Cristo salvará "seu povo" (Mt 1.21), suas ovelhas (Jo 10), sua igreja (Ef 5.25-27). Concordo com ele que esses textos apoiam uma intenção específica, mas a resposta dos defensores da expiação universal sempre foi que os textos não dizem *apenas* "seu povo", "ovelhas" ou "igreja". Aqui, um olhar mais cuidadoso sobre a natureza do que Cristo fará por seu povo é algo instrutivo. Ele não somente morrerá pelo seu povo; ele os salvará (Mt 1.21). Ele não apenas entregará sua vida pela igreja; ele a fará santa e a apresentará a si mesma como uma igreja radiante (Ef 5.25-27). Por sua natureza, salvar pessoas, santificá-las e apresentá-las a si mesmo são coisas particulares, então acho que há um bom argumento para uma intenção em particular nesses versículos.

Surpreendentemente, Trueman gasta três vezes mais tempo respondendo a objeções do que defendendo a sua posição. Ele considera três objeções, sendo a primeira "o desejo universal de Deus de salvar a todos", refletida em textos como Ezequiel 18.23. Como podemos dizer que Deus deseja salvar a todos se ele age para salvar apenas alguns? Trueman resolve essa tensão pelo que entende como a distinção tradicional entre a vontade revelada (ou preceptiva) e a vontade oculta (ou decretadora) de Deus, embora admita que essa solução "não está isenta de problemas". Ainda assim, ele vê outras soluções como ainda mais problemáticas, postulando uma contradição interna na natureza de Deus. Mas mergulhar nas distinções da vontade de Deus é, de fato, uma área obscura; talvez o melhor que possamos fazer é aceitar o mistério até que a "luz da glória" a ilumine.[127]

A segunda objeção é sobre "provisão vs. aplicação" da obra de Cristo. O ponto é tratado de uma maneira bastante resumida, respondendo à objeção de Kevin Bauder, que pede aos defensores da expiação definida que produzam textos explícitos afirmando "por quem Cristo *não* morreu para prover a salvação". Eu poderia elaborar a objeção de outra maneira. Não vejo inconsistência em descrever a provisão da expiação em termos de uma intenção (universal) e a aplicação da expiação em termos de outra intenção (em particular). Eu faço isso dividindo a salvação em dois aspectos: um tem a ver com o lado divino, satisfazendo a ira justa de Deus. O outro tem a ver com o lado humano, acabando com a nossa inimizade com Deus e fazendo com que nos aproximemos dele, em vez de fugirmos. Sendo assim, chamo o primeiro aspecto de

---

[127] Refiro-me à referência de Lutero sobre três luzes em "The Bondage of the Will". Algumas coisas entendemos pela luz da natureza e outras pela luz da graça. Mas mistérios como, por que Deus quer salvar alguns e não outros, Lutero vê como mistérios atuais que só um dia serão resolvidos pela luz da glória. Até então, vivemos pela fé. Cf. Martinho Lutero, "On the Bondage of the Will," in *Luther and Erasmus: Free Will and Salvation*, ed. E. Gordon Rupp and Philip Watson, Library of Christian Classics, Ichthus ed. (Philadelphia: Westminster Press, 1969), P. 331–32.

provisão objetiva e o segundo de aplicação subjetiva. Penso que Trueman entende os dois aspectos como objetivos, mas ele passa a abordar a eficácia objetiva especificamente; assim, retornamos a mesma discussão sobre esse ponto.

Sua terceira objeção é sobre passagens que parecem ensinar expiação universal. Ele considera seis dos textos que os defensores da expiação universal apelam com mais frequência, incluindo 1 Timóteo 4.10, 2 Pedro 2.1 e 1 João 2.2.[128] Ele oferece interpretações alternativas das passagens, mostrando que elas "podem ser entendidas" de uma maneira consistente com a expiação definida". Mas acho que ele foi um pouco além ao demonstrar que tais textos *deveriam* ser entendidos assim. Muitas passagens estão sujeitas a uma variedade de possíveis interpretações. Mas não devemos optar pela interpretação mais provável? Ele acha que o ensinamento sobre a particularidade da intenção divina e a eficácia objetiva justificam uma opção por interpretações intrinsecamente menos prováveis. Eu acho que existem maneiras de permitir interpretações mais prováveis, sem que precisemos entendê-las como uma intenção particular ou de uma eficácia objetiva.

Trueman passa a analisar o segundo ponto principal no seu argumento, a eficácia objetiva da obra de Cristo. Ele vê eficácia objetiva, quando combinada com expiação, exigindo "universalismo intencional ou particularismo intencional. Não há terceira via". Aqui é onde está a nossa divergência.

Eu acho que é possível separar duas intenções porque são dois momentos ou aspectos envolvidos na salvação. Por

---

[128] Surpreende-me um pouco que Trueman não lide com alguns dos textos do Evangelho de João, pois estão entre os que geralmente são vistos como aparentando ensinar a expiação universal.

exemplo, Cristo morreu uma morte substitutiva por aqueles que se tornariam cristãos em Éfeso. No momento em que ele disse "está consumado" (Jo 19.30), a realização objetiva da expiação foi completa. Mas antes que os cristãos efésios chegassem à fé, Paulo os descreveu como mortos em seus pecados e sob a ira de Deus (Ef 2. 1–3). Como isso poderia acontecer se a morte de Cristo proporcionasse salvação com eficácia objetiva? Da mesma forma, Deus foi reconciliado com os coríntios pela morte de Cristo, mas Paulo lhes conclama a serem reconciliados com Deus (2 Co 5.20). Entendo que é possível separar o que chamo de provisão objetiva, pela qual a ira de Deus é satisfeita e ele recebe o pecador penitente em sua presença, da aplicação subjetiva, pela qual o coração do pecador é transformado, passando a ir ao encontro de Deus, em vez de fugir dele. Vejo tanto a provisão objetiva quanto a aplicação subjetiva, como efetuadas pela obra cruzada de Cristo, mas elas são separadas cronologicamente. Além disso, não vejo razão porque a disposição objetiva não possa ser universal, enquanto a aplicação subjetiva é particular. Visto que a salvação requer tanto a provisão objetiva quanto a aplicação subjetiva, tal visão não leva à salvação universal. Mas essa é a visão que defendo no meu capítulo, e apresentar meus pontos aqui não é o propósito dessa resposta.

  Trueman continua a fundamentar a eficácia objetiva da expiação na obra sacerdotal de Cristo, uma obra sacerdotal que é especial. Não estou certo em seguir seu argumento aqui tão claramente, mas acho que ele diria que, tanto a provisão objetiva quanto a aplicação subjetiva são particulares; assim, minha separação entre a provisão universal e a aplicação particular não se ajusta ao ensinamento de Cristo como sacerdote. Mas Hebreus 9–10 não é um ensino exaustivo sobre a expiação e, se houver textos claros em outros lugares que fundamentem uma provisão universal, eles devem ser autorizados a suplementar o ensino em Hebreus.

Eu diria o mesmo sobre a próxima seção de argumentação em Isaías 53 e 1 Pedro 2.22–25. Penso que Trueman provavelmente está certo em ver uma referência particular aqui, mas, novamente, não vejo isso como inconsistente em ensinar em outro lugar uma intenção universal de fazer provisão para todos. Cada versículo não precisa ensinar toda verdade, e o ensino dos diferentes textos não precisa ser contraditório, mas complementar ou suplementar. Não precisamos forçar alguns versos a se adequarem ao padrão sugerido por outros. Do mesmo modo, concordo com a maior parte de sua seção sobre Romanos 5, na relação entre Adão e Cristo; apoio a sua conclusão de que o Novo Testamento "sustenta uma doutrina de redenção particular; ou expiação definida". Mas gostaria de acrescentar que outros textos justificam uma intenção universal sendo também oferecida na cruz.

A principal seção final de Trueman lida com três acusações à doutrina da expiação definida e a relação desta com prejuízos à pregação. Essa doutrina atenua o amor de Deus? Restringe o evangelismo? Mina a certeza da salvação? Sua resposta à primeira pergunta é que todo sistema, talvez com exceção da salvação universal, atenua o amor de Deus de alguma forma. Eu concordo, mas acho que a visão de múltiplas intenções tem uma pequena vantagem sobre a expiação definida tradicional: a provisão foi feita para todos. Alguns optam por não vir, mas se viessem, teriam encontrado provisão para eles também.

Trueman também dedica atenção às "objeções do universalismo hipotético à expiação definida", alegando que a primeira oferece um fundamento melhor para a pregação e o trabalho pastoral do que a última. Ele não cita nenhuma fonte aqui, então não tenho certeza de que objeções tem em mente ou como "todo sistema tem problemas". Por um lado, concordo que todo sistema tem problemas, que há lugares em que "a modéstia diante do mistério insondável" é a única resposta apropriada. Concordo que as pessoas exigirão e merecerão uma resposta sistemática de algum tipo, mas acho que uma visão de múltiplas intenções dá uma visão tão convincente quanto a expiação definida, mas posso estar perdendo o seu raciocínio aqui.

Acho que compreendo o último ponto da sua resposta. Alguns estão preocupados que uma construção estrita de expiação definida possa impedir que um pregador diga a uma audiência: "Cristo morreu por seus pecados", e assim, de alguma forma, atrapalhe o evangelismo. Trueman cita Wayne Grudem, que defende a expiação definida, mas encoraja os reformados a não se apressarem em criticar um evangelista que fala para uma audiência de incrédulos que "Cristo morreu por seus pecados". Tal declaração é aceitável se for entendida como "Cristo morreu para oferecer perdão pelos seus pecados" ou "Cristo morreu para tornar disponível o perdão dos seus pecados".[129]

Fiquei um pouco surpreso ao ler Trueman afirmando que poderia dizer a alguém: "Cristo morreu por seus pecados", se ele tivesse "deixado claro como essa declaração se conecta ao ensino bíblico geral sobre a salvação". Na verdade, podemos estar mais próximos do que pensamos. Eu também concordo que a eficácia da expiação de Cristo deve nos dar

---

[129] Wayne Grudem, *Systematic Theology: An Introduction to Biblical Doctrine* (Grand Rapids: Zondervan, 1994), p. 602.

confiança na pregação, ele é aquele que efetua a aplicação subjetiva da cruz ao coração do pecador.

Fico feliz em afirmar com Trueman a eficácia da cruz, que realmente realiza a salvação. Minha preocupação em diferenciar minha visão da expiação definida não é fazer mais justiça ao amor de Deus ou fornecer uma base sólida para a pregação. É fazer jus aos textos que parecem apontar para uma intenção universal ao lado da intenção particular. Entendo que ambos são ensinados e podem ser vistos como complementares, em vez de contraditórios. Estou ansioso para continuar esta conversa.[130]

---

[130] Tais discursos precisam incluir o excelente livro *From Heaven He Came and Sought Her: Definite Atonement in Historical, Biblical, Theological, and Pastoral Perspective*, editado por David Gibson e Jonathan Gibson (Wheaton: Crossway, 2013), que inclui uma contribuição de Carl Trueman. Infelizmente, o livro chegou muito tarde para incluir no meu capítulo.

CAPÍTULO 2

O PONTO DE VISTA DA EXPIAÇÃO ILIMITADA

Grant Osborne

Expiação, no sentido bíblico, significa "cobrir pecados ou efetuar perdão pela morte sacrificial de Cristo na cruz". O conceito derivado do hebraico *kōper*, "cobrir" ou "apagar", portanto, "expiar" àquele que se tornou inaceitável diante de Deus; *kappōret* era o "lugar da expiação", o "trono de misericórdia" ou a "cobertura" sobre a arca. Isso quer dizer a cobertura de pecados colocados sobre a arca e perdoados por Deus. A expiação é efetuada por um pagamento de "resgate", que pode ser dinheiro (Êx 30.11-16) ou sacrifício de sangue (Lv 17.11).[131]

No tocante ao NT, a expiação se refere à misericórdia de Deus em perdoar o pecado, incluindo a propiciação (aplacar a ira de Deus) e a expiação (o perdão que o pecador experimenta) (cf. Rm 3.25; Hb 8.12; 9.5). A nossa questão para este ensaio não é o significado da expiação[132], mas a extensão: Cristo morreu por toda a humanidade ou apenas pelos eleitos? Se a primeira é verdadeira, isso implica necessariamente universalismo? Eu argumento que Cristo morreu suficientemente por todos, mas eficientemente por aqueles que depositam fé em sua morte expiatória; e mantenho que isso não implica em universalismo.

---

[131] *New International Dictionary of Old Testament Theology and Exegesis*, s.v. "*kpr*," by Richard E. Averbeck, 2:689–710.

[132] Para uma excelente discussão mais recente, cf. os artigos sobre justificação (e expiação) de Thomas Schreiner, Frank Thielman e N. T. Wright no JETS 54 (2011): 9-63.

Existe um acordo geral de todas as partes quanto ao efeito da expiação: Cristo aplacou a ira de Deus e sua morte expiatória trouxe salvação aos perdidos. Mas é aí que os lados se separam. A morte de Cristo tornou a salvação possível para aqueles que respondem à presença universal de convencimento do Espírito, ou garantiu a salvação somente para aqueles a quem Deus predestinou para a salvação? Essa é a questão neste simpósio. Louis Berkhof apresenta bem a posição da Teologia reformada: "O calvinista ensina que a expiação garantiu meritoriamente a aplicação da obra de redenção àqueles para os quais estava destinada e, assim, tornou certa e segura a sua salvação".[133] O que é assegurado é o perdão de seus pecados, seu novo status como filhos de Deus, sua "união mística dos crentes com Cristo por meio da regeneração e da santificação" e sua "bem-aventurança final" em eterna comunhão com Deus e Cristo.[134] Alguns chamam esse conceito teológico de "expiação limitada"; outros o nomeiam de "redenção particular".[135] Isso significa que Deus planejou a obra salvífica de Cristo particularmente

---

[133] Louis Berkhof. *Teologia Sistemática*, 2009. p. 387. R. B. Kuyper define que, "Deus propôs pela expiação salvar somente os eleitos... consequentemente todos os eleitos, e somente eles, são salvos". *For Whom Did Christ Die? A Study of the Divine Design of the Atonement*. Grand Rapids: Eerdmans, 1959, p. 62.

[134] Berkhof. *Teologia Sistemática*. p. 387.

[135] Muitos favorecem esta nomenclatura. Cf. Roger Nicole, "Particular Redemption," *Our Savior God: Studies on Man, Christ, and the Atonement*, ed. James M. Boice (Grand Rapids: Baker, 1980. Lamento não ter interagido com Jarvis J. Williams, *For Whom Did Christ Die? The Extent of the Atonement in Paul's Theology*, Paternoster Biblical Monographs (Milton Keynes, UK: Paternoster, 2012), que saiu depois que eu terminei este ensaio. Ele argumenta que a Teologia paulina ensina redenção particular.

para os eleitos. Não é que Deus não tenha compaixão pelos perdidos, mas que ele tem uma vontade maior, um propósito maior na obra expiatória de Cristo. John Piper diz: "Deus não quer salvar a todos, porque há algo que ele deseja mais, o qual estaria perdido se ele exercesse seu poder soberano para salvar a todos, ou seja, 'a manifestação de todo o âmbito da glória de Deus, em ira e misericórdia (Rm 9.22-23), e a humilhação do homem, de modo que ele tenha prazer em dar todo o crédito a Deus por sua salvação' (1 Co 1.29)".[136] A questão é se o propósito da morte de Jesus foi o de fazer expiação em um sentido real ou possível. Eruditos reformados argumentam que o último implica em uma graça condicional baseada meramente na presciência divina[137] e oposta à verdadeira soberania de Deus.

O arminiano wesleyano[138] obviamente desafia essa limitação da intenção divina na expiação. Primeiro, a maioria dos teólogos arminianos aceita a doutrina da depravação total: sempre que o pecador faz uma escolha em relação a Cristo, ele o rejeita. A questão para ambos os lados é como alguém pode encontrar salvação. Para o calvinista, a doutrina da eleição: "Deus, com base em sua vontade misteriosa, alcançou e livrou os "eleitos" do fogo por meio da sua graça irresistível. O problema com isso é que "graça é a oferta de

---

[136] John Piper. *Deus deseja que todos sejam salvos?*. SJC: Fiel, 2014.

[137] Thomas F. Torrance, "The Incarnation and Limited Atonement," *EvQ* 55 (1983): 83.

[138] Reconheço que outras posições (luteranos, anabatistas, católicos romanos e muitos pentecostais) estão do mesmo lado da expiação universal; mas, por uma questão de brevidade e, visto que esta é a minha própria posição, representarei consistentemente o lado que se distancia mais da perspectiva reformada como, por exemplo, o arminianismo.

um presente, não a imposição da vontade sobre o outro; e é da natureza do presente a possibilidade de ser rejeitado".[139] Assim, o arminiano toma outro rumo: a presença universal e convencedora do Espírito Santo (graça preveniente) faz a diferença. Em meio a absoluta depravação, o Espírito convence todas as pessoas (ele não meramente apresenta a culpa do não eleito[140]) e torna possível que elas vençam o poder das limitações da sua depravação e façam uma escolha. Essa escolha é o resultado de uma fé tornada possível por Deus, e não uma obra (Ef 2.8-9). O arminianismo não é semipelagiano, por definição. Fé e escolha são dons de Deus e são possíveis para toda a humanidade. J. I. Packer declara um equívoco comum: "Para o arminianismo, a salvação não repousa nem na eleição de Deus nem na cruz de Cristo, mas na cooperação de cada pessoa com a graça, que é algo que Deus não pode garantir".[141] A fé não substitui a cruz nesse sistema; o arminianismo não reproduziu a heresia dos gálatas. A cruz é a única base para a salvação, e a fé é uma rendição ao Espírito Santo, que produz a salvação no crente.

---

[139] Fritz Guy, "The Universality of God's Love," in *The Grace of God, the Will of Man: A Case for Arminianism*, ed. Clark H. Pinnock (Grand Rapids: Zondervan, 1989), p. 440.

[140] Cf. Grant R. Osborne, *The Gospel of John*, Cornerstone Biblical Commentary (Carol Stream, IL: Tyndale House, 2007), 222, 233, em João 16:8-11, em que argumento que "convencer o mundo" significa "convencer" o pecador da culpa diante de Deus, "expondo" o seu pecado, e atraindo ou "convencendo-os" da necessidade de arrependimento. D. A. Carson ecoa isto: o Espírito como Paracleto "envergonha o mundo e o convence da sua própria culpa, chamando assim ao arrependimento" (*The Gospel According to John*, PNTC [Grand Rapids: Eerdmans, 1991], p. 536-37).

[141] J. I. Packer, "The Love of God: Universal and Particular," in Schreiner e Ware, *The Grace of God, the Bondage of the Will*, 2:421.

Eu concordo com Packer que "nós não nos tornamos cristãos sem graça preveniente criativa"[142], mas definimos essa graça como a presença universal e convincente do Espírito Santo, e não como uma eleição divina.

Dentro deste quadro de convencimento universal de Deus, o arminiano vê dois estágios na eleição: presciência (Deus estava ciente antes da criação de cada escolha feita com respeito à presença convencedora do Espírito) e eleição (baseado em sua presciência, Deus "elegeu" aqueles que responderiam e encontrariam fé na obra expiatória de Cristo). Portanto, a presciência não é sinônimo de predestinação. Porque o fato de Deus saber de algo não é o mesmo que predeterminar. Calvino e seus seguidores acreditam que Deus "prevê" só o que ele já "decretou" acontecer, então sua "determinação e delimitação disto" controlam os futuros eventos e escolhas.[143] Arminianos contra-argumentam que, embora Deus conheça eventos contingentes e ações que resultam da livre escolha, ele não os controla; assim, existem níveis de conhecimento divino. Ele sabe tudo, mas dentro desse conhecimento universal, Deus escolheu conceder aos seus seres criados o livre-arbítrio. Deus prevê tais ações, mas não as predetermina.[144]

---

[142] Ibid., p. 419.

[143] John Calvin, *Institutes of the Christian Religion*, trans. Ford L. Battles (Philadelphia: Westminster, 1960), 2:954–55.

[144] Uma teoria extremamente interessante sobre isto foi elaborada por William Lane Craig, "Middle Knowledge, A Calvinist-Arminian Rapprochement?" in *The Grace of God, the Will of Man*, 141-64. De acordo com ele, Deus sabe não apenas todas as ações futuras, mas, também, todas as possibilidades futuras. As decisões humanas são feitas dentro dessas possibilidades concedidas por Deus. Contra J. A. Crabtree, "Does Middle Knowledge Solve the Problem of Divine

Assim, a *ordo salutis* para os arminianos começa com a intencionalidade divina e depois se move para a presciência. Ele criou anjos e humanos como um ato de amor, para o propósito de comunhão. Tanto entre os anjos como entre os homens, o amor exigia escolha: Satanás e um terço do exército celestial escolheu se rebelar contra Deus (Ap 12.4), e Adão e Eva, juntamente com todos os que descendiam deles, escolheram pecar (Rm 5.12). O pecado escravizou a humanidade, mas Deus, em sua benevolência misericordiosa, enviou seu Filho para morrer pelos pecadores e propiciar a expiação. Agora, seu Espírito está ativamente "convencendo" o mundo do pecado e atraindo pessoas ao arrependimento. Aqueles que respondem e "creem" são, então, regenerados e justificados, tornando-se o povo "escolhido" ou "eleito" de Deus. O Espírito faz a crença ser possível e realiza o ato da regeneração. Ainda assim, aqueles que escolhem a Cristo tornam-se os "escolhidos" de Deus.

Dentro dessa estrutura, o sacrifício expiatório de Cristo na cruz se concentra na possível salvação de toda a humanidade ou na salvação eficaz dos eleitos? A expiação é universal ou particular em seu propósito? No meio-termo, ambos os lados concordam que a morte de Cristo é suficiente para todos, mas eficiente apenas para alguns. A diferença é o foco e o significado da declaração e sua conexão com a doutrina da eleição. Vamos agora olhar para as passagens que cada posição usa para provar seus pontos.

Aqui devemos separar a posição arminiana da outra perspectiva denominada de calvinismo de quatro pontos (negando a expiação limitada). Ambos aceitam que Cristo

---

Sovereignty?" em Schreiner e Ware, *The Grace of God, the Bondage of the Will*, 2:429–58.

morreu suficientemente por todos; mas, eficientemente, apenas pelo crente. Então, à primeira vista, os dois parecem afirmar a mesma coisa. Mas as semelhanças terminam aqui. O calvinista de quatro pontos aborda a questão da perspectiva da eleição: Deus escolhe alguns da humanidade caída para experimentar o que a expiação significava potencialmente para todos, e somente os eleitos realmente a experimentam. Nesse ponto, o centro do arminianismo está na fé-decisão: Cristo morreu como substituto de toda a humanidade, mas somente aqueles que respondem à convicção do Espírito realmente experimentam a expiação. O ponto final é semelhante, mas o ponto de partida é radicalmente diferente.

Textos que Favorecem a Redenção Particular

"A posição reformada é que Cristo morreu com o propósito real de seguramente salvar os eleitos, e somente eles".[145]

Para que Deus seja soberano, suas intenções devem sempre ser eficazes, e se seus desígnios divinos fossem para Cristo morrer pela salvação de todas as pessoas, então o universalismo teria que dar resultados. Se Cristo na cruz pagasse pelos pecados de cada pessoa, Deus teria que aceitar todas as pessoas, e o evangelismo seria desnecessário. Uma vez que toda a humanidade não é salva e muitos permanecem na incredulidade, Deus não poderia ter pretendido a morte de Cristo por todos, mas apenas por aqueles predestinados à salvação. A eleição não pode ser baseada na presciência

---
[145] Berkhof, *Teologia Sistemática*, p. 388.

de Deus sobre a fé de alguns, nem pode resultar da escolha humana. É incondicional e baseada apenas na misteriosa vontade de Deus. Além disso, esse é um ato trinitário. "O que Deus, o Pai, propôs, Deus, o Filho, e o Espírito Santo concordaram e certamente cumpriram".[146]

Deixe-me citar a famosa declaração de John Owen sobre o assunto:

> Deus impôs sua ira devida, e Cristo sofreu as dores do inferno por
> **[1]** todos os pecados de todos os homens, ou
> **[2]** todos os pecados de alguns homens, ou
> **[3]** alguns pecados de todos os homens.
>
> **[3]** Se o último, alguns pecados de todos os homens, então todos os homens têm alguns pecados para responder (diante de Deus), e assim ninguém será salvo.
> ...
> **[2]** Se o segundo, e, é aquilo que afirmamos, então Cristo sofreu por todos os pecados de todos os eleitos no mundo.
> **[1]** Se o primeiro, por que, então, nem todos estão livres da punição de todos os seus pecados? Você dirá: "Por causa de sua incredulidade; eles não creem". Mas essa incredulidade, é um pecado ou não? Se não é, por que eles deveriam ser punidos por ela? E se é pecado, então, Cristo sofreu a devida punição por isto, ou não. Sendo assim, então por que isso deve impedi-los mais do que seus outros pecados pelos quais ele

---

[146] Wayne Grudem, *Systematic Theology: An Introduction to Biblical Doctrine* (Grand Rapids: Zondervan, 1994), p. 595.

morreu para que haja participação do fruto da sua morte? Se ele não o fez, então não morreu por todos os seus pecados. [147]

Cristo Morreu Exclusivamente por seu Povo

Várias passagens parecem limitar o propósito da morte de Cristo explicitamente aos eleitos, o povo de Deus. Isso é designado de várias formas:

Seu povo. Mateus 1.21 diz que a encarnação de Jesus é para "salvar o seu povo [gr. *laos*] de seus pecados".[148] *Laos* é um termo semitécnico nos evangelhos identificando o povo de Deus; e aqui se refere àqueles que responderiam à salvação que Jesus trouxe. Cristo proveria os meios pelos quais Deus perdoa os pecados (Mt 3.6; 9.9-13; 11.19; 20.28; 26.28).

Suas ovelhas. Várias passagens em João 10, centradas no *mashal* (parábola) sobre o Bom Pastor, designam as "ovelhas" de Deus como o foco da morte sacrificial de Jesus. A metáfora do AT de Deus como o "Pastor" de seu rebanho fornece o pano de fundo (Gn 48.15; Sl 23.1; 28.9; 80.1; Is 40.11; Jr 31.10), especialmente Ezequiel 34.1-6, em que os líderes de

---

[147] John Owen, *The Death of Death in the Death of Christ*, vol. 10 of *The Works of John Owen*, ed. William H. Goold (1850–53; repr., Carlisle, PA: Banner of Truth, 1967), p. 173–74, formatação adicionada.

[148] Salvo indicação em contrário, todas as citações de *A Bíblia Sagrada*. Traduzida em Português por João Ferreira de Almeida. Revista e Atualizada no Brasil. 2ª ed. Barueri – SP: Sociedade Bíblica do Brasil, 1993.

Israel eram falsos pastores que fracassaram e dispersaram as ovelhas.[149] Em contraste, Jesus é o Bom Pastor que "dá a vida pelas ovelhas" (Jo 10.11,15) e o faz voluntariamente (v. 17-18). O resultado desse sacrifício é que Cristo dá vida eterna à ovelha e ela nunca perecerá, porque o Pai a deu a Jesus; ela está duplamente segura nas mãos de Jesus e do Pai (v. 27-30). Essa é uma das passagens mais conhecidas sobre a segurança do crente, mas também tem implicações para a redenção particular, uma vez que diz que Cristo morreria especificamente por "suas ovelhas". Essa é uma passagem importante, porque mostra que Jesus estava ciente de que ele morreria como sacrifício expiatório "pelas ovelhas" (Jo 1.29; 6.51; 11.50-52; 18.14).

Seus amigos. João 15.13 tem apenas um valor implícito neste tópico, porém, ainda assim, Jesus está certamente usando sua morte vindoura (faltando apenas quinze horas) como modelo para seus discípulos quando os desafia: "Ninguém tem maior amor do que este: de dar alguém a própria vida em favor dos seus amigos". O Senhor ao dar a sua vida em favor dos seus amigos apresenta uma extensão do amor de Deus demonstrado, acima de tudo, na crucificação de Jesus (Rm 5. 8; 1 Jo 3.16). O discurso de despedida de Jesus (Jo 13.31;17.26) demonstra que ele tinha em mente, especialmente, os seus "amigos" (os discípulos) quando foi para a cruz. Ainda assim, não queremos levar isso tão longe, como

---

[149] Andreas Köstenberger entende Zacarias 12.10; 13.7-9 como outras passagens sobre o "autossacrifício do Messias", apresentando Jesus como "um pastor que se entrega à morte e cujo sacrifício traz consequências sobre outros" (*John*, BECNT [Grand Rapids: Baker, 2004], p. 305).

se Jesus tivesse que morrer *somente* por eles; isso será um ponto-chave que voltaremos a analisar em breve.

A igreja. Duas passagens falam implicitamente sobre a morte de Jesus por sua comunidade messiânica. Atos 20.28 é parte de um discurso de despedida de Paulo aos presbíteros de Éfeso (cf. At 20.17-35) e parte de seu chamado pastoral dirigido a eles, exortando-os: "Para pastoreardes a igreja de Deus, a qual ele comprou com o seu próprio sangue". A séria responsabilidade dos líderes para com a comunidade de Deus está ancorada no pagamento de Cristo por eles. "Que Jesus comprou a igreja com seu sangue ressalta o custo estabelecido por Deus", tendo "como base uma substituição do próprio Deus em favor daqueles que ele traria à vida eterna."[150] Claramente um propósito do ato expiatório de Jesus é estabelecer a igreja.

A segunda passagem é Efésios 5.25-27, na qual Paulo usa o relacionamento entre Cristo e a igreja como modelo para maridos e esposas. A parte central é o mandamento de "amar" (imperativo presente como o primeiro plano e característica contínua do casamento), fundamentado no fato da extensão do "amor" de Cristo pela igreja e expressa no fato de que ele "se entregou por ela". Isso expande 5.2, em que Paulo estabelece o amor interno que deve caracterizar a igreja na realidade de que Cristo "nos amou e se entregou a si por nós, como oferta e sacrifício a Deus, em aroma suave". Como em João 15.13, a prova final da profundidade do amor divino (e o modelo supremo para nós) é a oferta do sacrifício de Cristo em nosso lugar. O'Brien chama isso de um "padrão de conformidade", no qual o "caro amor sacrificial" de Cristo demonstrado na cruz se torna o modelo para o amor da igreja

---

[150] Darrell L. Bock, *Acts*, BECNT (Grand Rapids: Baker, 2007), p. 630.

(5.2) e dos maridos em particular (5.25).[151] A progressão dos verbos nos versículos 25-27, "amou" e "se entregou" para a "santificar", tendo-a "purificado" no "presente", é comentada por Stott ao dizer que Paulo aqui traça o movimento da obra salvífica de Cristo no passado para a realidade futura, do autossacrifício de Cristo para a glória eterna reservada para o povo de Deus.[152] Claramente, a igreja era o objetivo principal do sacrifício expiatório de Cristo. Novamente, a questão que abordaremos é se esse é o único propósito da cruz.

Por nós. Duas passagens afirmam que Cristo morreu por "nós" (os santos) em especial. Romanos 8.32, parte da passagem que ensina que nada nos separa do amor de Cristo (8.35) e do "amor de Deus" (8.39), ancora tudo na realidade salvífica que Deus "não poupou seu próprio Filho, mas o entregou por todos nós". Claramente, os crentes estão na mente de Paulo, e ele combina Gênesis 22.12,16 (a "entrega" de Isaque) com Isaías 53.6,12 (a "entrega" vicária do Servo Sofredor) para enfatizar que a morte sacrificial de Jesus expia os pecados dos crentes; Paulo também pretende provar que o amor da deidade é absoluto e nunca falha. A questão está nas implicações de "por todos nós". Moo observa que a ênfase está no dom para "todos os crentes", mas acrescenta: "Observe, no entanto, que o texto não diz 'somente por todos vocês crentes'".[153] Essa é uma questão crítica para a defesa da doutrina da redenção particular.

---

[151] Peter T. O'Brien, *The Letter to the Ephesians*, PNTC (Grand Rapids: Eerdmans, 1999), p. 354.

[152] John R. W. Stott, *A mensagem de Efésios: a nova sociedade de Deus*. São Paulo: ABU Editora, 2001. (A Bíblia fala hoje), 6ª ed. p. 185.

[153] Douglas J. Moo, *The Epistle to the Romans*, NICNT (Grand Rapids: Eerdmans, 1996), p. 540.

A segunda passagem enfocando "nós" é Efésios 1.4-7, um texto primário sobre a eleição e que diz que Deus "nos escolheu nele antes da criação do mundo... nos predestinou para adoção à filiação... Nele temos a redenção pelo seu sangue". Essa passagem contém os temas básicos da epístola de Paulo (1.3-14), centralizados no fato de que os santos ("nós") são escolhidos (v. 4-5, 11) e assim, recebem redenção e perdão (v. 7) pela morte de Jesus. A ênfase na escolha de Deus "antes da criação do mundo" aparece frequentemente (2 Tm 1.9; 1 Pe 1.20; Ap 13.8) para enfatizar a soberana liberdade e graça de Deus ao eleger a "nós". Salienta a "graciosidade da escolha de Deus: aconteceu antes que os crentes pudessem fazer qualquer coisa para realizá-la e, portanto, veio como um dom absolutamente gratuito ".[154]

Esta seção certamente prova que o objetivo principal da morte de Cristo foi efetuar a salvação dos santos (cf. também Tt 2.13-14).[155] A variedade de termos usados (seu povo, suas ovelhas, seus amigos, a igreja, nós) torna esse tema central em relação ao propósito da expiação. O forte argumento é que a extensão da expiação pode ser reduzida ao povo de Deus, contudo, ainda não provamos isso além de qualquer dúvida. Vejamos mais evidências.

---

[154] Frank Thielman, *Ephesians*, BECNT (Grand Rapids: Baker, 2010), p. 48.

[155] Mas veja, também, Tito 2.11, discutido na segunda metade deste ensaio.

Cristo Morreu para Realmente Realizar expiação, não apenas para Torná-la Possível

É claro que essa é a principal questão. Packer considera este ponto acerca da natureza da expiação: "Se ele foi sacrificado para salvar alguns que finalmente perecerão, então não pode ter sido uma transação assegurando a salvação real de todos a quem foi planejada."[156] Em outras palavras, se a morte de Cristo produz apenas a *possível* conversão dependente da escolha humana, a expiação perde o propósito dado por Deus, ou seja, trazer salvação àqueles escolhidos por ele. "Longe de magnificar o amor e a graça de Deus, essa afirmação (que Cristo morreu por todos) desonra tanto a si própria como ao Senhor, pois reduz o amor de Deus a um desejo impotente e muda toda a economia da graça 'salvadora'... para uma falha monumental."[157] Portanto, é fundamental sustentar que a "expiação garantiu meritoriamente a aplicação da obra de redenção àqueles para os quais estava destinada e, assim, tornou certa e segura a sua salvação".[158] As passagens das Escrituras parecem apontar para essa suposição.

Lucas 19.10. Essa passagem afirma que Cristo veio "buscar e salvar os perdidos", significando que aqueles "perdidos" são objetos da obra redentora de Cristo e foram eficazmente

---

[156] J. I. Packer, "Introductory Essay" to John Owen, *The Death of Death*, p. 11.

[157] Ibid., p. 12.

[158] Berkhof. *Teologia Sistemática*. p. 387

"buscados" (graça irresistível) e "salvos" (redenção completa). A graça amorosa de Deus sempre garantirá seu resultado pretendido. A questão é se essa passagem realmente ensina isso. Ela ocorre no final da história de Zaqueu (19. 1-10) e é normalmente tomada para enfatizar "a iniciativa de Jesus de buscar os perdidos e proclamar a salvação para aqueles que respondem com fé".[159] O impulso é o ministério de Jesus aos perdidos e a sua aceitação daqueles que vêm a ele em fé, os ricos (Zaqueu) e os pobres (a maioria dos outros no evangelho de Lucas). Lucas 19.10 não afirma o resultado eficaz.

Romanos 5.10. Essa é outra passagem frequentemente observada: quando éramos "inimigos", (significando que éramos inimigos e que estávamos sob a inimizade de Deus), a morte de Cristo trouxe tanto a reconciliação (o direito de relação pelo qual nos tornamos amigos de Deus) quanto a salvação (que o v. 9 define como justificação, o ato forense de ser declarado "justo" diante de Deus com base na morte expiatória de Cristo). A questão é a implicação disso para o assunto da extensão da expiação. Paralelamente, em 2 Coríntios 5.19 (Paulo está discutindo nosso "ministério da reconciliação"), o apóstolo declara: "Deus estava em Cristo reconciliando consigo o mundo", uma passagem que enfatiza um ministério universal de reconciliação em e por meio de Cristo para o mundo da humanidade.[160] Assim, a pergunta

---

[159] Darrell L. Bock, *Luke 9:51–24:53*, 2 vols., BECNT (Grand Rapids: Baker,1996), 2:1523.

[160] Cf. Murray J. Harris, *The Second Epistle to the Corinthians: A Commentary on the Greek Text*, NIGTC (Grand Rapids: Eerdmans, 2005), 442–43. Alguns argumentam que os v. 14-15, "um morreu por todos; logo, todos morreram... para que os que vivem", podem se referir apenas aos eleitos, já que isso não fala de universalismo.

é: Romanos 5.10 tem um foco mais estreito, centrando-se apenas nos eleitos para quem a salvação final é assegurada, ou em um foco mais amplo, olha para o crente como salvo do mundo, da humanidade?[161] Cristo como o segundo Adão, derrubando os efeitos da Queda, e no v. 12, onde o pecado entra no mundo. Isso se encaixa na ênfase dos v. 8 e 10 sobre a inimizade que antes caracterizava o crente, portanto, o segundo foco (salvo do mundo) é mais provável. Neste sentido, é difícil considerar Romanos 5.10 uma passagem de apoio à doutrina da redenção particular.

2 Coríntios 5.21 e Gálatas 3.13. Um argumento semelhante é feito neste primeiro texto (2 Co 5.21): "Aquele que não conheceu pecado, ele o fez pecado por nós; para que, nele, fôssemos feitos justiça de Deus", O ponto mais uma vez é que essa ação divina foi realizada apenas aos escolhidos para a salvação e que a sua "justiça" foi absolutamente garantida pelo ato de Cristo. Uma passagem semelhante é Gálatas 3.13, afirmando que Cristo foi feito maldição por nós. O raciocínio é que Cristo não seria feito pecado ou maldição por aqueles que são amaldiçoados e morrerão em seus pecados. A obra vicária de Cristo não resultou em uma redenção meramente

---

Harris (p. 420–21) argumenta (corretamente, eu acho) que dois grupos distintos estão em vista aqui — toda a humanidade (por quem Cristo morreu como substituto) e os crentes (que, na conversão, começam a "viver").

[161] Agostinho e muitos teólogos reformados acreditam que o "mundo" aqui (e em Jo 3.16) não é o mundo da humanidade, mas o mundo dos eleitos, aqueles predestinados à salvação. Cf. Jonathan H. Rainbow, *The Will of God and the Cross: An Historical and Theological Study of John Calvin's Doctrine of Limited Redemption* (Allison Park, PA: Pickwick, 1990), 14–15. Para Calvino sobre o mesmo ponto, veja Rainbow, p. 154–55.

possível, dependente de outra escolha volitiva; tinha de ter sido eficaz, produzindo o resultado pretendido nos eleitos.[162] Essa é a base do conhecido argumento da "dupla punição": se Cristo realmente se tornasse uma maldição e suportasse o pecado de toda a humanidade, como ainda poderia, então, Deus declarar alguém culpado e enviá-lo ao castigo eterno? Deus estaria punindo seus pecados duas vezes, primeiro na morte de Cristo e segundo em sua própria condenação eterna. Ou Cristo apenas "potencialmente" se tornou uma maldição pelos pecados do mundo? Esta é uma questão crítica, e responderei a ela no final deste ensaio.

No entanto, a linguagem de qualquer dos textos ensina isso, ou essa conclusão é lida nesses textos pela lógica de um sistema? Não há dúvida de que a ênfase de Paulo está na assunção vicária de Cristo de nosso pecado sobre si mesmo na cruz, resultando no ato judicial de Deus nos declarando "justos" diante dele. Também é viável ver o "nós" aqui como os eleitos, contudo, isso não seria a ênfase paulina, mas nossa própria interpretação, dependente de outras passagens que identificam os crentes como os eleitos. Essa passagem pode ser tratada de outra forma, pois a ênfase está no ato expiatório de Jesus e seus resultados, não na eficácia garantida desses resultados. Em outras palavras, essa não é uma passagem que deve apoiar a doutrina da expiação limitada.

Gálatas 1.4,15. Duas outras passagens em Gálatas são vistas como suporte à expiação eficaz: Gálatas 1.4 e 15. A primeira é parte das saudações de Paulo aos gálatas e descreve Cristo como aquele "que se entregou a si mesmo pelos nossos pecados, para nos desarraigar deste mundo perverso, segundo a vontade de nosso Deus e Pai". Essa é uma importante

---
[162] Rainbow, *The Will of God*, p. 27–28.

passagem neste tópico, porque ancora a nossa salvação tanto no sacrifício expiatório e vicário da cruz quanto na vontade de Deus. A doutrina da eleição pode facilmente ser vista aqui como ligada à natureza eficaz desse chamado (note a ênfase em "*nossos* pecados", ajustando-se às passagens "nós"). O Deus que derrotou os poderes cósmicos do mal de uma vez por todas, de fato, "resgatará" realmente aqueles que ele escolheu por sua vontade. Ainda é preciso questionar se Paulo está falando aqui dos resultados garantidos da salvação. Os efeitos da cruz são primordiais, mas a eficácia absoluta da obra expiatória de Cristo não é necessariamente uma parte do ensinamento de Paulo aqui.

Gálatas 1.15 descreve o chamado e a conversão de Paulo, como "ao que me separou antes de eu nascer e me chamou pela sua graça". Esse é outro versículo que parece fazer uma combinação entre as doutrinas de eleição, expiação eficaz e graça irresistível. Deus predestinou o apóstolo desde antes do seu nascimento e "o chamou" na estrada de Damasco. Como diz Schreiner, "a palavra 'chamando' aqui claramente significa um chamado que é eficaz, um chamado que convence ao que é convocado".[163] No entanto, a questão está naquilo que é o impulso do verso. A passagem encontra-se em um contexto (1.11-24) no qual Paulo está defendendo seu ofício apostólico; assim, é mais provável que "separado" e "chamado" descrevam a autoridade apostólica dele, em vez da sua conversão, com base no chamado dos profetas do AT para servirem a Jeová (por exemplo, Jr 1.5; Is 49.1).[164] Schreiner, em outro lugar,

---

[163] Thomas R. Schreiner, *Galatians*, ZECNT (Grand Rapids: Zondervan, 2010), p. 101.

[164] Richard N. Longenecker, *Galatians*, WBC (Dallas: Word, 1990), 30; cf. Schreiner, *Galatians*, p. 100–101.

relaciona esse ponto com estes versos (Rm 9.7, 24-26; 1 Co 1. 9; Gl 1. 6; 5.8; Ef 4.1, 4; 1 Ts 2.12, 4.7; 5. 24; 2 Tss 2.14; 1 Tm 6.12; 2 Tm 1.9), nos quais, 'chamar' é mais "frequentemente associado a um chamado para a salvação".[165] Porém, essa passagem não é um desses casos e está centrada em Paulo sendo chamado ao ministério apostólico.

Efésios 1.7 e Colossenses 1.14; 2.14. Essas passagens são descritas como textos em que "a expiação aparece como uma transação propiciatória eficaz que realmente redimiu — isto é, providenciou a redenção para — aquelas pessoas em particular por quem Jesus se tornou o substituto indicado por Deus na cruz".[166] A primeira passagem faz parte daquele grupo sobre o "nós", já discutido anteriormente (Ef 1.6-7), e afirma: "no qual temos a redenção, pelo seu sangue, a remissão dos pecados ", em que Paulo repete na passagem irmã de Colossenses 1.14. Em ambos os lugares, o sangue de Cristo se torna o pagamento do resgate que liberta as pessoas da escravidão do pecado e assegura seu perdão. Essa passagem é emoldurada pela glória dada a Deus, pelas riquezas de sua graça incrível (Ef 1.6-7): "Aqueles que louvam a Deus por sua graça gloriosa dada livremente em Cristo podem se regozijar em uma libertação de suas transgressões por meio de sua morte sacrificial na cruz".[167]

A eficácia do sacrifício expiatório de Cristo continua em Colossenses 2.14, que define o perdão divino como "tendo

---

[165] Thomas R. Schreiner, "Does Romans 9 Teach Individual Election unto Salvation," in Schreiner e Ware, *The Grace of God, the Bondage of the Will*, 1:93.

[166] J. I. Packer, "The Love of God: Universal and Particular," in Schreiner and Ware, *The Grace of God, the Bondage of the Will*, 2:424.

[167] O'Brien, *Ephesians*, p. 105.

cancelado o escrito de dívida, que era contra nós... removeu-o inteiramente, encravando-o na cruz". O argumento mais uma vez está na realização da salvação, não em sua mera possibilidade: não existe um "talvez" baseado na escolha humana; antes, há um cancelamento definitivo do pecado. Paulo aqui fala do pecado como uma dívida para com Deus que só poderia ser paga pelo castigo eterno. Essa acusação em forma de débito foi pregada na cruz por Cristo em sua morte sacrificial e, assim, foi "cancelada" e as respectivas penalidades anuladas. O perdão do pecado e sua remoção legal por decreto divino baseado na cruz é central aqui. Todas as três passagens ensinam claramente a eficácia da salvação de Deus em Cristo. Se isto deve ou não estar ligado às doutrinas da eleição e expiação limitada, é algo que pode e será debatido.

A Expiação é Sempre Eficaz

Esse é o resultado natural da seção anterior. Se a morte de Cristo nunca foi destinada a prover meramente a salvação possível, segue-se que sempre foi a intenção divina de que esta salvação é eficaz em salvar os eleitos. R. B. Kuyper fala da "eficácia segura dos propósitos divinos",[168] e os adeptos dessa posição acreditam que a soberania absoluta de Deus exige que ele controle completamente os efeitos da expiação. Berkhof acrescenta: "Não há indicações de que o cumprimento de certas condições seja simplesmente dependente da vontade do homem. A expiação também assegura o cumprimento das condições que precisam ser satisfeitas, para a obtenção da

---

[168] Kuyper, *For Whom Did Christ Die?*, p. 65.

salvação".[169] A questão é que tais condições nunca poderiam ser baseadas nos caprichos da escolha humana, roubando o poder da salvação e não trazendo salvação a ninguém. Se Cristo morreu apenas para tornar Deus conciliável e a humanidade salvável, então o "ingrediente humano" diferencia entre os salvos e os perdidos, e, afinal, Cristo na cruz não salva ninguém.[170]

Gálatas 3.13-14 (uma passagem da qual falamos brevemente há algumas páginas) diz: "Cristo nos resgatou a maldição da lei, fazendo-se ele próprio maldição em nosso lugar... para que a bênção de Abraão chegasse aos gentios, em Cristo Jesus". Os defensores da redenção particular veem essa promessa como absoluta e garantida. Cristo providenciou a expiação vicária ("por nós"), comprou a "nós" (os eleitos) com seu sangue ("redimidos") e garantiu a salvação final. Esses dois versículos concluem uma seção maior contra os judaizantes em 3.6-14, mudando dos verdadeiros filhos de Abraão caracterizados pela fé (3.6-9, usando Gn 15.6) para a alegação de que as obras da lei produzem uma maldição que só pode ser removida por Cristo, que tomou a nossa maldição sobre si mesmo na cruz (Gl 3.10-14). Há duas questões centrais: a "fé" somente que pode obter a salvação (excluindo as obras) e a obra substitutiva de Cristo "por [gr. *hyper*] nós".[171] Por meio da obra expiatória substitutiva de Cristo, a bênção de Abraão foi estendida aos gentios (v. 14),

---

[169] Berkhof, *Teologia Sistemática*, p. 389.

[170] Roger Nicole, "The Nature and Extent of the Atonement in Reformed Theology," *Bulletin of the Evangelical Theological Society* 10 (1967): 201–2.

[171] Para *hyper* como equivalente a *anti* como preposição designando substituição, cf. Schreiner,

e os recebedores dessa bênção não são apenas os "eleitos", mas os "gentios" como uma classe.

Efésios 1.3-4 forma a abertura *berakah* (bênção) da sentença majestosa (1.3-14) que Paulo cria para resumir as questões de sua epístola: eleição (v. 4-6), redenção (v. 7-8), revelação (v. 9-10), herança (v. 11-12) e salvação (v. 13-14). Nos versículos 3 e 4, Paulo agradece a Deus pelas bênçãos espirituais recebidas nos lugares celestiais (isto é, "a dimensão espiritual" ou "o mundo invisível da realidade espiritual"[172]). A primeira (e principal) bênção que o apóstolo enumera é a eleição: "nos escolheu, nele, antes da fundação do mundo" (veja a discussão anterior). Packer diz que "Deus governa no mundo e sua vontade é a causa final de todas as coisas", especialmente na "salvação do povo de Deus".[173] Além disso, visto que a escolha do eleito é feita antes da criação, "a eleição de Deus antecipa a fé"; assim, o momento da salvação acontece "de forma pré-temporal, ou seja, no conselho eterno de Deus" (cf. também 2 Tm 1.9; Rm 9.11; Ap 13.8; 17.8).[174] Portanto, uma vez que a predestinação é baseada na escolha eterna de Deus, por definição, deve sempre ser eficaz. Esse é um argumento importante, uma das chaves para toda a questão. Concordo inteiramente que a escolha é sempre de uma *pessoa* e não de um conceito (eu

---

Galatians, 217, noting Daniel B. Wallace, *Greek Grammar Beyond the Basics* (Grand Rapids: Zondervan, 1996), p. 387.

[172] Clinton E. Arnold, *Ephesians*, Exegetical Commentary on the New Testament (Grand Rapids: Zondervan, 2010), 78; cf. also Thielman, *Ephesians*, p. 47.

[173] Packer, "Love of God," p. 415-16.

[174] C. Samuel Storms, "Prayer and Evangelism Under God's Sovereignty," in Schreiner and Ware, *The Grace of God, the Bondage of the Will*, 1:221.

respeito os proponentes da salvação corporativa,[175] mas não me movo nessa direção); no entanto, ainda acredito que a presciência faz a diferença (veja mais adiante). Deus elege aqueles que ele conhece (antes da criação do mundo) que responderão à convicção do Espírito (como declarado na introdução deste ensaio).

Efésios 2.8-9 é o famoso resumo da soteriologia que afirma que somos salvos pela graça de Deus como "dom", e "não pelas obras". Visto que nossa salvação é inteiramente um ato de um Deus soberano gracioso, então deve ser eficaz.[176]

Dois pontos devem ser vistos. Primeiro, Paulo está dizendo que a graça de Deus é a base da salvação e a fé é o meio pelo qual é recebida. Segundo, tanto a salvação quanto a fé são "dons" de Deus, não baseados em qualquer mérito ou obras humanas.[177] Quais são as implicações disto? Ao contrário de muitos, a visão arminiana sobre a decisão da fé não constitui uma obra, e não é contrária a essa passagem. Clinton Arnold rotula a fé aqui como uma "resposta do coração ao ouvir" o evangelho, ou seja, "uma resposta de aceitação à revelação de Deus" e "uma aceitação do kerygma".[178] Em outras palavras, essa famosa passagem pode se encaixar em qualquer sistema, sem nos predispor a qualquer posição soteriológica específica.

---

[175] Cf., especialmente, William Klein, *The New Chosen People: A Corporate View of Election* (Grand Rapids: Zondervan, 1990).

[176] Cf. Kuyper, *For Whom Did Christ Die?*, p. 40-41.

[177] O'Brien, *Ephesians*, p. 174–75.

[178] Arnold, *Ephesians*, p. 139.

Filipenses 1.29 é um apoio à doutrina reformada da eleição: "Porque vos foi concedida a graça de padecerdes por Cristo... e não somente de crerdes nele". Isto reverbera Efésios 2.8-9, que a fé em Cristo é inteiramente um "dom gracioso" (gr. *echaristhē*, "concedido" = graça-dom) de Deus. Não é algo que as pessoas fazem por sua própria vontade. Somente Deus pode capacitar a decisão pela fé. Além disso, o verso é inteiramente cristológico; tanto o crer como o sofrimento expresso no v. 29 são feitos "em nome de Cristo" (gr. *hyper christou*), com *hyper* fornecendo a razão para o privilégio da fé e do sofrimento.[179] Nossa fé em Cristo e o privilégio de experimentar "a comunhão de seu sofrimento" (Fp 3.10) são possíveis somente em Cristo. Assim como Efésios 2.8-9, esse versículo se encaixa tanto nas visões calvinistas quanto arminianas.

2 Timóteo 1.9-10 é outro dos grandes textos descrevendo a realidade da salvação em Cristo: "que nos salvou e nos chamou com santa vocação... conforme a sua própria determinação e graça que nos foi dada em Cristo Jesus, antes dos tempos eternos". Isso faz parte de uma seção (1.6-12) na qual Paulo está desafiando Timóteo a encontrar o poder do Espírito para ser ousado e disposto a sofrer pelo evangelho. Então o apóstolo, em uma passagem fortemente litúrgica, fornece uma série de declarações paralelas descrevendo o evangelho: Deus nos "salvou" e "nos chamou" com base em seu "propósito e graça" por

---

[179] Peter O'Brien, *Commentary on Philippians*, NIGTC (Grand Rapids: Eerdmans, 1991), p. 159. Ele acrescenta que o tempo presente do verbo "crer" significa não apenas a fé salvadora, mas também a contínua confiança em Cristo que caracteriza a vida cristã.

meio do que ele "deu" e "revelou" mediante Cristo, que "destruiu a morte" e "trouxe a vida".[180]

Cada parte centra-se nos atos soberanos de Deus em prover salvação por intermédio de Cristo. Já discutimos o fato dessa escolha eletiva de Deus "antes da criação":[181] Efésios 1.4-7 enfatiza a escolha soberana absolutamente livre de Deus para com o crente. Aqui, precisamos discutir o tema central do "propósito" dele na redenção. O ponto é que, se a salvação daqueles que creem está ancorada no "propósito" soberano de Deus, então deve ser eficaz. Eu concordaria com isso, mas definiria de maneira diferente este *eficaz*, como já vimos.

Romanos 8.28-29. A ênfase em eleger o "propósito" de Deus ocorre nessa importante passagem importante, em que lemos que "todas as coisas cooperam para o bem daqueles que amam a Deus, daqueles que são chamados segundo o seu propósito" (cf. também Rm 9.11; Ef 1.11; 3.11). Esse propósito é denominado de "corrente dourada" dos textos seguintes (8.29-30): pré-conhecimento/predestinação, eleição, justificação e glorificação. Claramente, a razão de que tudo muda para o melhor é o propósito e o plano de Deus sob o seu comando (cf. Jó 42.2). Schreiner afirma que esse propósito ou "boa vontade soberana" deve ser entendido como eficaz: "Não é meramente um convite que os humanos podem rejeitar, mas é uma convocação que supera a resistência humana e eficazmente os persuade a dizer sim a Deus... O propósito irrefreável de Deus em chamar os crentes para a

---

[180] Cf. I. Howard Marshall, *A Critical and Exegetical Commentary on the Pastoral Epistles*, ICC (Edinburgh: T&T Clark, 1999), p. 700-01.

[181] Veja a discussão sobre o "Nós", sob a seção "Cristo morreu exclusivamente por seu povo".

salvação não pode ser frustrado".[182] Essa é certamente uma conclusão lógica, mas é a melhor? Isso ensina que o propósito de Deus é sempre eficaz e, portanto, que Cristo morreu apenas pelos eleitos?[183] Romanos 8 distintamente ensina a eleição e a segurança do crente, mas a decisão final sobre essas questões acontecerão na conclusão deste ensaio. Mas essa é, certamente, uma das principais passagens de apoio à eleição e redenção particular.

A Obra de Intercessão de Cristo é Limitada aos Eleitos

Hebreus 7.25 diz que Jesus "pode salvar totalmente os que por ele se achegam a Deus, vivendo sempre para interceder por eles". A obra de intercessão de Jesus parece estar limitada ao crente, e certamente centra-se na segurança da salvação.[184]

Essa declaração é parte daquela seção distinta de Hebreus centrada no Filho de Deus (v. 3,28) como o eterno sumo sacerdote Melquisedeque. As inadequações do sacerdócio levítico nos versículos 11-18 são superadas no ministério sacerdotal perfeito de Jesus, o Filho. O versículo 25 leva à conclusão do sacerdócio permanente de Jesus; somente um

---

[182] Schreiner, *Romans*, p. 451.

[183] Para uma resposta, cf. Grant R. Osborne, "Exegetical Notes on Calvinist Texts," in *Grace Unlimited*, p. 178, em que argumentei que a presciência divina deixa espaço para a fé-decisão.

[184] Cf. Wayne Grudem, "Perseverance of the Saints: A Case Study from Hebrews 6:4-6 and the Other Warning Passages in Hebrews," in Schreiner and Ware, *The Grace of God, the Bondage of the Will*, 1:168.

"sacerdote eterno" seria capaz de "salvar completamente" (ou, "para todo o sempre", com os dois elementos de grau e tempo indicados aqui). Há, certamente, uma forte ênfase na eficácia da obra redentora de Cristo. Romanos 8.34 também aponta para o ministério de intercessão de Cristo no céu (cf. 1 Jo 2.1) e pode representar uma confissão primitiva a respeito do Cristo ressuscitado como o "Advogado da Comunidade".[185] Existe, também, algum sentido limitando o ministério redentivo ao eleito? É de fato possível, pois toda a ênfase em Hebreus 7 está nos benefícios para o crente.

João 17.9. Essa passagem parece trazer Jesus como sumo-sacerdote em sua oração: "não rogo pelo mundo, mas por aqueles que me deste, porque são teus". Esse texto afirma ainda mais fortemente o ponto e se tornou uma das principais passagens para a expiação limitada. Calvino diz que Cristo intercede "com o Pai por aqueles a quem ele voluntariamente ama" e não ora pelo mundo "porque não tem solicitude senão sobre o seu próprio rebanho, que ele recebeu das mãos do Pai".[186] Kuyper acrescenta: "Se Cristo orou exclusivamente por aqueles que o Pai lhe deu, ele também comprou somente aqueles com seu sangue".[187] Berkhof afirma que as obras sacrificiais e intercessórias de Cristo são dois aspectos de sua obra expiatória, e pergunta: "Por que limitaria ele a sua oração intercessória, se de fato pagou o preço por todos?"[188] Entretanto, essa oração significa que Jesus nunca ora pelo

---

[185] William L. Lane, *Hebrews 1–8*, WBC (Dallas: Word, 1991), p. 190.

[186] John Calvin, *The Gospel According to St. John*, 2 vols., trans. T. H. L. Parker (Grand Rapids: Eerdmans, 1961), 2:380.

[187] Kuyper, *For Whom Did Christ Die?*, p. 64.

[188] Berkhof, *Systematic Theology*, p. 389.

"mundo" dos incrédulos? Isso é extremamente improvável à luz do fato de que "Deus amou o mundo" (é extremamente difícil limitar isso aos eleitos em João) que ele "deu o seu único Filho" (Jo 3.16), e que Jesus é chamado de "Salvador do mundo" em João 4.42 (cf. 1 Jo 4.14) e aquele que tira o pecado do mundo (João 1.29). Os discípulos são o foco da oração sacerdotal em 17.9-19, assim, Jesus está focado neles em vez de excluir o mundo. Andreas Köstenberger afirma: "O mundo, portanto, está incluído na oração de Jesus na medida em que ele deseja que este seja conquistado pelos crentes".[189]

Jesus como o "Resgate de Muitos" (mas Não de Todos) Deve ter Morrido apenas pelos Eleitos

Roger Nicole diz: "Como poderia Cristo desejar morrer por aqueles que o Pai não lhe deu, e a quem o Espírito Santo não regenerará? Unidade e harmonia na articulação trinitária do propósito divino exigem uma redenção que é, precisamente, coextensiva com a eleição, por um lado, e de

---

[189] Köstenberger, *John*, p. 492. Para maior aprofundamento sobre este ponto, cf. "Lifting up the Son of Man and God's Love for the World: John 3:16 in Its Historical, Literary, and Theological Contexts," in *Understanding the Times: New Testament Studies in the 21st Century; Essays in Honor of D. A. Carson at the Occasion of His 65th Birthday* (Wheaton, Crossway, 2011), p. 141–59, onde ele conclui: "A expiação providenciada pela morte de Jesus carrega um significado universal e não está limitada a um grupo de pessoas" (p. 159). Veja, também, George R. Beasley-Murray, *John*, WBC (Waco: Word, 1987), p. 298.

aplicação efetiva, por outro".[190] O texto de Marcos 10.45 (cf. Mt 20.28) é a famosa passagem soteriológica em que Cristo afirma diretamente que ele deve morrer como "resgate para muitos". Vários eruditos reformados interpretam os "muitos" como uma daquelas passagens[191] que descrevem a obra propiciatória de Cristo como limitada particularmente aos "muitos" que seriam salvos e provem ser eleitos.[192] O termo "resgate" é uma metáfora tirada do pagamento feito para redimir os primogênitos (Nm 3.46-47; 18.15) ou para comprar a liberdade de um escravo ou prisioneiro de guerra. Assim, refere-se ao pagamento de sangue que Cristo fez na cruz para libertar "muitos" da escravidão do pecado. "Para" (gr. *anti*) refere-se a Cristo como nosso substituto: "A vida de Jesus, entregue em morte sacrificial, provocou a liberação de vidas perdidas. Ele agiu em nome dos muitos ao assumir o lugar deles".[193] "Muitos" parecem ser aqueles que vêm à fé, portanto, os eleitos, com as imagens tiradas de Isaías 53.11-12, em que o servo de Yahweh dá sua vida por "muitos". Ademais, 1 Timóteo 2.6 afirma que Cristo "se deu em resgate por todos", e é bem possível que em ambas as passagens "muitos" e "todos" sejam basicamente "equivalentes".[194] Se este é o caso, não pode haver ênfase em limitar a expiação em Marcos 10.45 e Mateus 20.28. Essas passagens

---

[190] Nicole, "Extent of the Atonement," p. 204.

[191] Veja a seção, "Christ Died Exclusively for His People".

[192] Packer, "Love of God," p. 424.

[193] *New International Dictionary of New Testament Theology*, s.v. "Prepositions and Theology in the Greek New Testament," by Murray J. Harris, 3:1179-80.

[194] Marshall, *Pastoral Epistles*, 431, cf. also his "Universal Grace and Atonement in the Pastoral Epistles," in *The Grace of God, the Will of Man*, p. 59.

podem ser entendidas em termos de redenção particular, mas teremos que tomar a decisão depois de examinarmos todas as evidências.

A Dádiva do Pai é Sempre Eficaz

João 6.37-44 é uma das principais passagens dos reformados acerca da eleição e segurança do crente. Deus "atrai" seus escolhidos a Jesus (v. 44), eles são dados a Jesus (v. 37,39); e ele os mantém seguros para que Jesus nunca os perca, mas ressuscitem no último dia (v. 39-40, 44). Em tudo isso, a obra redentora do Pai e do Filho parece sempre eficaz. Como Jesus traz o povo, eles já pertencem a Deus e são um presente de Deus para Jesus (veja também 10.29; 17.2, 6, 9, 24; 18.9). Os escolhidos virão (graça irresistível), e o propósito salvífico de Deus se cumprirá (eleição incondicional). Eles vêm porque o Pai os atrai; o Pai os entrega a Jesus; e Jesus os mantém no rebanho.[195] Packer diz que "o amor divino não se limita a graciosamente convidar, mas implica em ação graciosa para assegurar que os eleitos respondam a ele... Tanto o Cristo que salva quanto a fé que o acolhe como Salvador são dons de Deus, e o último é tanto uma realidade preordenada quanto a anterior".[196]

Essa é realmente uma passagem importante, fornecendo evidências para as doutrinas da eleição, graça irresistível e segurança, bem como para a expiação limitada.

---

[195] Cf. D. A. Carson, "Reflections on Assurance," in Schreiner e Ware, *The Grace of God, the Bondage of the Will*, 2:399. Veja também em seu livro *John*, p. 290.

[196] Packer, "Love of God," p. 421.

Ainda assim, há vários pontos aos quais me oponho.[197] A predestinação é definitivamente um elemento basilar, mas a primeira coisa que se afirma nesse assunto está focada na decisão da fé (Jo 6.35: "Quem vem a mim... Quem crê em mim") e uma questão importante é a cronologia da *ordo salutis*. A escolha dos eleitos de Deus traz essa fé, ou funciona em resposta de fé à presença convencedora do Espírito (Jo 16.8-11)? Na minha abordagem, defendo a última posição. O tema da seção é a rejeição judaica da alegação de Jesus ser o "pão da vida" (Jo 6.35-36), e claramente eles tomaram a decisão de rejeitar a realidade de seu reino.

A fé-decisão e o eleito atraído/concedido[198] por Deus são pontos que trabalham de mãos dadas nessa passagem. Além disso, enquanto Jesus aqui diz: "E a vontade de quem me enviou é esta: que eu não nenhum perca de todos os que me deu" (v. 39), ele, também, afirma em 17.12, " guardava-os no teu nome, os que me deste, e protegi-os, e nenhum deles se perdeu, exceto o filho da perdição". Isso relaciona Judas com aqueles que foram "concedidos" a Jesus por Deus, e descreve Judas como "perdido". Em outras palavras, isto, de fato, descreve Deus elegendo, atraindo e dando àqueles que

---

[197] Veja Grant R. Osborne, "Soteriology in the Gospel of John," in Pinnock, *The Grace of God, the Will of Man*, p. 248-49.

[198] Leon Morris diz: "Não existe um exemplo no Novo Testamento do uso deste verbo ("trazer"), em que a resistência não é bem-sucedida" (*The Gospel According to John*, NICNT [Grand Rapids: Eerdmans, 1971], 371n110). [Nota do editor em inglês: A segunda edição do livro de Morris (1995) não essa inclui a citação]. Se isto é verdade, portanto, o texto de João 12.32 ("E eu, quando for levantado da terra, atrairei todos a mim mesmo") poderia demandar universalismo. É mais provável que a presença acolhedora de Deus se refira ao poder universal de convencimento do Espírito Santo.

respondem (ao contrário dos judeus) a Jesus, porém, também há mais do que isso (cf. a próxima discussão sobre Jo 12.32).

O Amor de Deus é Particular e Focaliza Especialmente nos Eleitos

Packer habilmente descreve a visão calvinista:

> Assim, em primeiro lugar, parece que Deus ama a todos de alguma forma (todos que ele criou, embora sejam pecadores, recebem imerecidos dons na providência diária); e, em segundo, que ele ama alguns homens de todas as maneiras (isto é, além dos dons da providência diária, ele os leva à fé, à nova vida e à glória de acordo com seu propósito predestinador).[199]

De acordo com essa visão, Deus ama todas as pessoas, mas ele não manifesta esse amor de forma igual a todos. Há um amor especial pelos eleitos, e há uma diferença qualitativa entre o amor pelos réprobos e o amor pelo povo de Deus.[200]

T. F. Torrance fala contra isso, argumentando que a doutrina não se originou com Calvino, mas com os seguidores de Jonathan Edwards e John Owen, principalmente porque

---

[199] Packer, "Love of God," p. 419-20. Cf. Nicole, "Extent of the Atonement," 203; D. A. Carson, *The Difficult Doctrine of the Love of God* (Wheaton, Crossway, 2000).

[200] Kuyper, *For Whom Did Christ Die?*, p. 68.

eles começam com a premissa de que se Cristo morreu por todos e alguns não são salvos, então ele morreu em vão, e se Deus ama todas as pessoas e alguns o rejeitam, então ele as amou em vão. Como não pode haver imperfeição em Deus, o amor divino e a morte de Cristo podem se concentrar apenas nos eleitos que chegarão à salvação.[201] Torrance acredita que essa é uma lógica aristotélica falsa, como se Deus "criasse todos os homens sob a lei natural para a obediência, mas somente os eleitos em amor para o amor".[202] Para ele, a resposta está na encarnação, visto que Deus amou seus inimigos. Devemos abandonar o sistema lógico com suas lacunas forçadas e começar a entender a "autorrevelação de Deus em Jesus Cristo assim como o Pai, o Filho e o Espírito Santo", ou seja, um Deus "que ama todas as suas criaturas... que é o nosso 'Deus sofredor'".[203] Em outras palavras, para Torrance, sua Teologia reformada exige um amor universal, em vez de dois níveis de amor.

Consideremos, agora, as passagens usadas para apoiar essa visão de um amor especial pelos eleitos.

Romanos 1.7. Aqui, Paulo descreve seus leitores como "amados de Deus e chamados para serem santos". Em si mesmo, esse versículo não estabelece um amor especial de Deus pelos remidos, mas apenas relaciona o amor divino aos eleitos.

Romanos 9.13,23. A questão vem mais à frente em Romanos 9.13 ("amei Jacó, porém me aborreci de Esaú", citando Ml 1.2-3) e 9.23, que fala dos objetos da sua ira — "preparados

---

[201] Torrance, "Limited Atonement", p. 84–85.
[202] Ibid., p. 85.
[203] Ibid., p. 86.

para a destruição". Schreiner acredita que ambas as passagens exigem uma visão da dupla predestinação, que Deus escolheu ou "preparou" pessoas para a ira como objetos de seu ódio, enquanto outras escolheu para serem participantes de seu amor e misericórdia.[204] Se tomarmos "amor"/"ódio" literalmente ou como um contraste semítico significando que ele amava Esaú menos que Jacó, isso caberia no ponto aqui. Também é possível entender isso corporativamente, já que Gênesis 32.28 usa "Jacó" para Israel e 25.30 "Esaú" como Edom. Esse é o significado de Malaquias 1, assim, portanto, significaria que Deus está escolhendo um grupo (ou seja, Israel) e rejeitando o outro. É provavelmente melhor entender com Moo que Deus está "aceitando" um grupo e "rejeitando" o outro.[205] Além disso, ele mescla o lado corporativo e individual: há escolha divina (aqui) e, também, responsabilidade humana (9.30-33). Meu ponto ao longo deste ensaio é que é desnecessário trazer qualquer aspecto *a priori*: a eleição de Deus e nossa função de decisão de fé. Cranfield tem a melhor solução para 9.23: devemos entender a "ira" de Deus em relação à sua misericórdia. Em 9.22 ("suportou com grande paciência os objetos de sua ira") e 2.4 ("sua bondade, paciência e longanimidade... destinada a levar-te ao arrependimento"), temos um lado, enquanto aqui ("preparado para a destruição") temos outro lado do amor e justiça de Deus. Então o tom é a destruição deles com base na incredulidade, não com base em predestinação para a incredulidade.[206]

---

[204] Schreiner, *Romans*, p. 500-501, 520-21.

[205] Moo, *Romans*, p. 585.

[206] C. E. B. Cranfield, *A Critical and Exegetical Commentary on the Epistle to the Romans*, 2 vols., ICC (Edinburgh: T&T Clark, 1975,

Colossenses 3.12; 1 Tessalonicenses 1.4; 2 Tessalonicenses 2.13-14. Vários outros versículos combinam as ideias de eleição e amor divino. Colossenses 3.12 chama os crentes de "eleitos de Deus, santos e amados", e apresenta a seção (3.12-17) sobre as virtudes e conduta cristãs. A passagem paralela a essa é 1 Tessalonicenses 1.4: "reconhecendo, irmãos, amados de Deus, a vossa eleição", como uma introdução à epístola. Por conseguinte, 2 Tessalonicenses 2.13-14 leva à exortação de "permanecer firme": "devemos sempre dar graças a Deus por vós, irmãos amados pelo Senhor, porque Deus vos escolheu... para o que também vos chamou...". O amor e a eleição nessas três passagens funcionam juntas como a base para os pensamentos e ações do cristão. A questão é: Essa interdependência entre amor divino e eleição aponta para uma doutrina de redenção particular, ou pode coexistir dentro de um quadro de eleição corporativa ou da tríade arminiana de presciência → fé → eleição/decisão? Esse é o assunto deste ensaio.

Em suma, um conjunto formidável de material bíblico apoia a doutrina da expiação limitada, e enquanto várias passagens podem ser explicadas de outra forma, a evidência cumulativa dá forte validade à posição Reformada. Devo admitir que, depois de examinar todas as evidências mais profundamente do que nunca, aprecio essa visão mais do que jamais imaginei ser possível. No entanto, não podemos nos decidir até que tenhamos considerado todas as evidências, de modo que, agora, devemos nos voltar para os dados que apoiam a posição arminiana.

1979), 2:495.

Textos que Favorecem a Expiação Universal

Não só arminianos, mas muitos calvinistas (por exemplo, Millard Erickson e Bruce Demarest, que são frequentemente rotulados como "sublapsarianos" — significando que após a queda Deus decretou que Cristo morreria por todos os caídos) aceitam a visão de que Cristo morreu por cada pessoa. Thiessen fornece as principais perguntas: "Cristo morreu pelo mundo todo ou somente pelos eleitos? Se pelo mundo inteiro, então por que todos não são salvos? E se o sacrifício foi pelo mundo, aconteceu em que sentido? Se foi em favor dos eleitos apenas, o que acontece com a justiça de Deus?"[207] A resposta para essa perspectiva é que a evidência bíblica e a justiça de Deus exigem que a expiação têm ramificações universais. Erickson fornece uma boa definição: "Deus pretendia que a expiação tornasse a salvação possível para todas as pessoas. Cristo morreu por todos, mas sua morte expiatória só se torna eficaz quando aceita pelo indivíduo".[208] A expiação é suficiente para todos, porém, eficiente somente aos que respondem ao Espírito e creem. Vamos agora considerar a evidência bíblica que essa posição apresenta.

---

[207] Henry C. Thiessen, *Lectures in Systematic Theology* (Grand Rapids: Eerdmans, 1979), p. 240.

[208] Millard J. Erickson, *Christian Theology* (Grand Rapids: Baker, 1998), p. 829.

A Vontade Salvífica Universal de Deus Aponta para a Expiação Universal

Dois conjuntos de passagens bíblicas apontam nessa direção, a saber, que Deus "quer/deseja" que todas as pessoas sejam salvas (veja, também, Rm 2.4; 1 Tm 2.4; Ap 14.6-7, que serão discutidos na próxima seção), o que não seria tão verdadeiro sob uma visão de expiação limitada.

2 Pedro 3.9. Essa passagem afirma diretamente que "o Senhor... é longânimo para convosco, não querendo [gr. *boulomai*] que nenhum pereça, senão que todos cheguem ao arrependimento". O termo para "paciência" é *makrothymia* ("longanimidade, paciência") significa que o amor de Deus está disposto a esperar e ele retém sua ira a fim de dar a cada pessoa tempo para se arrepender. Há três entendimentos principais sobre essa passagem: (1) Deus tem um desejo compassivo por todos (o impulso divino), mas uma vontade "decretada" que funciona apenas para os eleitos;[209] (2) o termo "todos" deve ser entendido significando "contigo", referindo-se, portanto, aos crentes e àqueles que se voltam para Deus em oposição aos falsos mestres.[210] Essas duas interpretações são compatíveis com um entendimento reformado. E (3) a vontade de Deus de que cada pessoa seja salva decorre de seu amor por todo ser humano criado à sua

---

[209] Thomas R. Schreiner, *1, 2 Peter, Jude*, NAC (Nashville: B&H, 2003), p. 381-82.

[210] Richard J. Bauckham, *Jude, 2 Peter*, WBC (Waco: Word, 1983), p. 312; Douglas J. Moo, *2 Peter and Jude*, NIVAC (Grand Rapids: Zondervan, 1996), p. 188.

imagem (veja mais adiante na terceira subseção), isto o leva a enviar seu Filho para morrer por todos e o seu Espírito para o convencimento de todas as pessoas, a fim de trazê-los a uma decisão de fé. Essa é a melhor interpretação, pois a segunda epístola de Pedro trata, no todo, sobre as escolhas erradas daqueles que decidem seguir os falsos mestres. Ademais, isso não leva ao universalismo, pois, enquanto Deus deseja o arrependimento de todos, um número significativo ainda se recusa a fazê-lo.[211]

João 1.4,7,9. Outro conjunto de textos ensinando a mesma coisa está em João 1.4,7,9. Colocando-os juntos, Jesus, a Palavra como "a luz de toda a humanidade" (v. 4), veio para que "todos possam crer" (v. 7), por meio de sua presença reveladora que "dá luz a todos" (v. 9). Estamos no coração da mensagem de João, olhando para "a revelação de Deus em Jesus, mediante a qual toda pessoa é confrontada com seu pecado e com a luz que Deus trouxe na morte sacrificial de Jesus".[212] O objetivo é a salvação da humanidade, e João detalha a missão a partir de Deus, passando pela pessoa de Jesus, e do Espírito, até a igreja, pela qual essa missão universal deve acontecer.[213]

O evangelho de João é todo sobre a decisão da fé, com "cada pessoa" encontrando a luz de Deus, em Jesus, e sendo atraída a ele (12.32). Como diz Köstenberger, João "enfatiza o alcance universal da vinda de Jesus e o potencial

---

[211] Grant R. Osborne, *James, 1–2 Peter, Jude*, Cornerstone Biblical Commentary (Carol Stream, IL: Tyndale House, 2011), p. 340.

[212] Osborne, *John*, p. 23.

[213] Sobre o tema da missão em João, cf. Osborne, *John*, p. 14; Andreas J. Köstenberger, *The Missions of Jesus and the Disciples According to the Fourth Gospel* (Grand Rapids: Eerdmans, 1998).

esclarecimento espiritual disponível a todos os que creem, uma iluminação que está disponível não apenas aos judeus, mas a todas as pessoas".[214] Schreiner se opõe a qualquer ideia de graça que torna a expiação disponível a todas as pessoas. Ele argumenta que a "iluminação" aqui não é uma iluminação interior atraindo o incrédulo para Cristo, mas uma exposição externa que revela seu verdadeiro relacionamento com Deus e Cristo.[215] Eu diria que em João, a atração dos pecadores por intermédio de Cristo como "a luz do mundo"(8.12) é predominante (veja a próxima seção).

Passagens Usando uma Linguagem Universal Apontam para a Expiação Universal

Esta é a seção principal desta categoria e contém quase vinte passagens. É possível escrever uma dissertação de doutorado apenas nesse aspecto; por isso, vou ter que tratar desta discussão com cuidado. Eu começo com duas passagens do AT.

Isaías 53.6. Essa passagem isaiana diz que "todos nós andávamos desgarrados como ovelhas... mas o Senhor fez cair sobre ele a iniquidade de nós todos".

---

[214] Köstenberger, *John*, p. 36.

[215] Thomas R. Schreiner, "Does Scripture Teach Prevenient Grace in the Wesleyan Sense?" in Schreiner e Ware, *The Grace of God, the Bondage of the Will*, 2:376. Veja também Carson, *John*, p. 124; e William W. Combs, "Does the Bible Teach Prevenient Grace?" *Detroit Baptist Seminary Journal* 10 (2005): 3-18.

Primeiramente, "a extensão do pecado é universal", e isso é equilibrado pelo fato de que "a extensão do que será colocado sobre o sofrimento do Servo é exatamente paralelo à extensão do pecado". Assim, a conclusão seria: "Assim como todos pecam, a expiação também é realizada por todos".[216] Parece que essa deve ser uma das passagens referente a "nós", da seção anterior ("Cristo morreu exclusivamente pelo seu povo"), e diz respeito apenas ao remanescente crente de Israel. Isso é certamente verdadeiro em parte, mas, como diz Oswalt, "por sua falta de especificidade", isso nos convida a "uma extensão da expiação em favor do mundo inteiro".[217] A humanidade, especialmente Israel, como ovelha está predisposta a se desviar e se perder. O Servo foi enviado por Deus para receber "a iniquidade de todos nós", todas as pessoas potencialmente, mas, em particular, dos fiéis de Israel.

Ezequiel 33.11. "Tão certo como eu vivo, diz o Senhor Deus, não tenho prazer na morte do perverso, mas em que o perverso se converta do seu caminho e viva"(cf. 18.31-32). Esse texto também dá continuidade à linguagem sobre a vontade universal salvífica divina, já apresentada na seção anterior, demonstrando, assim, a intenção de Deus em resgatar não apenas os eleitos, mas os iníquos também. Deus não limita seu amor e misericórdia àqueles que escolheu; sua bondade salvífica abraça os maus também.

Piper responde que Deus tem duas vontades (uma vontade moral e uma soberana), às vezes, aplicada aos ímpios para que não morram (Ez 33.11) e outras vezes (por exemplo,

---

[216] Erickson, *Christian Theology*, p. 830.

[217] John N. Oswalt, *The Book of Isaiah Chapters 40–66*, NICOT (Grand Rapids: Eerdmans, 1998), p. 389.

os filhos de Eli em 1 Sm 2.22-25) para que eles morram (ambas as passagens usam a mesma palavra hebraica para "desejo/ ter prazer"). Deus tem o direito de querer misericórdia ou de exercer julgamento como lhe agrada.[218] Concordo com o que Piper diz, mas entendo de forma diferente: Deus quer que todos venham e faz o possível para que eles façam isto. Isso é o mesmo que diz Romanos capítulos 9 e 10. O capítulo 9 enfatiza a soberania de Deus, e o capítulo 10 enfatiza a responsabilidade da humanidade.

João 1.29. O evangelho de João contém muitas dessas passagens, como já vimos na seção anterior. Em 1.29, quando Jesus junta-se a João Batista, após o seu batismo, João diz aos que o rodeiam, "Eis o Cordeiro de Deus, que tira o pecado do mundo!" Há um debate considerável sobre se João Batista estava falando apocalipticamente do esmagar o mal pela força ou se o ponto é sobre o elemento pascal do sacrifício de Jesus. Isso não é pertinente para o nosso problema (embora eu ache que este último está mais de acordo com a mensagem do quarto evangelho[219]), pois a questão aqui é o significado do "pecado do mundo". Nos escritos de João, o *kosmos* ocorre 105 vezes, sempre se referindo ao mundo dos incrédulos que são hostis a Deus e, ainda assim, são o objeto do amor e da missão dele.

O mundo (incluindo o povo judeu, 1.10-11) é governado por Satanás (12.31; 14.30) e sujeito à morte (8.24) por causa de sua incredulidade (3.36; 16.9), mas Cristo derrotou Satanás (12.31; 16.11) e trouxe salvação ao mundo (4.42;

---

[218] Piper, "Two Wills in God," p. 117-18.
[219] Sobre a discussão e os estudiosos que defendem vários debates, cf. Osborne, *John*, p. 32.

5.24; 11.48; 12.32). A partir disto, parece-nos provável que a expiação em João é para todo o "mundo". Outra questão é o significado de "tirar" que, por essa interpretação, quer dizer que os pecados são potencialmente removidos para todo o mundo, mas efetivamente removidos apenas para os crentes (sobre a questão da "dupla punição", ver a conclusão do ensaio).

João 3.17. Esse é outro texto importante (discutiremos 3.16 depois), pois, aprendemos que Deus enviou o seu Filho "não para que julgasse o mundo, mas para que o mundo fosse salvo por ele". Esse é um texto problemático para a doutrina da dupla predestinação (que Deus escolheu alguns para perecer e outros para serem salvos), pois isto diz diretamente que Deus não quer "condenar", mas "salvar". Assim também, os textos de 3.17 e seu paralelo em 12.47 (Cristo não é Juiz, mas Salvador) aparentemente contradizem 5.22, 30; 9.39 (Cristo como juiz). Porém, quando olhamos João 8.15-16 vemos uma aproximação desses dois aspectos da questão: Cristo não julga (8.15), entretanto, quando julga, isso é justo (8.16). Logo, Cristo não veio para julgar, mas em seu advento ele encontrou as pessoas e produziu a decisão-fé, assim, ele salva aqueles que creem e julga aqueles que o rejeitam. O ponto principal para nós é que "o mundo" é o objeto desse encontro. Mais uma vez, Cristo providencia expiação para mundo inteiro.

João 4.42. Essa passagem afirma a missão de Jesus em seu episódio à mulher samaritana. Ele oferece "água viva... uma fonte a jorrar para a vida eterna" (4.10, 14). O testemunho da mulher leva a evangelização da sua aldeia, com muitos se tornando crentes (4.39,41). No final da história, os aldeões declaram Jesus "o salvador do mundo" (4.42). Os samaritanos eram adversários dos judeus como entidade política e religiosa; no entanto, aqui, eles, com a mulher, o reconhecem como salvador para si e, de fato, para o "mundo", com implicações para o imperialismo romano (Jesus, não o imperador, é o "Salvador"), e contra as religiões do mundo. Na Teologia joanina, "a colheita de Jesus entre os samaritanos, portanto, assinala o retorno de uma parte do mundo incrédulo para Deus, como um sinal do alcance universal dessa missão salvífica do Senhor".[220]

Alguns podem dizer que "mundo" aqui não significa toda a humanidade, mas alguns não judeus, ou seja, os samaritanos: Jesus é o salvador, não só dos judeus, mas também dos samaritanos. Mas isso levanta uma questão, pois em todo o evangelho de João (por exemplo, 3.16-17 na seção anterior) "mundo" refere-se ao mundo da humanidade. Não há base para restringi-lo em 4.42 como se fosse apenas aos samaritanos.

João 6.51. Aqui, Jesus, perto do fim de seu discurso sobre o pão da vida, faz sua sublime exigência para que as pessoas o encontrem totalmente ao comer (metaforicamente) sua carne e beber seu sangue como o cordeiro da Páscoa (6.51-58).[221] Ele define cuidadosamente no versículo 51: "E o pão que eu darei pela vida do mundo é a minha carne". Claramente estamos falando de expiação substitutiva, a "doação" do corpo de Cristo na cruz "pelo" (gr. *hyper*) mundo; essa expiação é universal, tendo em vista mais uma vez o "mundo" como o

---

[220] Köstenberger, *John*, p. 165.

[221] Contra o entendimento sacramental que relaciona isso à Eucaristia, cf. Carson, *John*, p. 295.

objeto desse ato, e não apenas o eleito. Isso nos leva de volta à mesma questão mencionada anteriormente: Se a morte de Jesus substituísse os pecados de todas as pessoas, como alguém poderia ser condenado ao fogo eterno? Estamos de volta à definição básica: a morte de Cristo é suficiente para todos, mas eficiente apenas para aqueles que respondem com fé. Essa conclusão pode trazer descontentamento a muitos, mas acredito que é basicamente a interpretação correta (ver conclusão posterior).

João 8.12. Essa passagem traz uma das sete vezes que Jesus disse "EU SOU", pois aqui, ele se declara "a luz do mundo". É importante observar que Jesus está pessoalmente cumprindo o ritual da Festa dos Tabernáculos (cf. 7.37-39, ele cumpre a cerimônia sobre a água daquela festa). Na cerimônia em que quatro velas enormes são acesas a cada noite da festa, foi dito que toda Jerusalém estava cheia de luz. Agora, Jesus passa a dizer que todo o mundo será iluminado (cf. seção sobre Jo 1.4,7,9 anteriormente) com ele mesmo, pois o Senhor é como a glória da *Shekinah*, a coluna de fogo à noite em Êxodo 13.21-22; e aquele que traz luz em meio às trevas, (Êx 14.24; cf. Jo 8.12). Mais uma vez o "mundo", e não apenas os eleitos, receberão a luz de Deus por intermédio de Jesus.

João 11.48. Desta vez, as palavras vêm dos lábios dos inimigos de Jesus (11.45-52) que dizem: "Se o deixarmos assim, todos crerão nele". Eles perceberam as implicações universais do ministério de Jesus. Sua influência estava indo muito além da Galileia e da Judeia; chegava até os gentios da Transjordânia e da Síria. A missão de Jesus estava realmente se tornando uma missão universal.

João 12.32,47. Duas passagens em João 12 (v. 32, 47) concluem nossa análise do quarto evangelho. A primeira ocorre durante a Semana da Paixão, quando Jesus discute com os peregrinos gregos sobre a iminência da sua morte, conforme 12.20-36. Depois que Deus afirma a glória de Jesus (v. 28-29), Jesus declara que a derrota de Satanás é iminente e então diz: "E eu, quando for levantado da terra, atrairei todos a mim mesmo". A conclusão desse dito, sobre ser "levantado", é o equivalente de João às predições da paixão nos sinóticos, e nos leva a entender que quando Jesus for levantado na cruz, ele será elevado à glória. Sua exaltação está ligada à sua missão, pois, naquele momento, ele "atrairá todas as pessoas" para si mesmo. Curiosamente, em 6.37-44 (veja a seção anterior), Deus atrai apenas os que vêm (os eleitos), enquanto aqui Jesus atrai a todos, e o Espírito continuará a obra de Jesus, convencendo[222] o "mundo" do pecado, da justiça e do juízo. Além disso, esse "atrair todas as pessoas" é definido como "o tipo de morte que ele iria morrer", definindo a morte de Jesus como exaltação e missão. Nesse sentido, novamente, a expiação tem uma dimensão universal, quando Jesus morre para "atrair a todos" para a salvação que a cruz tornou possível. Resumidamente, 12.47 repete 3.17 (ver seção anterior em 3.17) que Cristo veio para "salvar o mundo". Os estudiosos calvinistas respondem a tais argumentos de quatro maneiras: (1) Alguns como John Owen interpretam "mundo", em João, para referir-se não aos réprobos, mas aos eleitos[223] (uma visão

---

[222] Sobre este aspecto da "atração" de pessoas a Jesus, veja a nota 136
[223] Rainbow observa que esse é um entendimento agostiniano de mundo em João 3.16-17; 2 Coríntios 5.19 (reconciliação do mundo); 1 João 2.2 (propiciação para o mundo inteiro) (Rainbow, *Will of God*, 14). Essa é uma abordagem conveniente, pois todas as passagens que

que não faz sentido acerca do significado de "mundo" em João). (2) Alguns hipercalvinistas interpretam "todos" como significando não todas as pessoas, mas "todos os tipos de" pessoas, de modo que a salvação não é oferecida a todos os indivíduos, mas a "aqueles tipos" escolhidos por Deus. (3) Outros, como Calvino, veem Deus tendo duas vontades: oferecendo o evangelho a "todos" (a proclamação pública), mas aplicando eficazmente apenas aos eleitos.[224] (4) Muitos interpretam passagens que mostram que o evangelho está disponível a todos (Jo 3.17; 4.42; 12.32) à luz de 6.37,44: o Pai efetivamente atrai para a salvação somente aqueles que ele escolheu e deu a Cristo.[225]

Os dois últimos textos são os mais viáveis e principais para a nossa abordagem neste ensaio. Minha perspectiva é que, em João, a predestinação e a fé-decisão funcionam juntas; a escolha divina torna a resposta humana possível (pela graça preveniente do Espírito Santo), mas não é o único agente causador. A introdução e conclusão deste ensaio explicam isso melhor.

Romanos 2.4 Agora vamos nos voltar para Paulo, que acrescenta mais provas às implicações universais da expiação em favor de "todas as pessoas". Começamos com três passagens de Romanos. Em Romanos 2.4, vemos a "bondade, tolerância e longanimidade" de Deus que deseja "levar-te

---

conotam expiação universal referem-se automaticamente aos eleitos — um bom exemplo de um sistema ditando a interpretação dos textos.

[224] Ibid., p. 149-50. Piper chama isto de "vontade moral" de Deus (para que todos sejam salvos) e sua "vontade soberana" (sua graça em alguns eleitos). Piper, "Two Wills of God," p. 122, 131.

[225] Schreiner, "Prevenient Grace," 377–-8. Veja também Carson, *John*, p. 293; Köstenberger, *John*, p. 211.

ao arrependimento", oferecido em Romanos 1-3 a judeus e gentios. O ponto é que tal "bondade" não faria sentido se não fosse uma oferta genuína da possibilidade de arrependimento.

Romanos 5.18. Esse texto afirma, além disso, que: os dois lados de "condenação" (que a "transgressão" de Adão produz) bem como "justificação e vida" (que o "ato justo" de Cristo produz) são iguais "para todas as pessoas". A poderosa primeira passagem sobre o primeiro Adão/segundo Adão de Romanos 5.12-21[226] não é construída sobre uma distinção entre réprobos e eleitos, mas sobre os efeitos universais de Adão e Cristo para cada indivíduo. Paulo se move do dom da justificação pela fé em 3.21-5.11 e passa para a seção sobre o problema do pecado e sua solução na santificação (5.12-8.39). O pecado e a morte vieram sobre "todos os homens, porque todos pecaram" (5.12), e isso significa todas as pessoas, crentes e incrédulos. Portanto, em 5.18, condenação e justificação são as duas opções de vida para "todos os homens".

Romanos 10.11-13. O capítulo 10 de Romanos faz parte da seção sobre a responsabilidade de Israel em ter rejeitado a oferta de salvação de Deus, conforme 9.30-10.21. Após uma declaração credal sobre o professar e crer (10.9-10), essa passagem responde à pergunta: Quem pode ser salvo? A resposta é "qualquer um" que "crê" (10.11) e "invoca" (10.13). Mais uma vez, o escopo universal do evangelho é mantido: "O mesmo é o Senhor de todos e abençoa, rico para com todos os que o invocam"(10.12). Moo entende "qualquer um" como o "elemento da universalidade" e diz que o versículo 12 "descompacta a universalidade inerente

---

[226] Para o debate sobre a "imputação do pecado" nesta passagem, cf. Osborne, *Romans*, p. 138-39.

em 'qualquer um'". Além disso, o verso 13 com sua citação de Joel 2.32 combina os dois termos importantes, "todos" e "salvação".²²⁷

2 Coríntios 5.14-15, 19. Agora nos voltamos para 2 Coríntios 5.14-15,19, parte dessa seção em que Paulo discute o "ministério da reconciliação" (5.11-6.10), ele mesmo parte de uma digressão maior sobre o ministério apostólico (2.14-7.4). Nesses versículos, Paulo está maravilhado com o grande "controle" ou "constrangimento" que o amor de Cristo tem sobre "nós" (crentes); as profundezas do amor de Cristo levaram o apóstolo a ficar "fora de si", provavelmente uma referência ao modo como os coríntios zombavam de seu comportamento ao seguir a Cristo. A razão para esse constrangimento de seguir a Cristo durante todo o caminho, foi sua morte e os efeitos expiatórios dela. "Um morreu por todos" é provavelmente um credo cristão primitivo (cf. Rm 5.8; 1 Co 15.3) sobre a morte vicária ("para [gr. *hyper*] todos") de Cristo. Paulo enfatiza "todos", expressão que aparece três vezes em 2 Coríntios 5.14-15; ademais, o v. 15 define "todos" por "aqueles que vivem". Essa é uma questão complexa, pois a presença de "todos" parece referir-se à morte universal de Jesus por toda a humanidade; no entanto, "aqueles que vivem" parece aplicá-la aos crentes. Murray Harris dá a melhor opção: há um sentido mais amplo de expiação universal na palavra "todos", e, assim, Paulo a restringe aos santos (v. 15b).²²⁸ Em outros termos, o apóstolo reconhece que Jesus morreu por todas as pessoas, mas somente os santos podem experimentar a nova "vida" nele (cf. Rm 6.1-4). Esse impulso

---

²²⁷ Moo, *Romans*, p. 659-60.
²²⁸ Harris, *Second Epistle to the Corinthians*, p. 420-21.

de linguagem universal também é visto no v. 19, quando Paulo celebra os resultados de Deus em Cristo (a unidade ontológica da divindade vista em sua ação corroborativa), a saber, a "reconciliação do mundo" com a divindade triúna.

Como em João, "mundo" é mais bem entendido como o mundo da humanidade, o foco da missão de Cristo e de sua morte (esse é o meu argumento neste ensaio).

1 Timóteo 2.3-4. Essa é uma passagem importante e muitas vezes observada: "Deus, nosso Salvador, o qual deseja (gr. *thelei*) que todos os homens sejam salvos". Paulo enfatiza o divino "Salvador", cuja "vontade" é a "salvação" da humanidade, reafirmada no versículo 6, em que Paulo diz que Jesus "se deu como resgate por todos os homens". Johnson diz: "Isto se classifica com Romanos 3.27-31 e 11.26-32 como a mais abrangente e universal das declarações paulina a respeito da vontade eficaz de Deus (*thelei*) para o mundo".[229] Alguns como George Knight preferem considerar isso como "todo tipo de pessoa" no sentido dos eleitos de Deus,[230] mas Marshall corretamente observa que isso deriva da pressuposição de uma eleição particular, afirmando: "Nada no contexto sugere tal limitação." O argumento de Paulo é que a "vontade real" de Deus é a salvação de todas as pessoas, mas "não há garantia de que esse propósito será necessariamente cumprido" devido à "condição de se crer no evangelho, a responsabilidade humana no processo". [231] Essa ênfase continua em 2.6, afirmando que Cristo "se deu

---

[229] Luke Timothy Johnson, *The First and Second Letters to Timothy*, AB (New York: Doubleday, 2001), p. 191.

[230] George W. Knight III, *Commentary on the Pastoral Epistles*, NIGTC (Grand Rapids: Eerdmans, 1992), p. 119.

[231] Marshall, *Pastoral Epistles*, p. 427.

em resgate por todos", uma vez mais enfatizando a redenção universal/expiação do v. 4.

A resposta de Piper é um convite a reflexão sobre a tensão entre essa vontade salvadora universal de Deus (de 1 Tm 2.4) e sua eleição individual incondicional (em Rm 9.6-23): "Deus não quer salvar a todos, embora esteja disposto a salvar a todos, porque há algo que ele deseja mais, o que seria perdido se ele exercesse seu poder soberano de salvar a todos".[232] Concordo com o ponto básico das duas vontades em Deus, mas discordo de Piper que o "compromisso maior" do arminiano é "autodeterminação humana" em oposição à "graça soberana e eficaz" do calvinista. Essa é uma dicotomia muito forçada, pois os arminianos aceitam as evidências bíblicas da "graça soberana" de Deus, e creio que esta tem prioridade divina na salvação, com a "graça preveniente de Deus" no Espírito Santo, a única coisa que torna a fé possível.

Assim, há duas vontades, mas elas trabalham juntas para condenar o mundo e salvar os crentes. Nisto, o arrependimento e a regeneração (os efeitos da expiação) permanecem como uma possibilidade real dada por Deus para o incrédulo.

1 Timóteo 4.10. Esse é outro versículo-chave no debate: "o Deus vivo" é "o Salvador de todos os homens, especialmente dos fiéis". Ambos os lados do debate reivindicam esse verso e, obviamente, entendem-no de forma diferente. Isso faz parte de uma seção (4.6-16) na qual Paulo desafia Timóteo a aperfeiçoar seu ministério de ensino e explica que ele "trabalha e se esforça" pela piedade, ou seja, a esperança de salvação

---

[232] Piper, "Two Wills in God," p. 123 (cf. 122–24). Veja também Donald J. Westblade, "Divine Election in the Pauline Literature," in Schreiner e Ware, *The Grace of God, the Bondage of the Will*, 1:69-70.

para "todos" e a experiência de salvação para os "crentes". Como Erickson diz desse versículo: "Aparentemente, o Salvador fez algo por todas as pessoas, embora seja menor em grau em relação ao que tem feito por aqueles que creem."[233] Isso favorece a visão adotada em nossa introdução de que a expiação é suficiente para todos e eficiente aos que creem. O debate diz respeito a se a descrença pode impedir a vontade/propósito de Deus a todas as pessoas ou se essa vontade divina é sempre eficaz.

Não posso concordar com Piper de que "Deus não quer salvar a todos", pois isso, para mim, contradiz 1 Timóteo 2.4, 6; 4.10. Knight considera "todos os homens" como "todo tipo de pessoa", entendendo *malista* como sendo conotativo, não "especialmente", mas como um aposto: "isto é"; assim, ele vê os crentes como o sujeito do verso: "salvador de todos os tipos de homens, ou seja, os crentes".[234] Mas isso não se encaixa na ênfase frequente de Paulo sobre a missão de Deus para " todos ", como vimos anteriormente (Rm 5.18; 10.1-3; 2 Co 5.14-15, 19; 1 Tm 2.3-4; Tt 2.11). O entendimento mais natural do versículo está nos dois níveis da obra divina em favor: (1) de todos homens e (2) "especialmente" para os crentes.

Hebreus 2.9. Vamos agora nos voltar para as epístolas gerais, começando com Hebreus 2.9, que diz que Jesus "pela graça de Deus... provou a morte por todo homem." Isso faz parte de um *midrash* (Hb 2.8b-9) sobre o Salmo 8.4-6 (cf. Hb 2.6–8a), mostrando como Jesus em sua encarnação sofreu humilhação e exaltação. O ponto central é cristológico: Jesus é o modelo

---

[233] Erickson, *Christian Theology*, p. 834.
[234] Knight, *Pastoral Epistles*, p. 203.

final da humanidade e cumpre o significado inerente do Salmo 8. Como William Lane diz: "Em Jesus vemos a verdadeira vocação da humanidade. De uma maneira extraordinária, ele cumpre o desígnio de Deus para toda a criação e exibe o que sempre foi planejado para toda a humanidade."[235] O "por um pouco, tendo sido feito menor" refere-se ao seu tempo na terra. Esse tempo "presente" quando tudo não está "em sujeição" é a era da igreja que antecipa o *Eschaton*. Sua "glória e honra" são proporcionais ao seu sacrifício, e isso define sua exaltação pós-ressurreição, baseada em sua humilhação quando "sofreu a morte", ou seja, "provou a morte por todo o homem". Na preposição "para" (gr. *hyper*), existe uma ênfase vicária — como o sacrifício expiatório de Cristo possuindo implicações universais "para todos".

1 João 2.2. Aqui, Cristo é designado como "propiciação pelos nossos pecados e não somente pelos nossos próprios, mas ainda pelos do mundo inteiro". João está dizendo aos seus leitores para vencerem o pecado andando na luz por intermédio de Cristo, que é ao mesmo tempo "advogado" e "sacrifício expiatório" (1.5-2.2). Yarbrough ressalta que *hilasmos* aqui e em outros lugares (Rm 3.25; Hb 2.17; 9.5; 1 Jo 4.10), é o termo principal para expiação, que combina as ideias de expiação (cancelamento ou perdão do pecado) e propiciação (afastamento da ira de Deus com uma oferta vicária).[236] Isso ecoa 1 Timóteo 4.10, mas com ênfase ao crente ("especialmente os que creem"), enquanto o outro texto

---

[235] Lane, *Hebrews*, p. 48.
[236] Robert W. Yarbrough, *1-3 John*, BECNT (Grand Rapids: Baker, 2008), p. 77–78. A tendência de muitos estudiosos em mudar isto para algo como "um ou outro" (ou seja, são expressões intercambiáveis) não é apenas desnecessária, mas também perigosa.

acentua os efeitos universais da obra expiatória de Cristo ("o mundo inteiro"). Além disso, como acrescenta Yarbrough, "há universalidade e particularidade na obra expiatória de Cristo".[237] A particularidade é vista em "pelos nossos pecados", e a universalidade nos "pecados do mundo inteiro". Esses dois aspectos são importantes; a morte de Cristo torna a redenção disponível para todos, mas apenas aqueles que creem a experimentam. Esse entendimento parece melhor à luz da ampla ênfase joanina sobre a universalidade, em vez de forçarmos um ponto de vista de redenção particular sobre "os pecados do mundo inteiro", como se isto não incluísse os incrédulos. O texto de 1 João 4.10 ecoa essa visão de forma mais equilibrada (isto é, "sacrifício expiatório pelos nossos pecados"), mas trataremos disso mais adiante.

A Expiação Universal é o Resultado do Amor Universal de Deus

Na seção anterior "Textos que Favorecem a Redenção Particular", discuto a visão do amor específico de Deus que se concentra principalmente nos eleitos. Agora, o meu propósito é trazer a resposta arminiana sobre o amor de Deus por todos, e não primariamente pelo eleito.

João 3.16. Esse é o verso principal e o mais conhecido de todos, que vou traduzir de acordo com o texto grego: "Deus amou tanto o mundo [gr. *houtōs*] que resultou [*hoste*] nele entregar o seu único e único Filho" (Jo 3.16). Aqui o amor

---
[237] Ibid., p. 80 nota 17.

salvífico de Deus é universal, direcionado a todo o mundo (cf. "o mundo inteiro" em 1 Jo 2.2 anterior). Em João, o mundo é caracterizado como cheio de rebelião; no entanto, é também o objeto da missão salvífica de Deus. Jesus é o "Salvador do mundo" (Jo 4.42; 1 Jo 4.14) enviado para trazer "todos" à salvação de Deus (Jo 3.17; 11.48; 12.32).

Romanos 5.8. Esse é o texto paralelo, no qual Deus demonstra o "seu próprio amor... sendo nós ainda pecadores". Todos os pecadores são objeto do amor redentor de Deus.

1 João 4.8-10. À primeira vista, esse texto parece apoiar uma visão de expiação limitada, porque Deus mostra seu amor "por nós" e envia seu Filho "como propiciação pelos nossos pecados". Contudo, 4.10 repete 2.2, no qual Cristo faz expiação por "todo o mundo", e 4.8-10 prepara para a passagem posterior de 4.14, em que o Pai envia Cristo "para ser o Salvador do mundo". Claramente, 1 João 4 enfatiza a obra expiatória de Jesus por toda a humanidade, e os santos recebem esse amor redentor por meio de sua crença. Existem dois níveis para expiação: (1) a adequação universal da morte de Cristo (o propósito da expiação ilimitada) e (2) a necessidade de vir pela fé (Rm 3.17-4.25, enfatiza a "fé" dezoito vezes), possibilitando que os pecadores experimentem da obra expiatória de Cristo (expiação específica).

Muitos por quem Cristo morreu perecerão

Várias passagens "falam de Cristo morrendo por aqueles que não querem ser salvos".[238] Isso sugere que a expiação não é restrita aos eleitos, mas está disponível a todos.

Romanos 14.15. Vamos começar com esse texto, que adverte os cristãos gentios "fortes" a não imporem seu conhecimento superior (acerca de leis alimentares e festas religiosas) sobre os crentes "fracos", cristãos judeus, ao ponto de levá-los a "tropeçar" ou cair em sua caminhada cristã. O significado da advertência é para que "por causa da tua comida, não faças perecer aquele a favor de quem Cristo morreu". É geralmente aceito que o termo "perecer" se refere à apostasia espiritual, "afastar-se inteiramente de sua fé".[239] Note que a apostasia é uma possibilidade real para pessoas por quem Cristo fez expiação. O debate sobre a apostasia não é o assunto aqui. Ainda assim, vamos supor, como os calvinistas declaram, que esses são cristãos professos, não verdadeiros crentes. Ainda assim, Paulo está dizendo que Cristo "morreu por" eles.

1 Coríntios 8.11. Paralelo a Romanos 14.15 está 1 Coríntios 8.11, em um contexto que trata sobre carne oferecida aos ídolos. O argumento de Paulo é que se um cristão fraco "por quem Cristo morreu" vê você exercitar a sua liberdade de comer em um templo pagão, haverá o risco dessa pessoa voltar à idolatria e ser "destruído pelo seu conhecimento",

---

[238] Grudem, *Systematic Theology*, p. 597.

[239] Moo, *Romans*, p. 855; cf. Schreiner, *Romans*, p. 734; Cranfield, *Romans*, p. 714.

usando o mesmo verbo de Romanos 14.15 (gr. *apollymi*) para a apostasia espiritual.

Hebreus 10.29. Esse texto (paralelo a 6.4–6) descreve os apóstatas que continuaram pecando depois de receber o conhecimento da verdade (10.26) como tendo "tratado como uma coisa profana o sangue da aliança que os santificou, e ultrajado o Espírito da graça". Aqui, a "morte de Cristo está relacionada com a promulgação da nova aliança", e "a morte sacrificial de Cristo na cruz" é "vista da perspectiva da inauguração da aliança".[240] Mais uma vez, tal pessoa por quem Cristo morreu é vista sob juízo eterno: "já não resta sacrifício pelos pecados; pelo contrário, certa expectação horrível de juízo e fogo vingador prestes a consumir os adversários" (v. 26, 27).

2 Pedro 2.1. Esse versículo descreve os falsos mestres como os que renegaram "o soberano Senhor que os resgatou, trazendo sobre si mesmos, repentina destruição". Neste capítulo, Pedro está expondo o pernicioso grupo de falsos mestres que se infiltrou na igreja. Aqui o "soberano Senhor" ou Mestre é provavelmente Cristo, que os "comprou" com seu sangue. Além disso, esses hereges foram objeto da obra expiatória de Cristo e o negaram, resultando em "repentina destruição"; a expressão "repentina" referindo-se à certeza do julgamento iminente.[241] Essas pessoas rejeitaram a doutrina do retorno de Cristo e do julgamento final, e, muito em breve, eles experimentariam o quão errados estavam!

---

[240] William L. Lane, *Hebrews 9-13*, WBC (Dallas: Word, 1991), p. 294.

[241] Douglas J. Moo, *2 Peter and Jude*, NIVAC (Grand Rapids: Zondervan, 1996), p. 93.

Em todas essas quatro passagens, aqueles pelos quais Cristo morreu devem receber o castigo eterno. A expiação não é somente para os eleitos.

O Evangelho Deve Ser Universalmente Proclamado

Mateus 28.18-20. Ninguém nega a realidade da Grande Comissão (Mt 28.18-20) e todos os outros textos sobre a missão da Igreja para o mundo. Os defensores da expiação universal acreditam que isso tem implicações para o propósito do trabalho expiatório de Cristo, e a expiação é para todos aqueles a quem o evangelho é pregado. Como John Miley diz: "Os próprios termos da Grande Comissão são decisivos para isso, que o evangelho é para todos. E sua pregação universal deve ser, e na própria natureza, deve ser a livre oferta da graça salvadora de Cristo para todos".[242]

Mateus 11.28. Várias outras passagens apresentam o dever do crente em pregar essa "oferta gratuita de graça salvadora" ao mundo. Duas passagens em Mateus fazem uma preparação para o texto de 28.18. A primeira é 11.28, parte da promessa pastoral e um convite dentro de 11.28-30: "Vinde a mim, todos os que estais cansados e sobrecarregados, e eu vos aliviarei". O "todos" inclusivo refere-se tanto a Israel recalcitrante quanto ao mundo como um todo.[243] Estes são os incrédulos, aqueles, aflitos e abatidos pela vida.

---

[242] John Miley, *Systematic Theology* (1923; repr. Charleston, SC: BiblioLife, 2009), p. 229.

[243] Para a missão aos gentios no evangelho de Mateus, cf. Osborne, Matthew, p. 1096-99.

Mateus 24.14. Por conseguinte, no discurso do Monte das Oliveiras de Mateus 24.14, no qual Jesus profetiza um tempo de grande apostasia (24.10-12), ele encarrega seus seguidores à sua tarefa primordial de proclamar este evangelho do reino ao mundo inteiro. O *Eschaton* está chegando ("então virá o fim"), e a tarefa principal da igreja, nesse ínterim, é evangelística, sua missão é universal. Novamente, isso favorece a ideia de que tanto o evangelho quanto a expiação são verdadeiramente oferecidos a todos. Certamente isso pode ser interpretado em ambas as direções, por exemplo, de um Deus cuja vontade moral deseja a salvação de todos, mas cuja vontade decretiva torna esse evangelho eficaz apenas aos eleitos. No entanto, a expiação universal é a maneira mais natural de entender "o mundo inteiro" como o foco da proclamação do evangelho.

Atos (especialmente 1.8; 17.30). Esse mesmo foco, obviamente, continua no livro de Atos, que traz outra forma da Grande Comissão concentrada no trabalho do Espírito Santo na missão da igreja para o mundo (1.8). Esse versículo é o índice de todo o livro: Jerusalém (1-7), Judeia (8.1-3), Samaria (8.4-25) e o movimento da igreja chegando "até os confins da terra" (8.26-28.31) O foco de Atos como um todo está no testemunho da igreja para o mundo inteiro.

Atos 17.30, em particular, faz parte do famoso discurso de Paulo no Areópago, em Atenas. Deus, que criou o mundo e todas as pessoas (17.24, 26), agora chama todos a "buscá-lo" (v. 27) e "notifica aos homens que todos, em toda parte, se arrependam". Isto é explícito e enfático, com uma dupla ênfase sobre "todas as pessoas" e "em toda parte". É difícil imaginar que Lucas não tinha a intenção de que a morte de Jesus tornasse a expiação disponível a todos.

Tito 2.11. Neste contexto, devemos observar essa passagem, que traz um ajuste próximo a esta subseção: "Porquanto a graça de Deus se manifestou salvadora a todos os homens". Paulo introduz essa declaração com referência a "Deus nosso Salvador" (2.10) e "nosso grande Deus e Salvador, Jesus Cristo" (2.13), por isso é uma importante declaração da intenção salvífica e ecoa em 1 Timóteo 2.3-4, em que "Deus nosso Salvador... quer que todos os homens sejam salvos" (veja anteriormente).

Os defensores da redenção particular comumente ligam "a graça de Deus" com a doutrina da eleição, mas aqui Paulo relaciona a graça com a vontade salvífica universal de Deus (cf. a seção sobre Vontade Salvífica de Deus). Knight propõe traduzir a expressão "todos os homens" (*pasin anthropois*, enfatizando a força inclusiva) como "todas as classes de homens" e torná-la equivalente a "nós" (isto é, os cristãos) no versículo 14 ("a si mesmo se deu por nós").[244] No entanto, Marshall capta melhor o fluxo do pensamento ao descrever "a epifania da salvação" resultante do "caráter de Deus como Salvador", com a "graça" referindo-se à obra salvadora de Cristo exercida no "poder salvador" do Pai como estendido a "todos" sem limitação, fornecendo, assim, a base para a "nossa" resposta ética nos v. 12-15.[245]

---

[244] Knight, *Pastoral Epistles*, p. 319. Essa é mesma visão defendida em 1 Timóteo 4.10 (cf. a discussão anterior).
[245] Marshall, *Pastoral Epistles*, p. 267-68.

Pecadores São Apresentados como Incrédulos cuja Rejeição a Cristo Levou-os à Condenação

Sailer pergunta: "Se Cristo morreu apenas pelos eleitos e por ninguém mais, por que aquelas almas não eleitas *creriam* nesse testemunho a respeito de Jesus Cristo?"[246] O ponto é que Deus quer que o evangelho seja proclamado a todos, para que todos tenham verdadeiramente a oportunidade de crer.

João 3.18. Essa é a primeira passagem sobre esse ponto: "Quem nele crê não é julgado; o que não crê já está julgado, porquanto não crê no nome do unigênito Filho de Deus". Esse é o resultado do amor profundo de Deus pelo mundo expresso em João 3.16, e a missão de Cristo de salvar o mundo em 3.17 (ambos discutidos anteriormente). Parece claro que uma genuína decisão de fé é disponibilizada a todo o mundo e, portanto, que a expiação é possível com base na fé recebida pela graça de Deus (Ef 2.8-9) e a convicção do Espírito Santo (Jo 16.8-11). Os incrédulos têm apenas a si próprios para culpar por seu eterno dilema.

1 João 5.10-11. "Aquele que não dá crédito a Deus o faz mentiroso, porque não crê no testemunho que Deus dá acerca do seu Filho". Na teologia joanina isso está ligado,

---

[246] William S. Sailer, "The Meaning and Extent of the Atonement in Wesleyan Theology," *Bulletin of the Evangelical Theological Society* 10 (1967): 194-95.

pode-se argumentar que tudo o que João tem em vista aqui (e ele está combatendo hereges) é um assentimento intelectual sobre essas realidades (pela visão de alguns), mas Sailer corretamente afirma que isso "dificilmente é o tipo de crença exigida de todos os homens. O julgamento é baseado na falta de crença (Jo 3.18; 8.24), e esse julgamento não pode ser revertido por meio de assentimento intelectual (que Satanás sem dúvida possui) para os benefícios salvadores da expiação de Cristo".[247] Yarbrough fala sobre a "insensatez monstruosa da incredulidade", pois não apenas rejeita a Deus, mas coloca uma "mentira" em sua oferta de salvação, a saber, seu "testemunho" sobre a obra salvadora de seu Filho.[248]

2 Tessalonicenses 2.10-12. Paulo conclui essa passagem sobre o "homem da iniquidade", afirmando que os ímpios "não acolheram o amor da verdade para serem salvos" e "preferiram crer na mentira". Novamente, temos uma linguagem forte descrevendo a possibilidade de salvação, rejeição deliberada e preferência pelas mentiras de Satanás, e a condenação que isso resulta. Como Charles Wanamaker afirma: "Embora isso possa ser entendido em termos de predestinação, a próxima cláusula no v. 10... deixa claro que aqueles que estão perecendo escolheram o caminho da destruição para si mesmos".[249] Eles claramente tinham uma escolha e preferiram as mentiras da maldade às verdades de Cristo.

---

[247] Ibid.
[248] Yarbrough, *1-3 John*, p. 288-89.
[249] Charles A. Wanamaker, *Commentary on 1 & 2 Thessalonians*, NIGTC (Grand Rapids: Eerdmans, 1990), p. 260.

Uma Visão que Mantém a Expiação Universal não Leva ao Pelagianismo ou ao Universalismo

Pelágio era um monge da Grã-Bretanha que, no início do século V, negou o pecado original. Ele argumentou que a humanidade é basicamente boa e que as pessoas, por sua livre escolha, poderiam se salvar. Agostinho provou que Pelágio era um herege, e nos Concílios de Cartago (418) e Éfeso (431) ele foi condenado.

Calvinistas comumente acusam os arminianos de serem semipelagianos na ênfase do livre-arbítrio e da decisão da fé, afirmando que esta perspectiva transforma, de fato, a fé em obra, em oposição a Efésios 2.8-9. É certo que essa é uma possibilidade distinta, mas na realidade o sistema arminiano não cai nesse erro por causa da doutrina da graça preveniente. A expiação universal significa que Cristo morreu e fez a expiação pelo pecado possível, mas isso não quer dizer que os humanos controlam sua própria salvação. Aqueles que adotam essa visão têm a mesma definição de depravação total que os calvinistas: sempre que os humanos caídos tomam uma decisão sobre Cristo, eles sempre o rejeitam porque estão dominados pelo pecado. Deus, o Espírito Santo, convence cada pessoa, supera sua depravação e torna possível uma decisão de fé. Assim, isso não viola Efésios 2.8-9, e a graça preveniente de Deus é a fonte de todas as decisões. Mas essa graça é resistível e as pessoas fazem uma escolha verdadeira. Assim, não há semipelagianismo na Teologia arminiana. Pode-se dizer que se o dom é universal e Deus não controla como as pessoas respondem, então, por definição, os homens controlam sua própria salvação. No entanto, isso define de forma muito estreita o que a "soberania divina" conota. Deus não entregou seu controle à escolha humana. Em vez disso, ele soberanamente tornou possível a escolha humana. É o Espírito que está no controle, e a resposta da fé é passiva (ceder ao Espírito), não ativa (controlar a salvação).

O mesmo é verdade em relação ao universalismo. Berkhof afirma que, "também deve ser observado que a doutrina de que Cristo morreu com o propósito de salvar todos os homens leva logicamente ao universalismo absoluto, isto é, à doutrina de que todos os homens são realmente salvos".[250] Mas isso está correto? Alguns se voltaram nessa direção, mas não muitos. A escolha deve, por sua natureza, incluir a decisão de rejeitar a Cristo, de modo que há pouco espaço no arminianismo para a salvação universal.[251] Além disso, a punição eterna é tão predominante no NT que é virtualmente inconcebível que qualquer estudante sério da Palavra desenvolvesse uma doutrina em que o amor de Deus triunfa seu julgamento e justiça. Um Deus santo deve ter aspectos inter-relacionados de justiça e amor dentro de sua natureza santa. Certamente, as pessoas podem interpretar algumas passagens para defender tal doutrina ("todos serão vivificados em Cristo", 1 Co 15.22; "para que ao nome de Jesus se dobre todo joelho, e toda língua confesse", Fp 2.10-11), mas o dogma do juízo eterno é estabelecido em toda a Escritura. As inúmeras passagens de julgamento final (por exemplo, Mt 13.41-42, 49-50; 25.46; Rm 1.32; 2.5-9; 1 Co

---

[250] Berkhof, *Teologia Sistemática*, p. 389.

[251] Cf. Guy, "Universality of God's Love," p. 43–45.

4.5; Hb 6.2; 2 Pedro 2.4; Ap 20.11-15) exigem uma visão de castigo eterno para os inimigos de Cristo.

Resumo

O material que consideramos como expiação universal também possui a sua própria força, se encaixa em um sistema lógico e é uma hipótese coerente. Apresentamos quatro conclusões: (1) Deus ama o mundo "de tal maneira" (Jo 3.16) que sua vontade salvífica se estende a toda a humanidade, e, portanto, "todo" o "mundo" é o foco da morte expiatória de Jesus, atestado em uma ampla gama de passagens. (2) Pessoas pelas quais Cristo morreu e fez expiação podem sofrer a condenação eterna, significando que Jesus fez expiação pelos incrédulos. (3) Passagens sobre a comissão da igreja de testemunho a todo o mundo demonstram que a obra expiatória de Cristo está disponível a toda a humanidade. (4) O NT vê a descrença como resultado da escolha, e o julgamento que resulta aponta para essa escolha. Em suma, o lado arminiano argumenta fortemente que os dados bíblicos apoiam os efeitos universais da expiação para o mundo. Cristo morreu por todas as pessoas, não apenas pelos eleitos.

Conclusão

A maioria dos estudos na doutrina, especialmente aqueles que defendem um ponto de vista particular, gastam seu tempo mostrando (1) por que sua posição tem a maior validade lógica e (2) por que seus versículos provam seu ponto, enquanto sua oposição usa de maneira errada os versos (comparativamente poucos) para suportar sua visão. Poucos, se há alguém, juntam todos os versículos e desenvolvem uma lei abrangente que faz justiça a todas as passagens. No entanto, a metodologia adequada para a formação teológica exige que a descrição dogmática faça justiça a todos os dados bíblicos, não apenas àqueles versículos que sustentam a conclusão que o sistema exige. Devemos também admitir que tanto o Calvinismo quanto o Arminianismo são logicamente viáveis e defensáveis.

Ambos são sistemas coerentes. O que devemos decidir não é tanto qual deles têm a lógica mais forte (acredito que eles são virtualmente iguais quanto a isso), mas qual é biblicamente mais viável. Isso é o que queremos fazer neste ensaio. Há uma declaração que se encaixa em ambos os lados: a morte expiatória de Cristo é possível para todos, mas eficaz apenas para aqueles que creem. No entanto, para o calvinista, a doutrina da eleição significa que Cristo realmente morreu apenas pelos eleitos, e a possibilidade para o incrédulo é mitigada por dois fatores: (1) eles rejeitam continuamente a cruz (depravação total), e (2) eles nunca podem participar dos efeitos da cruz, porque não são eleitos. Assim, a expiação é limitada aos eleitos. Para o arminiano, a oferta graciosa da salvação chega a todos, e a graça preveniente, pela qual a presença convincente do Espírito atrai a todos a Cristo, torna possível a livre escolha. Isso significa que a expiação é universalmente aberta a todos.

Como juntamos todos os dados e tomamos uma decisão em relação aos efeitos da expiação? Por um lado, Cristo, é claro, morreu pelos eleitos, e sua expiação é eficaz aos que creem. A questão é se ele morreu *somente* pelos eleitos, e observamos as muitas passagens que afirmam claramente que ele também morreu por pecadores não eleitos. A expiação é suficiente para todos, e Deus enviou seu Filho para morrer na cruz e trazer salvação a toda a humanidade.

Assim, a expiação é universal e não limitada. Ele quer que todos sejam salvos, e Cristo é o Salvador do mundo, não apenas dos eleitos.

Uma questão importante aqui é se os homens podem rejeitar a vontade de Deus e se seu poder de atração pode falhar em seu propósito. Se alguém pode se afastar da vontade de Deus, sua soberania é impugnada porque ele não está mais no controle? Essa questão tem sido trabalhada por muitos estudiosos. Para eles, a glória de Deus está ligada ao seu poder de alcançar sua vontade. Pois o Deus arminiano é de fato soberano, e sua vontade é verdadeiramente superior. Mas seu amor exige escolha, e ele mesmo desejou soberanamente que todo ser criado (os anjos e Satanás, os seres humanos e Adão) decida amá-lo. Portanto, sua vontade amorosa trouxe a capacidade de escolher. O pecado é de fato um poder escravizador, e as pessoas têm em si o pecado herdado e escolhido. Assim, todos os pecadores escolhem livremente rejeitar a Cristo. No entanto, o Espírito da graça em sua presença convicta supera a depravação humana e torna possível escolher a Cristo. Existem dois níveis de amor divino, um tipo de "graça comum" de amor pelo pecador e um amor particular pelos eleitos? Não, se estamos falando de amor salvífico, porque Deus deseja a salvação dos perdidos. Porém, em outro sentido, há um amor especial de Deus pelo crente, semelhante ao amor especial de qualquer pai ou mãe por seus filhos. Mas esses dois níveis de amor não resultam em expiação limitada aos eleitos.

A próxima questão é se a redenção e a expiação são sempre eficazes, e se a salvação é sempre efetivada em todos os verdadeiros filhos de Deus. Uma vez que Deus escolheu todos os santos antes da criação, os calvinistas afirmam que apenas sua escolha soberana torna a salvação possível, portanto, a expiação é sempre completa em seus efeitos. Eu concordaria que é sempre eficaz nos verdadeiros *crentes*, mas somente quando se entregam ao Espírito e se encontram com Cristo. Mais uma vez, o sistema arminiano não elimina a graça de Deus, substituindo-a pelo livre-arbítrio do homem. A fé (e a decisão pela fé) é uma dádiva da graça de Deus e, por sua natureza, não é uma obra (Ef 2.8-9), mas um resultado do convencimento do Espírito (isto é, graça preveniente).

Um dos melhores argumentos para a visão da expiação definida é o de "dupla punição" (mencionado anteriormente).[252] Se Jesus foi o substituto dos pecados de toda a humanidade e se a expiação foi feita por todos, isso não significa que a humanidade pecadora sofrerá uma dupla condenação, primeiro na cruz e, depois, no julgamento final? Se Cristo se tornou o substituto dos pecados do mundo inteiro e propiciou a ira de Deus, então como é que algumas pessoas ainda acabam no inferno sob a ira de Deus? Se esse é o caso, então Deus está punindo injustamente todos esses pecados duas vezes — primeiro em Cristo e depois no pecador. É claro que a resposta arminiana não satisfará o calvinista, a saber, que a morte de Jesus pelo mundo possibilitou a expiação, mas só se torna eficaz quando aceita pela fé. Contudo, os dados bíblicos que temos visto se encaixam bem nesse entendimento: Jesus morreu por toda a humanidade (Rm 5.18; 1 Co 5.14-15; 1 Tm 2.4,6; Hb 2.9; 1 Jo 2.2), mas os pecados só são expiados quando a pessoa encontra o dom de Deus: a fé (Rm 3.27-4.19; Ef 2.8-9; Fp 1.29). Isso não é uma dupla

---

[252] Para essa abordagem, cf. Robert L. Reymond, *A New Systematic Theology of the Christian Faith*, 2nd ed. (Nashville: Nelson, 1998), p. 679-80.

punição, pois a expiação e o perdão não se realizam sem a fé salvadora, possibilitada pela graça preveniente. Os calvinistas se concentram na natureza eficaz da morte de Cristo para o mundo e na natureza irresistível de sua graça. Ambos são negados pelos arminianos, que afirmam que a morte de Cristo é suficiente para o mundo e eficiente apenas para o crente. Assim, a dupla punição só funciona dentro do sistema reformado da lógica.

Jesus intercede somente pelos eleitos (Jo 17.9; Hb 2.9) e garante a salvação deles, limitando a expiação apenas aos escolhidos? Essas passagens não dizem muito sobre isto. Em ambos os textos, a discussão é sobre a oração de Cristo pelos crentes, mas isso não significa que ele nunca interceda pelos incrédulos. Em todas as passagens que consideramos sobre o amor de Deus pelo mundo, Cristo como o "Salvador do mundo", e Cristo como morrendo por toda a humanidade, sugerem o contrário.

O Pai e o Filho buscam trazer todos para a salvação, mas há um amor peculiar e uma intercessão especial pelos verdadeiros filhos de Deus. Assim, também, não vejo razão na linguagem da igreja primitiva acerca do fato de Cristo se entregar como "resgate", ou pagamento, pela salvação exigindo uma natureza totalmente eficaz. Tanto no mundo antigo como hoje, as pessoas podem recusar pagamentos, e a decisão quanto à sua natureza eficaz é teológica (isto é, baseada no sistema teológico empregado) e não nas reivindicações reais dos textos bíblicos.

A evidência bíblica, tomada como um todo, enfatiza a visão de que Cristo morreu (a expiação foi feita) por toda a humanidade e é suficiente para todos, mas é eficaz somente para os eleitos, isto é, aqueles que Deus sabe que responderão ao Espírito e buscam sua salvação em Cristo e na cruz, chegando em fé a ele. A expiação é universal em sua intenção divina, embora apenas o salvo a experimente. Deus "quer que todas as pessoas sejam salvas" (1 Tm 2.4; 2 Pe 3.9). Finalmente, em ambos os lados da questão, é necessário muito mais humildade. Somos todos culpados de arrogância teológica, pensando que sabemos mais do que realmente sabemos. Eu tentei mostrar que ambos os sistemas são logicamente coerentes e que ambos os lados podem apelar para muitas passagens bíblicas em apoio à sua visão. Podemos buscar apenas uma declaração breve da doutrina que faça o melhor sentido dos dados tomados como um todo. Essa declaração melhor e mais holística, creio eu, é a expiação ilimitada.

Resposta de Carl Trueman

Grant Osborne está absolutamente correto ao ver a diferença entre as percepções calvinistas e arminianas sobre expiação como conectadas às diferenças muito mais amplas na Teologia. Assim como o debate entre batistas e pedobatistas, a discussão não pode ser promovida, e nem mesmo envolvida, pela simples troca de textos-prova ou da exegese isolada de tais textos. As questões que dividem são mais profundas (embora eu não acredite que impeçam a comunhão cristã) e realmente se conectam a uma compreensão muito mais básica do que a Escritura ensina sobre a salvação como um todo. De fato, estou inclinado a dizer que essa matéria é realmente tanto uma questão teológica quanto exegética em qualquer passagem estudada.

    Gostaria também de observar uma série de áreas que estamos de acordo, ou pontos nos quais ficaria feliz em trabalhar sua crítica à minha tradição reformada. Concordo com ele que uma visão da expiação universal não leva necessariamente ao pelagianismo ou ao universalismo. Certamente, o primeiro termo está muito sobrecarregado e, por que é quase sempre usado em um sentido pejorativo, é inútil ajudar na clareza da discussão. Arminianismo não é pelagianismo; se é mais apropriadamente descrito como semipelagianismo ou semiagostinianismo é algo de pouca importância, dado que nenhum termo é útil. Além disso, enquanto eu poderia argumentar que o Arminianismo, para alguns teólogos, exibe certas tendências em direção ao universalismo, é claro que a ênfase de Osborne sobre a necessidade da fé para a eficácia da expiação no indivíduo, exclui tal resultado. Tenho observado que Osborne e eu, não discordamos sobre o fato de que nem todos os homens serão salvos e que a fé consciente no Senhor Jesus Cristo é um pré-requisito para esta salvação.

Com isso em mente, parece-me que Osborne passa de uma declaração clara sobre as diferenças abrangentes entre o entendimento calvinista e arminiano da salvação, para uma análise de textos isolados nos quais ele exibe um medo daquilo a que ele se refere como "a lógica de um sistema" (p. 141). Certamente, a citação de Owen daria a impressão de que a noção de redenção particular e eficaz é construída sobre silogismos lógicos em vez do texto bíblico; mas no trabalho de Owen, o silogismo é um complemento a um argumento que é desenvolvido em bases exegéticas muito mais firmes. Também vale a pena notar que, enquanto *A morte da Morte* é a mais famosa declaração sobre a "expiação limitada", a obra está entre as primeiras de Owen. O sacerdócio de Cristo, cuja redenção é para Owen uma faceta, fascinou o puritano durante toda a sua vida e encontrou sua expressão suprema em sua obra — obra exegética — sobre a epístola aos Hebreus. Isso não quer dizer que Owen esteja certo ou errado; mas para afirmar que passar da exegese para a síntese doutrinária não é necessariamente subjugar a exegese à lógica de um sistema independente — uma crítica bem comum contra os reformados.

É difícil não ler a frase "lógica de um sistema" como pejorativa, implicando a existência de uma doutrina semelhante à cama de Procusto, em que os textos bíblicos devem ser forçados a se encaixar. No entanto, o ponto em toda exegese bíblica é que essa deve ter uma relação entre os textos e as perícopes individuais, com o ensino mais amplo das Escrituras ou a analogia da fé. Assim, no tratamento de 2 Coríntios 5.21 e Gálatas 3.13, Osborne comenta que ambas as passagens poderiam ser vistas como ensinando redenção particular se o "nós" for considerado como referindo-se aos eleitos, "contudo, isso não seria a ênfase de Paulo mas, nossa própria interpretação dependente de outras passagens que identificam os crentes como os eleitos. Essa passagem pode ser tratada de uma outra forma" (p. 141). Estou inclinado a dizer "Amém!" a isto e — reconhecendo a ambiguidade da passagem tomada isoladamente — conectá-la ao arcabouço doutrinário paulino e bíblico mais amplo, e dizer que isso elimina a ambiguidade. O problema aqui não é tão exegético e metodológico.

Quando chegamos à impressionante e completa compilação de textos relevantes de Osborne, devo alegar que o espaço significa que não posso oferecer uma refutação de cada um, mesmo que eu desejasse fazê-lo. Em vez disso, estarei focado em um punhado representativo e depois abordarei uma das maiores lacunas teológico-pastorais que vejo em seu ensaio.

A questão hermenêutica do texto isolado *versus* a estrutura teológica é evidente no tratamento de Gálatas 1.15 por Osborne. Ele corretamente comenta que o contexto é o chamado de Paulo para o ministério apostólico, e deseja fazer uma clara distinção entre isto e a conversão do apóstolo. No entanto, a questão é se tal distinção é justificada pelo texto. Nos versículos 13 e 14, Paulo descreve sua vida anterior como líder judeu, perseguindo os cristãos. Ele não parece distinguir entre sua conversão e seu chamado para o ofício apostólico aqui, trazendo um ponto que Osborne deseja tornar irrelevante. O chamado de Deus para Paulo — para Cristo e para o ofício apostólico — foi um ato soberano de Deus que não parece ter permitido resistibilidade por parte do apóstolo. De fato, aponta precisamente para aquele arcabouço teológico dentro do qual eu argumentaria que precisamos definir textos sobre a expiação. Simplesmente não se pode abordar textos sobre expiação isolando as questões mais amplas da graça e da eleição de Deus.

O problema da estrutura maior para interpretar passagens individuais, também, aponta para problemas linguísticos na defesa de Osborne. Logo no início, ele declara que os arminianos acreditam em depravação total. O uso da terminologia comum não significa concordância no conteúdo conceitual. Se assim não fosse, a Reforma nunca teria acontecido — católicos e protestantes concordavam com a adequação da linguagem da graça e de Cristo para caracterizar a salvação. Para a comunidade reformada, a depravação total exclui qualquer capacidade de alguém exercer fé de forma autônoma ou com a assistência da graça (resistível). Somente a graça irresistível assim o fará. Vemos essa imprecisão novamente quando Osborne afirma que essa resposta de fé, para um arminiano, não é uma obra para a salvação realizada pelo pecador. Esse é certamente o caso de uma perspectiva arminiana. Mas se essa resposta é autônoma ou o resultado da graça cooperativa, mas resistível, então, para os reformados, é uma obra que pode ser descrita como meritória, mesmo que apenas em um sentido instrumental.

Esse ponto é determinante para uma passagem como Efésios 2.8-9. A questão da graça é importante para o entendimento dessa passagem. Se alguém está comprometido com uma visão arminiana de salvação, é claro que a passagem não pode funcionar como evidência da eficácia da graça. O mesmo se aplica a outros versículos, incluindo Filipenses 1.29. O quadro teológico mais amplo deve ser analisado, caso tais versículos sejam usados com argumento sobre a eficácia da expiação.

O mesmo tipo de crítica aplica-se a grande parte do comentário de Osborne sobre passagens usadas para apoiar a expiação eficaz. Quando chegamos à questão da intercessão de Cristo, esse problema permanece, mas com preocupações teológicas e pastorais muito mais amplas.

Sobre a questão da distinção entre o amor geral por toda humanidade e o amor especial pelos eleitos, talvez seja um pequeno ponto, mas a historiografia de Torrance está incorreta. Não há espaço para analisar a história da relação entre as noções antipelagianas de salvação e a questão do amor de Deus, além disso, tanto Agostinho quanto os grandes teólogos medievais, como Tomás de Aquino, desenvolveram maneiras de distinguir textos relativos ao amor de Deus em seus aspectos salvíficos mais gerais e particulares. Isso se torna doutrinariamente importante, porque serve para responder às alegações sobre a novidade ou os efeitos negativos do aristotelismo sobre a Teologia cristã.

Mais uma vez, em um ponto da Teologia histórica, "sublapsarianismo" (mais comumente "infralapsariano"[253]) não é a crença de que Deus decretou que Cristo deveria morrer por todos os caídos, mas, sim, a crença de que Deus decretou a queda antes de decretar que Cristo fosse o mediador pelos eleitos. Portanto, felizmente isso se encaixa com o "calvinismo de cinco pontos" e, de fato, é geralmente aceito que a Confissão de Fé de Westminster é um documento infralapsariano; certamente, Francis Turretin, 'garoto propaganda' do calvinismo de cinco pontos, era um infralapsariano. Osborne deveria ter falado de "universalismo hipotético", e não de "sublapsarianismo".

Quando chegamos às passagens que falam de expiação universal, o mesmo problema hermenêutico observado anteriormente — a necessidade de uma estrutura ampla — torna-se evidente.

Em Isaías 53.6, a chave é: quem é o "nós" na passagem? A ressonância com o Dia da Expiação e a referência posterior no versículo 8, a "transgressão do meu povo", parecem apontar como uma referência específica ao povo de Deus em particular e não a todos em geral, apesar do comentário citado de Oswalt.

Dirigindo-se a Ezequiel 33.11, Osborne cita John Piper, mas discorda, vendo essas duas vontades de Deus como falando da sua graça suficiente para que qualquer um seja capaz de recorrer a ele se assim desejar. Mais uma vez, a questão do quadro hermenêutico-teológico mais amplo é

---

[253] Trueman se vale da classificação de Millard Erickson. Mas Erickson erra ao classificar como sinônimas as categorias "infralapsarianismo" e "sublapsarianismo". Para maiores detalhes sobre as diferenças entre os sistemas, ver Lewis Sperry Chafer, *Systematic Theology*. (Grand Rapids: Kregel Publications, vol. 3, p. 178-82). [N. do E.]

importante aqui. Como essa noção do amor de Deus se conecta à eleição de Jacó e não à de Esaú, por exemplo? Ou, de fato, aos mandamentos relacionados ao genocídio quando os israelitas entram na terra prometida? Esses são, sem dúvida, textos difíceis, particularmente tendo em conta as sensibilidades éticas modernas, mas apontam para as complexidades teológicas mais profundas envolvidas na discussão do amor de Deus. De fato, pode-se acrescentar também que as tensões que Osborne vê no entendimento de Piper sobre o amor de Deus são semelhantes às tensões do seu próprio entendimento sobre o significado de "tirar" em João 1.29, no qual os pecados de todos os homens são removidos potencialmente, mas eficazmente apenas para os crentes. O Cordeiro de Deus, portanto, não "tira" os pecados de ninguém, como João Batista diz que faz. Ele apenas torna isso meramente possível. Essas são duas coisas muito diferentes.

Em outras áreas não tenho nenhuma discordância real com Osborne, além das conclusões que trouxe. Assim, sobre a questão da proclamação universal do evangelho, eu concordo e, de fato, procuro semana após semana fazer isso no púlpito da minha igreja, sempre insistindo a todos os incrédulos que estão presentes a aceitarem a Cristo. No entanto, não vejo a lógica dessa obrigação do chamado como pressupondo capacidade de quem ouve. Todos devem pagar impostos, por exemplo; a incapacidade não é desculpa diante da lei, mesmo que seja uma realidade poderosa e decisiva. Além disso, o fato de que a Escritura indica que a falha em crer é um motivo de danação, mais uma vez, é algo com o qual não tenho discordância. No entanto, eu não veria isso como exigindo a ideia de que qualquer indivíduo pudesse, com a ajuda da graça meramente cooperativa, chegar à fé.

O breve tratamento sobre a intercessão celestial de Cristo é o ponto em que acho a resposta de Osborne mais deficiente. Para mim, aqui parece que as implicações pastorais de qualquer Teologia mais ampla tornam-se imediatamente relevantes.

Osborne corretamente vê a oração sacerdotal de João 17 como importante para a noção de redenção particular e eficaz. No entanto, ele hesita em ver a oração como sendo tão restritiva e cita uma série de outros textos para suavizar a particularidade. Os textos que Osborne menciona como uma defesa do escopo mais universal da intercessão de Cristo são todos aqueles que um calvinista contestaria o significado universal. Ademais, podemos notar que a oração ocorre no evangelho de João, no qual a linguagem de "mundo" é comum e estaria disponível. Contudo, Cristo não a usa, e isso é certamente significativo. Se Cristo quis indicar que orou como sacerdote pelo mundo de alguma forma, por que fazer uma declaração tão restritiva? Somos tentados a usar a linguagem da "lógica de um sistema" para explicar a interpretação arminiana nesse ponto.

No entanto, deixando de lado esses textos, parece importante fazer pelo menos duas coisas que Osborne não faz, para um entendimento do que Cristo está dizendo na passagem. Primeiro, é importante definir a oração sacerdotal de Jesus dentro do contexto do sacerdócio histórico. O que constitui a intercessão sacerdotal é determinado pela ação sacerdotal dos levitas no Antigo Testamento, que agem em nome do povo de Deus, não das nações que os rodeiam. Esse é um claro elemento delimitador. Além disso, a ação da intercessão sacerdotal está ligada ao sacrifício: a oração do sumo sacerdote do Antigo Testamento deve ser entendida como fundamentada nos sacrifícios que ele faz. O mesmo é verdade com Cristo, que permanece como o último e perfeito sacerdote.

Em segundo lugar, precisamos perguntar sobre a maior questão teológica da intercessão, uma vez que está ligada à relação entre o Pai e o Filho. De importância premente aqui é a ideia de que o Filho pode interceder por algo que o Pai não pode ou não vai lhe dar. Isso tem implicações para o modo como a relação entre o Criador e a criação é estruturada, apontando para uma forte posição de teísmo do livre-arbítrio, que pode evitar alguma forma de determinismo apenas limitando o poder de Deus e seu conhecimento do futuro. Se Pai e Filho desejam a mesma coisa, a vontade humana tem que ser o fator discriminador.

Mais significativamente, se o Filho pede algo que o Pai não deseja, ou não põe em prática, então isso também tem significado para o relacionamento entre o Pai e o Filho. Se ambos são Deus, consubstancialmente — usando a terminologia de Niceia — então a noção de que o Filho pode pedir algo que deseja, mas que o Pai não quer conceder, é altamente problemática. Isso leva a uma divisão entre o Pai e o Filho que enfraquece o Filho como uma revelação do Pai, enfraquece a base para a confiança cristã e, de fato, enfraquece o fundamento para a oração cristã.

Para ser claro: para o assim chamado "calvinista de cinco pontos", não é a natureza eficaz da expiação que é fundamental; é a natureza eficaz da mediação de Cristo como um todo. O crente pode ter confiança em Deus, por saber que tem alguém assentado à direita de Deus-Pai e vive para fazer intercessão por ele. Por si mesmo, é claro, isto não é um fundamento suficiente para a confiança. O que o torna uma base suficiente é que o Filho pede ao Pai somente pelo que o Pai já deseja conceder-lhe. Essa não é a lógica de

Aristóteles, mas sim as implicações de uma cristologia nicena e católica; implicações profundamente práticas e pastorais.

Nas considerações de Osborne sobre a intercessão de Cristo, até mesmo a oração particular de Jesus por aqueles que o Pai lhe deu deve ser atenuada de tal maneira que não seja uma intercessão por aqueles que o Pai lhe deu, mas uma oração mais geral acerca do "mundo". Quando eu prego para a congregação e aponto para Cristo, eu o faço àquele que ora especificamente pelos meus ouvintes e que intercede por eles de forma eficaz. Não estou tão certo se poderia fazer isso, caso a particularidade da intercessão celestial precisasse ser entendida de tal forma que não refletisse os desejos mais profundos do Pai ou de quem o faz, mas de uma maneira tão geral e ineficaz que não pode realmente ser o fundamento para a confiança de que essa oração será eficazmente respondida.

Resumindo, o ensaio de Osborne certamente me deu muito o que pensar, particularmente na exegese de versículos específicos. Mas não conseguiu me convencer de que minha posição é fundamentalmente insustentável por que não aborda as questões hermenêuticas mais amplas em relação à soteriologia como um todo. Assim, os textos são apresentados como ambíguos ou como servindo potencialmente para o calvinista ou o arminiano, sem amplo desenvolvimento necessário para uma decisão de qual interpretação é mais válida. Além disso, as implicações teológicas e pastorais de todo o esquema arminiano à intercessão de Cristo, particularmente quando servem para despojar João 17 de seu significado, são devastadoras tanto para a cristologia ortodoxa quanto para a aplicação pastoral.

Resposta de John Hammett

Gostaria de começar essa resposta reconhecendo uma dívida que suspeito compartilhar com muitos dos ex-alunos de Grant Osborne. Há muitos anos, gosto de lembrar que sentei-me em uma classe do Novo Testamento lecionada pelo Dr. Osborne. Minha mais clara lembrança dessa aula é a excepcional imparcialidade e generosidade de espírito com a qual ele apresentou as perspectivas diferentes da sua. Sou grato a ele por esse exemplo, que procurei imitar em meu próprio ensino e escritos.

Ele continua mostrando esse espírito justo e generoso em sua apresentação em favor da expiação ilimitada. Antes de defender seu próprio ponto de vista, ele dedica quase metade de seu capítulo para rever os argumentos à visão oposta, à redenção particular.[254] Refletindo sua orientação como um erudito do Novo Testamento, Osborne foca principalmente nos textos do NT reivindicados em apoio à expiação limitada e conclui: "Existe uma matriz formidável de material bíblico apoiando a doutrina da expiação limitada". Na verdade, ele afirma ainda: "Devo admitir que, depois de examinar todas as evidências mais profundamente do que nunca, aprecio essa visão mais do que jamais imaginei ser possível" (p. 159).

Claro, eu concordo com grande parte de sua avaliação dos textos bíblicos em apoio à expiação definida, mas vou além disso ao ver razões adicionais para afirmar uma intenção particular ou definida em minha abordagem das múltiplas

---

[254] Nessa resposta, estarei usando as expressões "redenção particular", "expiação limitada" e "expiação definida" como sinônimos, como Osborne e a maioria dos livros fazem.

intenções da expiação, razões discordantes da perspectiva wesleyana-arminiana de Osborne. Por exemplo, Osborne observa que a maioria dos teólogos arminianos concorda com os reformados ao aceitar a doutrina da depravação total, levantando a questão de como alguém totalmente depravado chegaria à fé em Cristo. A Teologia reformada resolveu essa questão pela doutrina da eleição; os arminianos, por outro lado, colocam a graça preveniente universal, que torna possível a todos que "vençam o poder das limitações da sua depravação e façam uma escolha" (p. 128), uma escolha de depositar fé em Cristo. Assim, as diferentes maneiras pelas quais os teólogos reformados e arminianos resolvem o problema levantado pela depravação total os inclinam respectivamente a uma visão particular (eleição particular e não universal) ou a uma visão universal (graça preveniente universal).

Osborne, portanto, vê uma conexão entre a doutrina da eleição e a visão da expiação de alguém. Concordo que pode haver alguma conexão, mas ela é enfraquecida pelo fato de que os calvinistas de quatro pontos concordam com seus irmãos reformados sobre a doutrina da eleição, mas caminha lado a lado dos arminianos na questão da extensão da expiação. Osborne reconhece isso, mas ainda quer manter a importância da visão sobre a eleição para o entendimento da expiação. Falando sobre calvinistas de quatro pontos e arminianos, ele diz: "O ponto final é semelhante, mas o ponto de partida é radicalmente diferente" (p. 131).

Pelo menos no meu caso, Osborne pode ter esse ponto de vista. Minha percepção sobre depravação e eleição moldou o meu pensamento acerca da expiação. Eu não vejo uma base clara para a graça preveniente universal. Assim também, não vejo fundamento convincente para a defesa arminiana de uma eleição baseada na presciência de Deus dos que escolherão a fé. Minha visão da eleição incondicional introduz um elemento de particularidade em minha perspectiva da salvação, e é consistente com uma abordagem particularista da expiação. Entretanto, diferentemente de Carl Trueman e da maioria dos defensores da expiação definida, não creio que uma intenção particular na expiação seja inconsistente com uma intenção universal.

De qualquer maneira, Osborne trabalha mediante o apoio bíblico para a redenção particular, examinando textos que descrevem Cristo como morrendo por seu povo (Mt 1.21), suas ovelhas (Jo 10.11), seus amigos (Jo 15.13), a igreja (At 20.28; Ef 5.25-27) e "nós" (Rm 8.32; Ef 1.4-7) — referindo-se aos crentes. Mas como os críticos da expiação definida frequentemente notaram, os textos não dizem que Cristo morreu apenas por seu povo, suas ovelhas, sua igreja. Osborne até cita Douglas Moo, que, apesar de calvinista, diz sobre Romanos 8.32: "observe, no entanto, que o texto não diz *'somente'* por todos vocês crentes".[255] Ainda assim, Osborne permite que os textos tragam um forte argumento de "que a extensão da expiação pode ser reduzida ao povo de Deus" (p. 137). Concordo com ele e iria até um pouco mais longe. Alguns textos vão além da afirmação de que Cristo morreu apenas por um grupo particular; tais passagens afirmam que ele *salvou* um grupo particular. E essa obra de Cristo é definida, particular e limitada. Isto leva Osborne ao próximo argumento de apoio à redenção particular.

Osborne examina textos que os defensores da expiação definida usam para argumentar que "Cristo morreu para realmente *realizar* expiação, não apenas para torná-la

---

[255] Moo, *The Epistle to the Romans*, p. 540, ênfase no original.

possível" (p. 137; ênfase no original). Ele vê isso como "a questão principal". Cita principalmente passagens de Paulo, concluindo com os textos de Efésios 1.7, Colossenses 1.14 e 2.14. Osborne diz que essas últimas três passagens "ensinam claramente a eficácia da salvação de Deus em Cristo", mas questiona se tal eficácia "deve estar vinculada com as doutrinas da eleição e expiação limitada" (p. 144). Em sua opinião, a eficácia da salvação não é limitada pela intenção particular de Deus do que a morte de Cristo realizará, mas pela escolha humana de fé. É eficiente apenas para aqueles que creem, cuja escolha é pré-conhecida por Deus e é a condição para a eleição divina. Novamente, enquanto o espaço não permite um exame completo dessa questão, considero o argumento da eleição incondicional muito forte[256] e, assim, vejo Osborne reconciliando esses versículos com a expiação ilimitada de forma insatisfatória. A natureza eficaz da expiação de Cristo parece exigir uma intenção definida ou particular; Cristo não apenas torna a salvação possível; ele *salva* alguns.

Osborne trata menos dos argumentos de que "a obra intercessora de Cristo é limitada aos eleitos", que Jesus morreu "como 'resgate de muitos' (mas não de todos)", e que "a entrega do Pai é sempre eficaz". Conclui sua apresentação dos textos em apoio à redenção particular com uma pesquisa de cinco passagens usadas como argumento sobre um "amor especial pelos eleitos" (p. 156ss). Como mencionado anteriormente, ele encerra com uma declaração generosa sobre

---

[256] A defesa da expiação eleição incondicional foi muito bem feita por Sam Storms, *Chosen for Life: The Case for Divine Election* (Wheaton: Crossway, 2007). Para uma comparação com outras visões de eleição, cf. Chad Owen Brand, ed., *Perspectives on Election: Five Views* (Nashville: B&H Academic, 2006).

o forte apoio bíblico dos argumentos da expiação limitada, porém, depois passa para a sua defesa da expiação ilimitada.[257]

A maioria dos argumentos da expiação indefinida é textual, baseada em textos bíblicos que parecem ensinar explicitamente que Cristo morreu por todos, isto é, por todas as pessoas sem exceção, não apenas por todos os tipos de pessoas sem distinção. No entanto, enquanto a evidência bíblica é o ponto focal, Osborne acrescenta a afirmação teológica de que a justiça de Deus requer que enxerguemos um aspecto universal da expiação.

Ele começa com dois conjuntos de passagens (2 Pe 3.9 e Jo 1.4, 7,9) para argumentar que "a vontade salvífica universal de Deus aponta para a expiação universal" (p. 161), mas se move rapidamente para a seção principal de seu argumento, consistindo de quase vinte passagens com linguagem universal que apontam para a expiação ilimitada. Embora nem todas as passagens citadas sejam igualmente claras, muitas apoiam fortemente Osborne e a sua visão de expiação. Em particular, as passagens de "mundo" no evangelho e na primeira carta de João (como Jo 1.29; 3.17; 1 Jo 2.2) e os "todos" das passagens de Paulo (como 2 Co 5.14-15, 19; 1 Tm 4.10) que parecem difíceis de encaixar com uma visão de expiação definida.

Osborne observa diferentes maneiras pelas quais os calvinistas procuram entender "mundo" e "todos" em um sentido limitado, mas, nesse ponto, não estou tão certo de que ele representou os defensores da expiação definida com precisão.

---

[257] As expressões "expiação universal" e "expiação ilimitada" são entendidas e usadas como sinônimos neste ensaio.

Ele diz: "Alguns hipercalvinistas interpretam "todos" como significando não todas as pessoas". Ele não cita quaisquer fontes para essa afirmação, e o argumento de que "todos" deve ser entendido como "todos sem distinção" e não como "todos sem exceção" é o que eu chamaria de visão dominante entre os defensores contemporâneos da expiação definida, não uma interpretação característica dos hipercalvinistas.[258] Além disso, ele não acha suficientemente boa a explicação comum do "mundo" como simplesmente uma maneira de se referir a judeus e gregos. Ainda acho que esse argumento textual para a expiação universal é forte e persuasivo, e a razão pela qual incluo uma intenção universal em minha perspectiva. Por exemplo, se supormos, por um momento, que os escritores bíblicos queriam comunicar que Cristo morreu por todos (isto é, todos sem exceção, expiação universal) que linguagem eles deveriam ter usado para falar isto? Acho que eles teriam usado exatamente a linguagem que encontramos na Bíblia: mundo e todos. A interpretação mais provável das passagens, que Osborne cita, apoia a expiação ilimitada.

Acho interessantes os três casos de interpretação mencionados por Osborne que chegam perto de apoiar uma visão de múltiplas intenções, ou seja, a perspectiva que defendo, mas Osborne não prossegue em tais textos

---

[258] Por exemplo, muitos dos contribuidores usam esse argumento no excelente livro *Do céu Cristo veio buscá-la: A expiação definida na perspectiva histórica, bíblica, teológica e pastoral*, ed. David Gibson e Jonathan Gibson (SJC: Fiel, 2017). Lamento que esse livro tenha chegado muito tarde para incluir minha interação com a obra em meu ensaio. Discussões futuras sobre a expiação definida terão que lidar com os argumentos desse livro, embora nenhuma, creio eu, refute a minha visão de múltiplas intenções.

com a minha mesma conclusão, provavelmente porque sua visão sobre a eleição não permitiria isso. Primeiro, em sua discussão sobre 2 Coríntios 5.14-15, 19, ele cita Murray Harris como o comentarista que "dá a melhor opção: há um sentido mais amplo de expiação universal nas frases "todos", e, assim, Paulo a restringe aos santos" (p. 172).[259] Em segundo lugar, em relação a 1 Timóteo 4.10 ele argumenta que "o entendimento mais natural do versículo está nos dois níveis da obra divina em favor: (1) de todos homens e (2) "especialmente" para os crentes. Em terceiro lugar, ele defende tanto a universalidade e particularidade em 1 João 2.2: considerar esses dois níveis é algo importante; a morte de Cristo torna a redenção disponível para todos, mas apenas aqueles que creem a experimentam" (p. 177).

Osborne continua a defender a expiação universal, citando textos que expressam essa expiação como resultado do amor universal de Deus, e em textos que argumentam eu muitos por quem Cristo morreu, perecerão finalmente (2 Pe 2.1 parece particularmente um texto problemático para expiação definida). Assim, ele para um tipo de argumentação que acho menos convincente. Essa proposta de Osborne é trabalhada em textos que argumentam que o "Evangelho deve ser universalmente proclamado" (p. 181), mas tais passagens não são um problema para os defensores da expiação definida. Eles podem apontar para Apocalipse 5.9 como indicando que Cristo morreu por alguns (não todos) de "toda tribo e língua, povo e nação", mas nós não sabemos quem eles são. Então, proclamamos o evangelho a todos.

---

[259] Osborne refere-se a Murray J. Harris, *The Second Epistle to the Corinthians: A Commentary on the Greek Text*, NIGTC (Grand Rapids: Eerdmans, 2005), p. 420-21.

Assim, esse argumento não é muito forte. Da mesma forma, não vejo como os textos que apresentam os pecadores como "incrédulos cuja rejeição a Cristo levou-os à condenação" (p. 184), constitua um argumento para a expiação ilimitada.

Por fim, Osborne defende-se da acusação de que sua visão pode ser acusada de pelagianismo ou de universalismo. Além disso, a Teologia arminiana é defendida da acusação em torno da graça preveniente. A segunda acusação — de que a expiação ilimitada conduz logicamente à salvação universal — é mais séria e está por trás do argumento clássico de "dupla punição" elaborada por John Owen.[260] A alegação é que se Jesus morresse pelos pecados de todos, então Deus não poderia mandar ninguém para o inferno; ele estaria punindo injustamente os mesmos pecados duas vezes. Assim, a acusação feita é de que a expiação universal leva à salvação universal. Osborne reconhece isso como "um dos melhores argumentos para a expiação definida" (p. 191). Ele oferece uma defesa afirmando que "a morte de Jesus pelo mundo possibilitou a expiação, mas só se torna eficaz quando aceita pela fé" (p. 191).

Osborne resume seu argumento como tendo apresentado quatro pontos: (1) o amor de Deus estende sua vontade salvífica a todas as pessoas e, assim, a morte de Cristo é por todo o mundo; (2) é afirmado na Bíblia que alguns por quem Cristo morreu, perecerão — o que significa que Cristo não morreu apenas pelos eleitos, mas também pelos

---

[260] John Owen, *The Death of Death in the Death of Christ*, vol. 10 in *The Works of John Owen*, ed. William Goold (Avon, Great Britain: Johnstone & Hunter; reprint, Carlisle, PA: Banner of Truth Trust, 1967), p. 173-74. (N. do T.: O livro já está traduzido em português em uma edição mais resumida; cf. John Owen, *Por quem Cristo morreu?* São Paulo: Publicações Evangélicas Selecionadas, 2011).

incrédulos; (3) a grande comissão de proclamar o evangelho universalmente mostra que a expiação deve ser universal; e (4) a descrença é um resultado da escolha. Desses quatro, vejo apenas que os dois primeiros pontos realmente defendem a expiação ilimitada. O terceiro significa apenas que Cristo deve ter morrido por alguns de cada "tribo e língua e povo e nação" (Ap 5.9), algo que todas as visões afirmam. A quarta relaciona-se mais com visões diferentes sobre a soberania divina e a responsabilidade humana, que são relacionadas, mas não demasiadamente importantes, à questão da extensão da expiação.

Acredito que uma das virtudes da visão de múltiplas intenções é que esta permite afirmar os pontos mais fortes de ambas as posições concorrentes. Os textos que descrevem a morte de Cristo por *todos* — pelo mundo, até mesmo por alguns que perecem — constituem um forte argumento em favor de uma intenção universal na expiação, e eu confirmo sua interpretação desses textos. Mas como o próprio Osborne diz, há também fortes evidências bíblicas que favorecem a expiação definida. Ele apenas acha que sua visão faz mais justiça "a todos os dados bíblicos" (p. 189) ou "é biblicamente mais viável" (p. 189). No entanto, convém perguntar se tal abordagem que, não incorpora os dados de intenções universais e particulares ainda faz *mais* justiça a todos os dados bíblicos e é biblicamente *mais* viável?

Os pontos mais importantes que me separam do Dr. Osborne parecem ser nossas opiniões divergentes sobre a eleição, além das diferenças sobre a eficácia da expiação. Ele vincula as visões da expiação com a eleição em todo o seu ensaio, e está correto em um ponto: não conheço ninguém com uma visão condicional da eleição que também defenda a expiação definida. Em outras palavras, todos os defensores da expiação definida também mantêm uma visão calvinista sobre a eleição. Mas nem todos os que se apegam a uma visão calvinista da eleição afirmam a expiação definida, e Osborne de fato se refere a calvinistas de quatro pontos, que trazem algo semelhante sobre a extensão da expiação, porém, ele vê o ponto de partida desses calvinistas como "radicalmente diferentes" (p. 131). A diferença está no que torna a expiação eficaz. Para Osborne, deve ser a escolha da fé do indivíduo. Sim, essa escolha é possibilitada pela graça preveniente, mas essa graça é dada a todos. O que faz a diferença é que alguns indivíduos respondem positivamente à graça preveniente e outros não. A escolha da fé do indivíduo, finalmente, determina a eficácia da expiação. Osborne parece pensar que qualquer outra visão põe em questão a justiça ou o amor de Deus.

Para o calvinista, o que torna a expiação eficaz é, em certo sentido, a escolha da fé do indivíduo, mas, por trás dessa escolha, há a manifestação da ação eletiva de Deus. Ele emite um chamado eficaz; exerce graça irresistível; trabalha internamente para dar vida a um morto em delitos e pecados. Ademais, acrescentaria aqui, que Deus usa o poder transformador e de atração da cruz para aplicar o que foi objetivamente alcançado no calvário, e realiza também subjetivamente no coração do indivíduo. Essa obra eletiva de Deus é de natureza particular.

As últimas palavras de Osborne novamente lembram aquele modelo que me foi dado quando ainda era estudante iniciante de Teologia: "em ambos os lados da questão, é necessário muito mais humildade. Somos todos culpados de arrogância teológica, pensando que sabemos mais do que realmente sabemos" (p. 193). Eu acho que o Dr. Osborne é certamente menos culpado do pecado da arrogância teológica do que a maioria—certamente menos do que eu. Trabalhar através de todo o seu ensaio foi uma lembrança refrescante de seu exemplo, e minha crítica de seu trabalho é oferecida naquele espírito de humildade. Que Deus continue a revelar mais luz e verdade de sua santa palavra a todos nós.

CAPÍTULO 3

O PONTO DE VISTA DAS MÚLTIPLAS INTENÇÕES NA EXPIAÇÃO

John Hammett

Introdução

Inicialmente, devo confessar que aceitei o convite para participar deste debate com alguma hesitação e relutância por três razões. Primeiro, alguns podem questionar a importância deste debate. Afinal, os evangélicos desfrutam de um forte acordo em outros aspectos mais centrais da *natureza* da expiação. Por exemplo, entre os evangélicos existe pelo menos um acordo generalizado sobre a substituição como um elemento importante da expiação. Há também uma forte concordância acerca da *necessidade* da expiação como a base indispensável para o perdão de pecados. Existe até uma ampla convergência sobre a *suficiência* da expiação: não precisa ser suplementada por nenhuma obra humana, e é de valor suficiente para a salvação de toda pessoa. Em um mundo onde todos esses pontos importantes estão sob ataque em contextos não evangélicos ou não cristãos, alguns podem questionar a importância deste debate.

Segundo, enquanto há abundante ensinamento bíblico sobre alguns aspectos da expiação (tais como sua natureza, necessidade e suficiência), em contraste, o ensino bíblico sobre a extensão da expiação não é tão abundante ou clara. Wayne Grudem nos adverte:

> As Escrituras em si nunca apontam isso como uma doutrina de grande importância, nem uma vez se torna o assunto de qualquer discussão teológica explícita. Nosso conhecimento da questão vem

apenas de referências incidentais em passagens cuja preocupação é com outras doutrinas ou assuntos práticos... Existe muito pouco testemunho da Escritura sobre essa questão.[261]

Alguns podem questionar a possibilidade de manter um debate mesmo quando a evidência é tão escassa e suscetível às várias possíveis interpretações.

Finalmente, fui tão pessoalmente enriquecido por aqueles em todos lados desta controvérsia que parece quase mesquinho criticá-los em um ponto tão estreito. A igreja em que cheguei a fé e o pastor que foi meu primeiro mentor teológico foram ambos decididamente arminianos, e sou eternamente grato a eles pelo impacto positivo em minha vida. Ademais, na maior parte da minha vida adulta, tenho sido alimentado por aqueles no campo reformado, especialmente J. I. Packer, um dos mais fortes defensores da expiação limitada. Sou grato a muitos dos dois lados deste debate, e gostaria de dar preferência a agradecimentos, em vez de críticas. Minha própria confissão denominacional batista tem defensores de ambos os entendimentos da expiação (gerais e particulares da expiação), uma diferença que tem durado agora por quatro séculos e não mostra sinais de que irá desaparecer. Alguns podem questionar a sabedoria ao ler alguém defendendo esse tópico da teologia. Será que isso realmente levará a uma maior compreensão ou apenas a um aprofundamento divisor e suspeito?

---

[261] Wayne Grudem, *Systematic Theology: An Introduction to Biblical Doctrine* (Grand Rapids: Zondervan, 1994), p. 603. Timothy George nota que dos cinco pontos do Calvinismo, a expiação limitada é o "menos proeminente nas Escrituras" (*Amazing Grace: God's Pursuit, Our Response*, 2nd ed. [Wheaton; Crossway, 2011], p. 92).

Apesar dessas reservas significativas, após reflexão, as razões que justificam este projeto e minha participação no livro, ainda pareceu mais atraente. Em primeiro lugar, o debate não vai longe. Nos círculos batistas e evangélicos mais amplos, o ressurgimento da teologia calvinista significa que a discussão dos cinco pontos do calvinismo, incluindo a expiação limitada, está acontecendo e se intensificando. A única questão agora é se esse debate será conduzido informalmente, com posições apresentadas de forma incompleta ou imprecisa, ou mais formal, com apresentações mais completas de suas variações, incluindo o direito de interação entre os defensores dos diferentes pontos de vista, tratados neste livro.

A segunda razão para um livro como este é simplesmente a falta de qualquer proposta semelhante. Enquanto existem inúmeros livros defendendo uma das várias posições, algumas que apresentam posições opostas, estou ciente de que nenhum livro permite defensores de cada uma das principais posições apresentarem suas próprias visões e que façam perguntas aos colegas que defendem perspectivas diferentes. Um leitor perspicaz pode se perguntar se até o calvinista mais objetivo pode apresentar a posição arminiana tão fortemente quanto alguém que realmente crê nessa posição (e o mesmo seria verdade das outras posições); aqui essa dúvida não existe. Cada posição é apresentada em toda a sua força por alguém que acredita firmemente nisto. Além disso, o formato de debate (ponto e contraponto) permite aos leitores ver os pontos fortes e fracos de cada posição, como destacados pelos participantes deste livro.

Em terceiro lugar, fiquei entristecido com a "retórica excessivamente implacável"[262] frequentemente encontrada

---

[262] Andrew David Naselli, ao oferecer dez sugestões para evitar o cisma doentio nesta questão, usa essa frase para o tipo de retórica

em todos os lados deste debate. É verdade que há sérias diferenças entre os colaboradores deste livro sobre questões como a natureza de Deus, a natureza do homem, e até mesmo a natureza da obra expiatória de Cristo, mas já temos observado que as áreas importantes e significativas, de acordo entre esses teólogos, devem, também, ser consideradas. "Em certo sentido, ou seja, na maior parte das vezes, é apenas uma disputa 'doméstica' *entre membros da mesma família*".[263] Espero que este livro possa ser um bom modelo de como esses parentes podem discordar uns dos outros de maneira que honre a Cristo, e agradeço a oportunidade de participar.

Finalmente, embora reconheça a natureza incompleta do ensino bíblico sobre esta questão, ainda entendo que há uma posição que faz consideravelmente mais sentido em todo o material relevante do que as outras, e acredito que posso elaborar um argumento persuasivo para isso. Mas tenho certeza de que meus colegas também sentem o mesmo acerca dos seus próprios posicionamentos. Portanto, que o leitor decida!

Definindo Termos

É instrutivo notar que há até mesmo alguma discordância sobre a *questão* discutida entre os participantes deste debate. Enquanto a maioria dos teólogos trata esse tópico sob o título

---

encontrada na famosa defesa da expiação limitada em John Owen, e encoraja os cristãos a abandonar tal retórica ("John Owen's Argument for Definite Atonement in *The Death of Death in the Death of Christ*: A Summary and Evaluation", *The Southern Baptist Journal of Theology* 14, no. 4 [Winter 2010]: 60-82).

[263] Terry Miethe, "The Universal Power of the Atonement," in *The Grace of God and the Will of Man: A Case for Arminianism*, ed. Clark Pinnock (Minneapolis: Bethany House, 1989), p. 91, ênfase original.

de extensão da expiação, a questão-chave é identificada como o desígnio ou a intenção de Deus na morte de Cristo. Louis Berkhof tenta esclarecer e especificar a questão da seguinte forma:

> A questão que nos interessa nesta altura não é (a) se a satisfação dada por Cristo foi em si mesma suficiente para todos os homens, uma vez que todos admitem isto; (b) se os benefícios salvíficos são realmente aplicados a todos os homens, pois a grande maioria dos que ensinam a salvação universal não acredita que todos sejam de fato salvos; (c) se a oferta *bona fide* (de boa-fé) da salvação é feita a todos os que ouvem o evangelho, com a condição do arrependimento e fé, visto que as igrejas reformadas (calvinistas) não a questionam; nem (d) se algum fruto da morte de Cristo beneficia os não eleitos em virtude da sua estreita associação com o povo de Deus, pois isto é ensinado explicitamente por muitos eruditos reformados (calvinistas). Por outro lado, a questão se relaciona com a finalidade da expiação. Quando Deus enviou Cristo e quando ele veio ao mundo para fazer expiação pelo pecado, *fizeram isto com a finalidade ou propósito de salvar somente os eleitos, ou todos os homens?* Essa, e só essa, é a questão.[264]

---

[264] Louis Berkhof. *Teologia Sistemática*. São Paulo: CEP, 2009, p. 387-88.

Mais sucintamente: Por quem Cristo morreu?[265] Essa será a questão central examinada neste ensaio, mas ao fazê-lo, quero considerar alguns pontos que Berkhof coloca de lado, pois imprecisamente assume um acordo universal sobre eles.

Por exemplo, alguns acreditam que os defensores da expiação definida não podem afirmar logicamente a suficiência da expiação de Cristo por todos.[266] Outros veem uma inconsistência entre expiação e uma oferta genuína do evangelho a todos.[267] Outros ainda acham que Berkhof limita desnecessariamente a questão ao escolher um ponto ou outro, ou mantém uma dicotomia nessas posições. É possível relacionar a expiação e a eleição com os "todos" da Bíblia,

---

[265] Cf., por exemplo, o título do livro neste tópico por R. B. Kuyper, *For Whom Did Christ Die? A Study of the Divine Design of the Atonement* (Grand Rapids: Eerdmans, 1959).

[266] Norman Douty, *The Death of Christ*, rev. ed. (Irving, TX: Williams & Watrous, 1978), p. 40, e David L. Allen, "The Atonement: Limited or Universal?" in *Whosoever Will: A Biblical-Theological Critique of Five-Point Calvinism*, ed. David L. Allen e Steve W. Lemke (Nashville: B&H Academic, 2010), p. 64, dizem que a expiação definida pode afirmar apenas uma suficiência intrínseca, hipotética, em oposição a uma suficiência extrínseca, real. Thomas J. Nettles, *By His Grace and for His Glory: A Historical, Theological, and Practical Study of the Doctrines of Grace in Baptist Life* (Grand Rapids: Baker, 1986), p. 302-5, apesar de ser um defensor da expiação definida, concorda que uma limitação na intenção significa uma limitação na suficiência. Ele reconhece que essa é uma visão minoritária no campo da expiação definida.

[267] Roger E. Olson, *Against Calvinism* (Grand Rapids: Zondervan, 2011), p. 137, argumenta: "A crença numa expiação limitada, redenção particular, torna racionalmente impossível o fazer uma oferta sincera do evangelho da salvação a todos indiscriminadamente". Allen ("The Atonement", p. 97s, 102), e Kenneth Keathley (*Salvation and Sovereignty: A Molinist Approach* [Nashville: B&H Academic, 2010], p. 207-8), expressam uma preocupação semelhante.

mas em diferentes sentidos?[268] Poderia o poder da expiação se estender até mesmo ao cosmos?[269] Muitos dos defensores da expiação definida, como John Murray, reconhecem que uma variedade de benefícios da graça temporal, ou comum, fluem para todas as pessoas na morte de Cristo, mas como Berkhof anteriormente, eles insistem que tais benefícios não é a questão neste debate.[270] Este ensaio defende uma abordagem de múltiplas intenções na expiação e, portanto,

---

[268] Assim também, Augustus H. Strong, *Systematic Theology* (Valley Forge: Judson, 1907), p. 771-73; Robert Lightner, *The Death Christ Died: A Biblical Case for Unlimited Atonement*, 2nd ed. (Grand Rapids: Kregel, 1998), p. 46-47; Gordon Lewis e Bruce Demarest, *Our Primary Need, Christ's Atoning Provision*, vol. 2 of *Integrative Theology* (Grand Rapids: Academie Books, 1990), p. 409-10. Vários defensores da expiação limitada acreditam que podem dizer: "Cristo morreu por todos", mas em um sentido diferente daquele em que ele morreu pelos eleitos. Cf. Robert Dabney, *Systematic Theology*, 2nd ed. (St. Louis: Presbyterian Publishing; reprint, Edinburgh: UK and Carlisle, PA: Banner of Truth, 1985), p. 527; William G. T. Shedd, *Dogmatic Theology*, 3rd ed., ed. Alan J. Gomes (Phillipsburg, NJ: P&R, 2003), p. 743; Grudem, *Systematic Theology*, p. 602.

[269] Tal afirmação tem sido associada à visão de Christus Victor da natureza da expiação, mas também é afirmada por vários defensores da expiação definida, como Kuyper, *For Whom Did Christ Die?* p. 95-100. Foi desenvolvida de forma mais completa por Gary Shultz Jr. em sua dissertação ("A Biblical and Theological Defense of a Multi-Intentioned View of the Atonement" [Ph.D. dissertation, The Southern Baptist Theological Seminary, 2008], p. 203-24) e em um artigo posterior ("The Reconciliation of All Things in Christ," Bibliotheca Sacra 167 [October-December 2010]: 442-59).

[270] Cf. John Murray, *Redemption Accomplished and Applied* (Grand Rapids; Eerdmans, 1955), p. 61-62. Assim também, Roger Nicole, *Our Sovereign Saviour* (Ross-shire, Great Britain: Christian Focus, 2002), p. 58; e Kuyper, *For Whom Did Christ Die?* p. 78–100, dentre muitos outros, que afirmam alguns benefícios universais não redentivos na expiação.

amplia a pergunta de Berkhof desde "Por quem Cristo morreu?", para algo como: "O que Deus pretendia realizar com morte de Cristo?"

Os termos utilizados para as posições representadas neste livro também merecem menção. *Expiação definida* é provavelmente o termo mais preciso para a posição de que a morte de Cristo não tornou a salvação possível a todos, mas tornou certa, ou definitiva, para o eleito. Alguns neste lado, se opuseram ao termo tradicional, *expiação limitada*, afirmando-o como prejudicial. Eles notam que todas as posições limitam a expiação de alguma forma, seja em extensão ou eficácia, e observam que a ênfase na sua posição está na natureza eficaz do que Cristo fez na cruz pelos eleitos.[271] Mas, visto que a expiação limitada, expiação definida e redenção particular são todos usados na literatura desta posição, muitas vezes aparecem neste ensaio como sinônimos.

A segunda posição é geralmente chamada de *expiação universal*, mas isso pode ser confundido com o universalismo, a ideia de que todos serão salvos, o que não é defendido por ninguém aqui. Talvez, por essa razão, alguns descrevem essa posição como "expiação ilimitada": a expiação torna a salvação disponível ao mundo em geral, a todos sem exceção. No entanto, "universal" ainda é a descrição dominante para este ponto de vista, e "ilimitado" às vezes é usado também. Todos os três termos podem aparecer neste ensaio, embora seja dada preferência à "expiação universal", como é o termo comumente mais usado.

A terceira visão também possui designações diversas. "Expiação universal hipotética", "Amiraldismo" e "ilimitado/limitado" têm sido usados para transmitir a ideia de que a

---

[271] Veja, por exemplo, Nicole, *Our Sovereign Saviour*, p. 50-52.

expiação é, em algum sentido, universal e, em algum sentido, limitada. A posição defendida aqui é uma visão de *múltiplas intenções*; isto é, a expiação inclui várias intenções divinas. Este ensaio argumenta que há três intenções na expiação: universal, particular e cósmica. Afirma que a expiação é, em algum sentido, universal e, em certo sentido, particular, mas as *múltiplas intenções* compreendem melhor todo o ensino bíblico sobre a expiação, particularmente o ensino bíblico sobre a extensão da expiação.

Intenção Universal de Deus na Expiação

A posição aqui defendida afirma que uma intenção de Deus na expiação era providenciar o perdão dos pecados para todos. O propósito de Deus ao enviar Cristo para a cruz foi para ele servir como substituto de toda a humanidade. Cristo morreu a fim de satisfazer a justa ira de Deus contra o pecado humano, servindo como propiciação por toda a humanidade e, assim, provendo redenção e reconciliação para todos os homens. Em apoio a essa visão, ofereço argumentos bíblicos, avalio considerações históricas, respondo a objeções teológicas, e sugiro implicações e aplicações práticas.

Argumentos Bíblicos

Uma razão pela qual a expiação universal ou geral sempre foi o ponto de vista majoritário na teologia cristã é o forte caso bíblico *prima facie* para ela. Reconhecendo limitações de espaço, limito a apresentação aqui aos versos mais fortes em apoio a uma intenção universal.[272]

O uso joanino de "mundo". Numerosos versículos tanto no evangelho como em sua Primeira Carta declaram que Cristo morreu pelo "mundo" (Jo 1.29; 3.16; 6.51) ou mesmo "o mundo todo" (1 Jo 2.2). Mas como a maioria dos comentaristas reconhece, "mundo" (gr. *kosmos*) pode ter uma variedade de significados; assim, essas referências podem "não carregar nenhuma ênfase universalista distintiva, mas simplesmente designam a humanidade como o objeto do amor e da ação salvífica de Deus".[273] John Owen, em sua clássica defesa da expiação definida, faz uma análise detalhada do termo no Novo Testamento, distingue cinco significados gerais de "mundo", e argumenta que João usa a expressão para enfatizar que Cristo morreu não apenas pelos judeus, mas também por todas as nações. Assim, quando 1 João 2.2 diz que Cristo é a propiciação pelo "mundo inteiro", Owen entende que se refere ao "povo de Deus espalhado por todo o mundo".[274]

Outros, apesar de concordarem que o "mundo" tem uma variedade de significados, pensam que os textos em

---

[272] Para uma apresentação mais completa de versículos de apoio provisão geral de Cristo na expiação, cf. Douty, *The Death of Christ*, p. 68–127, e Shultz, "Multi-Intentioned View," p. 101–51.

[273] George E. Ladd, *A Theology of the New Testament* (Grand Rapids: Eerdmans, 1974), p. 226.

[274] John Owen, "The Death of Death in the Death of Christ," in *The Works of John Owen*, ed. William Goold (Avon, Great Britain: Johnstone & Hunter, p. 1850–53; reprint, Carlisle, PA: Banner of Truth Trust, 1967), 10:302. Veja a tabela detalhada sobre os significados de "mundo", p. 304-305.

questão se encaixam muito mais naturalmente em uma visão universal ou geral da expiação do que em uma visão limitada ou definida. Para que o último seja correto, "mundo" teria que significar "os eleitos". W. A. Elwell argumenta: "Não existe um lugar em todo o NT no qual 'mundo' significa 'Igreja' ou 'os eleitos'".[275] Numerosos comentaristas do Evangelho de João entendem que "mundo" se refere à "humanidade" e os versos que contêm "mundo" soam como uma forte "nota universal".[276] F.F. Bruce diz que "o mundo" que Deus ama em João 3.16 "abrange toda humanidade" e que Cristo foi dado "por todos, sem distinção ou exceção".[277]

O texto de 1 João 2.2 vai além de afirmar a morte de Cristo para o mundo para afirmá-lo como a propiciação pelos pecados de "todo mundo ", e não "apenas pelo nosso pecado"[278] Mesmo como defensor da expiação definida, John Murray diz: "A linguagem que João usa aqui caberia perfeitamente na doutrina da expiação universal, se as Escrituras demonstrassem noutro lugar que tal doutrina é

---

[275] *Evangelical Dictionary of Theology*, 2nd ed., s.v. "Atonement, Extent of," by Walter A. Elwell, p. 116.

[276] Dentre aqueles que usam "humanidade" em discussão no uso de João sobre mundo, incluem Gerald Borchert, *John 1-11*, NAC (Nashville: B&H, 1996), p. 184; F. F. Bruce, *The Gospel of John: Introduction, Exposition, and Notes* (Grand Rapids: Eerdmans, 1983), p. 53; e Andreas Köstenberger, *John*, BECNT (Grand Rapids: Baker, 2004), p. 129. Bruce (ibid., p. 53) e Köstenberger (ibid., p. 165) veem essa "nota universal" na linguagem de João.

[277] Bruce, *Gospel of John*, p. 89.

[278] Salvo indicação em contrário, todas as citações de *A Bíblia Sagrada*. Traduzida em Português por João Ferreira de Almeida. Revista e Atualizada no Brasil. 2 ed. Barueri – SP: Sociedade Bíblica do Brasil, 1993.

bíblica".[279] Visto que ele e outros de sua escola não acreditam que a expiação universal seja uma doutrina bíblica, acabam sugerindo uma variedade de outras maneiras em que a expressão "o mundo inteiro" pode ser interpretada,[280] mas a variedade dessas sugestões trai a incerteza da sua exegese, e eles não convencem a maioria dos comentaristas.[281] Gary Shultz reflete uma visão amplamente difundida ao afirmar sobre 1 João 2.2: "Não há uma declaração mais clara nas Escrituras indicando que Cristo morreu para pagar a penalidade de todas as pessoas".[282] Em geral, o uso joanino de "mundo" com referência à expiação é um forte apoio para uma intenção universal na expiação.

As declarações paulinas de "todos". Enquanto alguns citam vários outros versos do *corpus* paulino para apoiar a expiação universal, dois textos de 1 Timóteo parecem os

---

[279] Murray, *Redemption*, p. 72.

[280] Owen vê a expressão como se referindo a judeus e gentios ("Death of Death", p. 302); Robert Yarbrough argumenta que isto "refere-se aos crentes espalhados por toda parte e em todos os tempos" (*1-3 John*, BECNT [Grand Rapids: Baker Academic, 2008], p. 80). Murray (*Redemption*, p. 73-74) e Roger Nicole ("The Case for Definite Atonement," *Bulletin of the Evangelical Theological Society* 10 [1967]: p. 206) sugere que João esteja se referindo à perpetuidade e à exclusividade do sacrifício propiciatório de Jesus.

[281] I. Howard Marshall, *The Epistles of John*, NICNT (Grand Rapids: Eerdmans, 1978), p. 119; Colin Kruse, *The Letters of John*, PNTC (Grand Rapids: Eerdmans, 2000), p. 74; Stephen Smalley, *1, 2, 3 John*, WBC (Waco, TX: Word, 1984), p. 51:40, e Daniel L. Akin, *1, 2, 3 John*, NAC (Nashville: B&H, 2001), p. 84, todos afirmam que "o mundo inteiro" tem uma referência universalista.

[282] Shultz, "Multi-Intentioned View," p. 120. 1 João 2.2 é quase universalmente citado como um texto-chave para a posição da expiação universal, tanto pelos defensores quanto por seus oponentes.

mais claros e mais amplamente usados: 1 Timóteo 2.6 e 4.10. Levando em consideração o texto de 1 Timóteo 2.6 (Cristo "a si mesmo se deu como resgate por todos" NVI) parece indicar claramente uma intenção universal ou geral na expiação, e vários intérpretes a consideram assim.[283] No entanto, os defensores da expiação definida têm argumentado que "todos" pode se referir a "todo tipo de pessoas" ou "todos sem distinção", em vez de "todos sem exceção".[284] O próprio Timothy George que está entre os defensores da expiação definida, contudo, chama essa compreensão de *todos* de "exegese forçada que é difícil de justificar em todos os casos". E continua: "A menos que o contexto claramente exija uma interpretação diferente, é melhor dizer que 'todos significam todos', mesmo que não possamos conciliar o alcance universal da morte expiatória de Cristo com seu foco singular".[285] I. Howard Marshall concorda, não vendo razão para restringir o significado de *todos* a "todos os tipos" ou "todos sem distinção".[286]

Se o argumento em favor de um significado restrito é difícil de ser lido em 1 Timóteo 2.6, ainda é mais complicado sustentar 1 Timóteo 4.10, que identifica Deus como

---

[283] Philip Towner, *The Letters to Timothy and Titus*, NICNT (Grand Rapids: Eerdmans, 2006), p. 181; Thomas Lea and Hayne Griffin Jr., *1, 2, Timothy, Titus*, NAC (Nashville: Broadman, 1992), p. 91; William D. Mounce, *Pastoral Epistles*, WBC (Waco, TX: Word, 2000), p. 89, e I. Howard Marshall, "Universal Grace and Atonement in the Pastoral Epistles," in Pinnock, *The Grace of God and the Will of Man*, p. 55-63.

[284] Owen, "Death of Death," p. 307-9; Nicole, "Definite Atonement", p. 204; George Knight III, *The Pastoral Epistles: A Commentary on the Greek Text*, NIGTC (Grand Rapids: Eerdmans, 1992), p. 122; e praticamente todos aqueles defensores da expiação definida.

[285] George, *Amazing Grace*, p. 94.

[286] Marshall, "Universal Grace", p. 61-63.

"o Salvador de todos os homens, especialmente dos fiéis". A dificuldade para os defensores da expiação definida em 1 Timóteo 4.10 é a clara implicação de que "todas as pessoas", de quem Deus é Salvador, trata-se de um grupo mais amplo do que "aqueles que creem". Contudo, sob a expiação definida, Deus é o Salvador somente dos eleitos, "aqueles que creem". Essa distinção entre "todas as pessoas" e "aqueles que creem" parece mais favorável a *todos* como significando "todos sem exceção", em vez de "todos sem distinção", porém, em ambos os casos, afirmar que "todos" vai além do eleito é um problema para a expiação definida.

A resposta típica dos defensores da expiação definida tem sido ver "Salvador" de uma maneira não soteriológica nesse verso. Wayne Grudem diz que Paulo usa "salvador" aqui "no sentido de 'aquele que preserva a vida das pessoas e as resgata do perigo', em vez de significar 'alguém que perdoa seus pecados', pois, certamente, Paulo não quer dizer que cada pessoa será salva".[287] A associação desse verso com as bênçãos temporais da graça comum é tão forte que nem sequer é considerado na maioria das defesas da expiação definida, e deve-se admitir que a morte de Cristo não é mencionada como a fonte da salvação no contexto imediato de 1Timóteo 4.28.[288]

Mas qualquer compreensão não soteriológica de Deus como Salvador encontra duas dificuldades interpretativas.

---

[287] Grudem, *Systematic Theology*, p. 599, n. 38.

[288] Eu fico supreso ao ver a discussão deste texto omitido em Owen, "Death of Death," Murray, *Redemption*; Nicole, *Our Sovereign Saviour*, and Michael Horton, *For Calvinism* (Grand Rapids: Zondervan, 2011), p. 90-98. Isso é discutido em Berkhof, *Systematic Theology*, p. 434-44, e Kuyper, *For Whom Did Christ Die?*, p. 81, mas sob o título de graça comum, em vez da extensão da expiação *per se*.

Primeiro, enquanto as ideias de preservação e proteção podem "encaixar-se no domínio semântico de *soter* ('Salvador')", em todas as outras seis ocorrências de "Deus nosso Salvador" nas Epístolas Pastorais, "o significado é claramente soteriológico".[289] Em segundo lugar, a ideia de que Deus é Salvador, "especialmente dos fieis", com um sentido de graça comum, não se encaixa com a proposta de graça *comum* (geralmente concedida a crentes e descrentes), ou com a experiência que os crentes esperam e experimentam no mundo ("tribulação", de acordo com Jo 16.33; e sofrendo perseguição, de acordo com 2 Tm 3.12). Se "Deus Salvador" tem um sentido soteriológico, então a expiação de Cristo deve ser assumida como envolvida no texto, pois Paulo e o Novo Testamento não consideram salvação à parte da cruz. Quanto à preocupação de Grudem de que um sentido soteriológico teria feito Paulo ensinar uma salvação universal, as principais afirmações deste ensaio é que a salvação envolve tanto uma provisão divina quanto uma apropriação humana.[290] Mesmo que a apropriação humana seja um dom divino ou divinamente capacitação, ainda é separado da provisão. Assim, a provisão divina pode ser universal sem resultar em salvação universal.

Uma terceira maneira de tentar defender a expiação definida das implicações de 1 Timóteo 4.10 é interpretar *malista*, a palavra traduzida para "especialmente", como "ou seja". Isso significaria que Deus é o Salvador de todos, ou seja, dos crentes.[291] Isso preservaria sua visão de que

---

[289] Shultz, "Multi-Intentioned View", p. 138.
[290] Millard Erickson usa a linguagem de um favor objetivo e fator subjetivo, mas seu significado é o mesmo (*Christian Theology*, p. 851).
[291] Essa visão é defendida por Knight, *Pastoral Epistles*, p. 203-4.

as intenções salvíficas de Deus não se estendem além dos eleitos, porque "todas as pessoas" seriam idênticas a "aqueles que creem." Embora seja certamente verdade que Deus é o Salvador de todos os que creem, isso não exaure o significado desse versículo. Paulo usa *malista* oito vezes; "especialmente" é claramente o significado em cinco dessas ocorrências, e uma possibilidade viável nos três restantes. No Novo Testamento, como um todo, *malista* ocorre doze vezes, e "especialmente" é o sentido normal da palavra; nenhum lugar traz "ou seja" como uma tradução preferida.[292]

Uma exegese mais provável é ver "Salvador de todos os homens" com uma intenção soteriológica que se aplica a todas as pessoas em um sentido, mas reconhecendo que aqueles que creem, precisamente porque são crentes, na verdade experimentam essa salvação que Deus providenciou para todos, e assim, ele é "especialmente" seu Salvador, indicando um sentido mais profundo. Millard Erickson parece justificar 1 Timóteo 4.10 como "um dos mais impressionantes" textos de apoio à expiação universal.[293]

Quando tomados juntos, os textos do evangelho e da Primeira Carta de João que descrevem a morte de Cristo pelo "mundo" ou pelo "mundo inteiro", os vários lugares nas epístolas paulinas em que a morte de Cristo é por "todos" e vários leitores de versículos semelhantes podem consultar

---

[292] "Ou seja" não é nem mesmo incluída como uma tradução possível para *malista* no léxico grego-inglês padrão (Walter Bauer, Frederick W. Danker, William F. Arndt, and F. Wilbur Gingrich, *A Greek-English Lexicon of the New Testament and Other Early Christian Literature*, 3rd ed., rev. and ed. Frederick W. Danker [Chicago: University of Chicago Press, 2000], s.v. "*malista*", p. 613); veja também Mounce, *Pastoral Epistles*, p. 256-57.

[293] Erickson, *Christian Theology*, p. 851.

por si mesmos,²⁹⁴ compõem um forte argumento para uma intenção de fazer uma provisão universal na expiação. A observação que John Owen e os defensores da expiação definida fizeram através dos anos de que "mundo" e "todos" são termos com capacidade de significados diferentes e restritos são concedidos. Mas como Robert Lightner argumenta: "A questão é: '*se é bíblica e logicamente saudável sempre restringir os usos da palavra "todos", "quem quer que" e "mundo" quando eles ocorrem num contexto de salvação?*'... Pode não haver uma única exceção, se o ponto de vista limitado permanecer".²⁹⁵ Mesmo Robert Dabney, um defensor da redenção particular, que aceita o argumento de Owen por um sentido limitado de "mundo", em alguns textos, acrescenta: "Há outras passagens, segundo entendo, que a mente sincera vai admitir esse tipo de explicação como inaplicável".²⁹⁶ Esses versículos colocam um fardo pesado de prova sobre o ponto de vista da expiação definida, algo que não acredito que seus defensores conseguem levar.

Os falsos mestres em 2 Pedro. Uma categoria final de textos usados como apoio à expiação universal ainda pode ser mencionada. Tais passagens não reivindicam precisamente que a expiação de Cristo é universal, mas esses versículos dizem que ele morreu por alguns que finalmente perecerão.

---

²⁹⁴ Em vista das limitações de espaço, foquei nossa consideração aqui apenas às passagens mais fortes. Existem muitas outras: textos comumente citados como apoio para a expiação universal incluem Isaías 53.4-6; muitos versículos específicos no evangelho de João e 1 João; 2 Coríntios 5.14-15,18-21; Tito 2.11; e Hebreus 2.9.

²⁹⁵ Lightner, *The Death Christ Died*, p. 69. Itálico original.

²⁹⁶ Dabney, Systematic Theology, p. 525. Dabney relaciona João 3.16, 2 Coríntios 5.15 e 1 João 2.2 como alguns dos textos nos quais é difícil interpretar "mundo" com sentido limitado.

Assim, afirmam que Cristo morreu por outros além dos eleitos e, portanto, implica em uma expiação ilimitada ou universal. Enquanto Romanos 14.15, 1 Coríntios 8.11 e Hebreus 10.29 são ocasionalmente reivindicados como apoiando essa ideia, um texto muito mais claro e mais amplamente utilizado é 2 Pedro 2.1. Essa passagem descreve os falsos mestres como "comprados" por Cristo e como aqueles que renegaram a ele, "trazendo sobre si mesmos, repentina destruição".

Uma questão levantada por esse versículo além da extensão da expiação é a perseverança dos santos. Os falsos mestres foram mencionados aqui como estando "entre" o povo (ou seja, a igreja), e "comprados" por Cristo, pessoas genuinamente salvas que se tornaram apóstatas, negando a Cristo e como resultado sofrendo destruição escatológica? Thomas Schreiner reconhece que a interpretação mais direta do texto seria: "Alguns que se submetem ao senhorio de Cristo negam-lhe subsequentemente e estão, portanto, condenados para sempre". Ele acrescenta: " Esta é agora a visão da maioria dos comentaristas".[297] Schreiner e muitos, em ambas as posições do debate sobre a expiação universal e definida, creem que um cristão genuíno não pode cometer apostasia, assim, eles veem os falsos mestres como pessoas que nunca foram verdadeiramente salvos.

A visão que este ensaio defende é que Cristo "comprou" os falsos mestres no sentido soteriológico; isto é, eles foram incluídos na provisão universal que Cristo fez na cruz. Mas eles nunca se apropriaram pessoalmente dessa provisão, assim, nunca foram salvos. Mas essa questão é

---

[297] Thomas Schreiner, *1, 2 Peter, Jude*, NAC (Nashville: B&H, 2003), p. 331. Cf. Richard Bauckham, *Jude, 2 Peter*, WBC (Waco, TX: Word, 1983), p. 240: "2 Pedro não nega que os falsos mestres são cristãos, mas os vê como cristãos apóstatas".

secundária para o debate da extensão da expiação. Se os falsos profetas foram (1) verdadeiramente salvos e tornaram-se apóstatas ou (2) nunca verdadeiramente salvos, a questão da extensão da expiação é esta: existem alguns por quem Cristo morreu que estarão finalmente perdidos? Isto é certamente o que 2 Pedro 2.1 parece afirmar e, por esta razão, este texto está incluído em muitos argumentos em favor da expiação universal.[298]

A proeminência desse versículo nos argumentos em favor da expiação universal não passou despercebida pelos defensores de expiação definida. John Owen antecipa a maioria dos pontos, junto com os defensores da expiação definida, ao responder que esse versículo é "extremamente obscuro, incerto e duvidoso": (1) A palavra para 'Senhor' (*despotēs*) refere-se a Cristo? (2) O "comprado" se refere à redenção eterna pelo sangue de Cristo ou alguma forma de libertação terrena e temporal? (3) A referência de alguém que foi comprado está "de acordo com a realidade da coisa, ou de acordo com sua apreensão e a profissão de fé dessa pessoa?"[299]

As duas primeiras perguntas não pareciam tão obscuras ou incertas aos seus intérpretes contemporâneos. Há uma boa medida de acordo com as respostas entre ambos os defensores da expiação definida e da expiação universal. Quanto à primeira questão, a palavra *despotēs* ocorre apenas dez vezes no Novo Testamento, mas o paralelo com Judas 4 e a referência a ser "comprado" claramente apontam para Cristo. Citando esses dois fatores, J. N. D. Kelly diz que

---

[298] Cf., por exemplo, Lightner, *The Death Christ Died*, p. 76-77; Douty, *The Death of Christ*, p. 111-27; Erickson, *Christian Theology*, p. 847-51.
[299] Owen, "Death of Death", p. 362.

"soberano Senhor" (NIV) ou "Mestre"... sem dúvida aqui denota Cristo".[300]

Da mesma forma, para a segunda questão, a maioria dos intérpretes claramente favorece que "comprado" se refere a um sentido soteriológico, em vez de meramente libertação temporal. A razão é que "o Novo Testamento em nenhum outro lugar usa a palavra para redenção ['Comprado', *agorazō*] em associação a Cristo em um sentido não soteriológico."[301]

Assim, a maioria dos defensores da expiação definida flutua diante da terceira questão quando interpretam esse verso de forma compatível com sua visão. Eles argumentaram, de várias maneiras, que a descrição dos falsos mestres como tendo sido comprados por Cristo não apresenta "a realidade da coisa", mas está "de acordo com a sua própria profissão e o julgamento da caridade. Eles se apresentavam como homens redimidos, e foram contados dessa maneira no julgamento da igreja enquanto estavam em sua comunhão".[302]

---

[300] J. N. D. Kelly, *The Epistles of Peter and of Jude*, Black's New Testament Commentaries (London: Adam and Charles Black, 1969), 327. Também afirmando essa visão, cf. Bauckham, *Jude, 2 Peter*, p. 240; Schreiner, *Jude, 2 Peter*, 329; Peter Davids, *The Letters of Jude and 2 Peter*, PNTC (Grand Rapids: Eerdmans, 2006), p. 221.

[301] Schreiner, *Jude, 2 Peter*, 330. So also Davids, *Letters of Jude and 2 Peter*, 221; Kelly, *The Epistles of Peter*, 327; Edwin Blum, "2 Peter," in *Hebrews Through Revelation*, vol. 12 of *Expositor's Bible Commentary*, ed. Frank E. Gœbelein (Grand Rapids: Zondervan, 1981), p. 276. Nettles defende um sentido temporal de libertação. Ele diz que, uma vez que não há menção do preço da redenção no versículo, então não temos razão para supor que a referência é ao sangue de Cristo (*By His Grace*, p. 301). Mas esta é uma posição bem minoritária.

[302] Berkhof, *Systematic Theology*, p. 397. Ele cita essa opinião de George Smeaton, *The Doctrine of the Atonement as Taught by the Apostles* (1870), p. 447, como "a explicação mais plausível". Lewis e Demarest, *Integrative Theology*, p. 396, concordam.

Nas palavras de Roger Nicole, eles são descritos "em termos do que afirmaram, e não em termos do que realmente tinham".[303] Schreiner entende que Pedro usou "linguagem fenomenológica": Pedro diz que Cristo comprou os falsos mestres "no sentido de que eles davam todas as indicações de fé genuína no início", mas a sua negação posterior mostrou que nunca pertenceram verdadeiramente ao Senhor.[304]

Escrevendo de maneira ligeiramente diferente, todos esses comentaristas concordam que, enquanto 2 Pedro 2.1 diz que os falsos mestres negam o Senhor que os comprou, Cristo nunca os comprou de verdade. É digno de nota que essa interpretação parece apelar principalmente àqueles que se aproximam do texto com um compromisso do lado da expiação definida. Mas quando um compromisso, com uma posição teológica, exige uma negação do que um versículo diretamente parece afirmar, então a posição teológica precisa de reexame. Quando alguém coloca os versículos anteriores afirmando que Cristo morreu pelo mundo, ou por todas as pessoas, ao lado desse versículo de 2 Pedro, o argumento bíblico favorecendo uma intenção divina de fornecer uma expiação universal é forte.

Considerações Históricas

Embora a teologia evangélica sempre tenha visto a Escritura como única fonte normativa para a Teologia, uma compreensão saudável de que não somos os primeiros a buscar entender as Escrituras nem a receber iluminação do Espírito

---

[303] Nicole, *Our Sovereign Saviour*, p. 67.
[304] Schreiner, *Jude, 2 Peter*, p. 331.

Santo, é uma consideração que demanda evidências de um ensinamento na história como parte integrante de uma metodologia teológica saudável. Além disso, a história pode nos ajudar a discernir áreas nas quais podemos estar em perigo de sermos presos pelo espírito da época. Se o pensamento contemporâneo está em desacordo com a maior parte da tradição cristã, o ônus da prova pesa sobre o pensamento contemporâneo. É possível que o entendimento sobre uma questão nas Escrituras seja mais claro em determinada época do que no período anterior, mas o veredito da história não deve ser deixado de lado.

Sobre a questão da extensão da expiação, o que diriam os nossos antepassados na história? Em geral, a posição majoritária na história cristã está decididamente do lado da expiação universal.[305] Até o tempo da Reforma, Agostinho é a única voz forte a dar apoio à expiação definida, e embora não haja explicação explícita, longa, ou uma declaração definitiva mesmo em Agostinho sobre a extensão da expiação, é provavelmente correto colocá-lo deste lado do debate.[306] Alguns

---

[305] Elwell afirma que a posição da redenção universal foi mantida "pela grande maioria dos teólogos, reformadores, evangelistas e pais desde o início da igreja até os dias atuais" ("Extent of Atonement", p. 115). Marshall cita-o entre os primeiros argumentos para a expiação universal, reivindicando o apoio de praticamente todos antes da Reforma, com a possível exceção de Agostinho ("Universal Grace", p. 79).

[306] Owen acrescenta algumas páginas no final de sua obra, buscando reivindicar algum apoio em Inácio, Cipriano, Atanásio e outros, mas suas afirmações são baseadas em declarações escassas e equívocas. ("Death of Death," p. 422–24). Para uma discussão sobre a posição de Agostinho, cf. *Atonement*, ed. Charles Hill e Frank James III (Downers Grove: InterVarsity Academic, 2004), p. 308-10, e Robert Godfrey, "Reformed Thought on the Extent of the Atonement to 1618," *WTJ* 37, nº. 2 (Winter 1975): 133-34.

afirmam que o contemporâneo mais jovem de Agostinho, Próspero da Aquitânia, era um companheiro defensor da expiação definida, mas a opinião sobre ele é dividida com algum pensamento que modificou sua visão para a expiação universal em seus últimos dias de vida.[307] No século IX, a visão de Agostinho se tornara minoritária; quando o monge Gottschalk a reviveu, sua perspectiva "foi considerada pela maioria como extrema, senão herética".[308]

O próximo grande avanço foi a fórmula desenvolvida por Pedro Lombardo, no século XII: a morte de Cristo foi "por todos, com respeito à suficiência do resgate, mas somente pelos eleitos em relação à sua eficiência, pois efetua a salvação somente dos predestinados".[309] Essa fórmula, frequentemente abreviada para "suficiente para todos, eficiente para os eleitos", tornou-se a visão padrão durante séculos, e muitos hoje usam essa linguagem por que é ambígua o suficiente para ambos os lados afirmarem. Os arminianos podem se sentir mais confortáveis mudando a segunda metade para "eficiente para aqueles que creem", mas as duas frases se referem ao mesmo grupo. Desde então, o debate permaneceu até a Reforma.

No início do século XVII, quando os seguidores de Jacó Armínio entraram em confronto com a Igreja Reformada Holandesa, a controvérsia sobre a extensão da expiação pegou fogo. Eventualmente, a posição Reformada seria identificada como expiação definida. Mas deve-se notar que, antes disso,

---

[307] Blacketer entende que Próspero era até mesmo mais explícito que Agostinho ("Definite Atonement," p. 310); por outro lado, Godfrey é mais reservado. ("Reformed Thought", p. 135-36).

[308] Blacketer, "Definite Atonement", p. 311.

[309] Peter Lombard, "Libri quatuor sententiarum," in *Patrologiae cursus completes*, vol. 192 (Paris: Garnier Fratres, 1880), p. 799.

a maioria dos reformadores continuou a afirmar a expiação universal (Lutero, Melanchton, Bullinger, Latimer, Cranmer e Coverdale).[310]

A grande questão entre os estudiosos da Reforma é a posição de João Calvino. G. Michael Thomas, revisando a literatura sobre esse tópico, inclui Paul Helm, Roger Nicole, Robert Godfrey, Richard Muller e Jonathan Rainbow como autores afirmando que Calvino apoiou a expiação definida, enquanto P. van Buren, B. Hall, B.G. Armstrong, R.T. Kendall, M.C. Bell, J.W. Anderson, C. Daniel, S. Strehle e A.C. Clifford afirmaram que Calvino pertence ao grupo da expiação universal.[311] As limitações de espaço aqui não me permitem um exame completo das evidências para essas afirmações, mas basta dizer que existia uma tensão no pensamento de Calvino. Ele via apoio tanto para a ideia de uma promessa universal quanto para uma redenção particular.[312]

Independentemente da posição de Calvino, a maioria de seus seguidores adotou a expiação definida. Embora a posição de Armínio e seus seguidores, os Remonstrantes,[313]

---

[310] Elwell, *Extent of Atonement*, p. 115.

[311] Cf. G. Michael Thomas, *The Extent of the Atonement: A Dilemma for Reformed Theology from Calvin to the Consensus (1536–1675)* (Carlisle, UK: Paternoster, 1997), p. 12 nota 1, para uma consulta à bibliografia de todas estas obras. A estes, ainda poderia ser acrescentado Kevin Kennedy, *Union with Christ and the Extent of the Atonement in Calvin*, Studies in Biblical Literature 48 (New York: Peter Lang, 2002). Kennedy coloca Calvino no lado da expiação universal.

[312] Thomas, *Extent of the Atonement*, p. 34.

[313] Os Remonstrantes prepararam cinco artigos que foram condenados pelo Sínodo de Dort em 1618. O segundo desses artigos declarou sua posição sobre a extensão da expiação: "Jesus Cristo, o Salvador do mundo, morreu por todos os homens e por cada homem, de modo que Ele obteve para todos, por sua morte na cruz, reconciliação e

tenha causado considerável debate no Sínodo de Dort, o grupo foi rejeitado, e a expiação definida tornou-se a posição Reformada oficial. Foi afirmado na Confissão de Fé de Westminster e recebeu sua formulação clássica e defesa em 1648, na obra de John Owen, The *Death of Death in the Death of Christ*. Ao mesmo tempo, a oposição à expiação definida emergiu de dentro dos círculos reformados. Desde Moise Amyraut e Richard Baxter até John Bunyan e John Newton, houve, quase desde o início da teologia reformada, uma parte que se chamava calvinista, mas negava a expiação limitada. Outros dentro do campo reformado defendiam a redenção particular e ao mesmo tempo a "expiação ilimitada".[314] No século XVIII, os seguidores de Armínio receberam o apoio de John Wesley, e esse apoio à expiação universal tem sido legado às igrejas Wesleyana, Metodista e Movimento de Santidade, todos desenvolvidos pelos seguidores de Wesley.

Batistas modernos traçam suas origens até os separatistas ingleses do século XVII, alguns dos quais viveram na Holanda à época da controvérsia arminiana.[315] Esse grupo, liderado por John Smyth e Thomas Helwys, adotou a visão de Arminius e tornou-se conhecido como Batistas Gerais,

---

remissão de pecados; ainda assim, ninguém é participante dessa remissão, exceto os crentes". *Documents of the Christian Church*, ed. Chris Maunder, 3rd ed. (New York: Oxford University Press, 1999), p. 283.

[314] Dabney, *Systematic Theology*, p. 527-28, e Shedd, *Dogmatic Theology*, p. 743, se sentiram pressionados a incluir algum aspecto universal na expiação pelos textos das Escrituras, mas ainda afirmavam a expiação definida como sua visão.

[315] Essa é a opinião majoritária entre os historiadores batistas, embora alguns afirmem alguma influência dos anabatistas do século XVI. Cf. a discussão do assunto em Leon McBeth, *The Baptist Heritage* (Nashville: Broadman, 1987), p. 49-63.

porque acreditavam que Cristo morreu por todos os homens. Eles foram logo seguidos pelo desenvolvimento de outro grupo na Inglaterra, os Batistas Particulares, que em sua Confissão de Fé de Londres, em 1644, afirmavam que Cristo morreu apenas pelos eleitos. Nos séculos dezoito e dezenove, os batistas particulares tornaram-se muito mais numerosos do que os batistas gerais na Inglaterra. Mas à medida que o século XIX passava, o apoio à teologia calvinista como um todo, e especificamente a redenção particular, entrou em declínio. Em 1891, os batistas da Inglaterra entraram para a União Batista, instituição que não requeria um posicionamento certo sobre a extensão da expiação.

Na América do Norte, os Batistas Calvinistas (chamados de Batistas Regulares) superavam em número os Batistas Arminianos (chamados Batistas do Livre-Arbítrio) nos séculos XVIII e XIX, e a confissão dominante entre eles era a Confissão de Filadélfia. Essa confissão reproduziu a Segundo Confissão de Londres, de 1677/1689, que foi modelada após a Confissão de Fé de Westminster e preservou sua defesa na expiação definida.[316] Mas o apoio à expiação definida diminuiu, mesmo entre os Batistas Calvinistas, e em 1859, a declaração de fé adotada pelo Seminário Teológico

---

[316] A Confissão da Filadélfia acrescentou dois artigos; por outro lado, é idêntica à anterior Confissão Particular Batista Inglesa, que foi conscientemente modelada após a Confissão de Fé de Westminster e preservou a linguagem da maioria dos artigos textualmente. Na América do Norte, a Confissão da Filadélfia foi adotada por muitas igrejas e associações locais, sendo a mais importante a Associação de Charleston. Mesmo os Batistas Separatistas da Virgínia concordaram em permitir que ela servisse de base para a união entre os Batistas Regulares e os Separatistas na Virgínia, em 1783. Cf. a discussão em William Lumpkin, *Baptist Confessions of Faith*, rev. ed. (Valley Forge: Judson Press, 1969), p. 348-53.

Batista do Sul não tinha um compromisso definido com a questão da extensão da expiação, ainda que seu presidente, J. P. Boyce, fosse um defensor da expiação definitiva. No Norte, os Batistas do Livre-arbítrio se uniram à Convenção Batista do Norte, em 1911, e no Sul, os Batistas do Sul, em 1925, adotaram uma declaração de fé, *A Fé e Mensagem Batista*, que dizia simplesmente que a morte de Cristo na cruz "fez provisão para a redenção pelos pecados dos homens".

Atualmente a visão da maioria dos batistas, como dos evangélicos em geral, é a da expiação universal. Isto é mantido por todos os arminianos e por um número considerável dos chamados calvinistas de quatro pontos.[317] Ainda permanece uma significativa voz minoritária em defesa da expiação definida, e o debate continua. Mas se o apoio histórico for levado em conta, isso já reforça o argumento para a expiação ilimitada mais do que em favor da expiação definida. Ao mesmo tempo, a persistência de ambas as visões ainda hoje sugere que a perspectiva de múltiplas intenções, tal como a representada neste capítulo, pode ser capaz de preservar sua força em ambos os lados do debate e fornece uma explicação abrangente.

Objeções Teológicas

---

[317] Gary Shultz, "Multi-Intentioned View", p. 91-94, credita a persistência do calvinismo de quatro pontos na teologia evangélica por causa do "trabalho do movimento dispensacionalista e dos batistas". Ele cita o apoio dado à "expiação ilimitada" por teólogos dispensacionalistas como Lewis S. Chafer, John Walvoord, Charles Ryrie, e Robert Lightner, e afirma que batistas como Augustus H. Strong, E. Y. Mullins, Gordon Lewis, Bruce Demarest, Millard Erickson e James Leo Garrett Jr. têm todos defendido a expiação ilimitada, embora evitando o arminianismo.

A posição defendida aqui, de que uma das intenções de Deus na cruz é prover perdão para todos, tem muito em comum com os argumentos tradicionais da expiação ilimitada. Mas como essa posição vê intenções adicionais envolvidas na cruz, acredito que ela pode responder melhor às objeções tradicionais dos defensores da expiação definida do que as formulações típicas da expiação universal, pelo menos em alguns pontos.

Provisão universal leva à salvação universal. De longe, a mais importante objeção teológica levantada contra uma provisão universal de perdão realizada na expiação por Cristo, é que ela conduz inevitavelmente à salvação universal. Essa preocupação é mantida por três argumentos.

O primeiro é que Deus certamente realizará sua intenção. John Owen raciocina que se a intenção de Deus ao enviar Cristo para morrer fosse a de prover um resgate para todas as pessoas, então ou Deus falhou em realizar seu propósito (que para Owen soa como "blasfememente prejudicial à sabedoria, ao poder e à perfeição de Deus, assim como é depreciativa à dignidade e ao valor da morte de Cristo", ou "todos os homens, toda a posteridade de Adão, devem ser salvos, purificados, santificados e glorificados".[318] Na mesma linha, Berkhof afirma: "Pode ser estabelecido, em primeiro lugar, como princípio geral, que sempre os desígnios de Deus são certamente eficazes e não podem ser frustrados pelas ações do homem".[319]

Mas esse argumento não compreende a visão da intenção de Deus sendo defendida aqui. Deus não pretendia salvar a todos pela morte de Cristo na cruz, mas fazer

---

[318] Owen, "Death of Death", p. 159.
[319] Berkhof, *Systematic Theology*, p. 394.

provisão para a salvação de todos.[320] A salvação requer tanto a provisão objetiva quanto a aplicação subjetiva. A provisão objetiva é universal, mas não a aplicação subjetiva. Deus pode realizar sua intenção sem ocasionar salvação universal.

O segundo argumento é que a expiação é inerentemente eficaz para a salvação. Aqui está o aspecto definido da expiação limitada. J.I. Packer diz: "Cristo não conquistou uma salvação hipotética para crentes hipotéticos, uma mera possibilidade de salvação para qualquer um que pudesse crer, mas uma salvação real para o seu próprio povo escolhido".[321] Os defensores desse argumento veem a natureza real ou definida da salvação indicada nas palavras como reconciliação, redenção e satisfação. John Murray pergunta: "O que significa redenção? Não significa tornar salvável, que somos colocados numa posição resgatável. Significa que Cristo comprou e providenciou a redenção".[322] Antecipando a alegação de que a cruz faz apenas a provisão objetiva, Berkhof afirma que há "uma conexão inseparável entre a compra

---

[320] Discutirei a s que, além de fazer uma provisão objetiva universal para a salvação de todos, Deus trabalha subjetivamente no coração de alguns para aplicar essa provisão a eles, tornando-a eficaz aos tais. Mas vejo a aplicação subjetiva como uma intenção separada e secundária na expiação. Veja mais a seguir.

[321] J. I. Packer, "Saved by His Precious Blood: An Introduction to John Owen's *The Death of Death in the Death of Christ*," in *In My Place Condemned He Stood*, J. I. Packer e Mark Dever (Wheaton: Crossway, 2007), p. 123.

[322] Murray, *Redemption*, p. 63. Ele acrescenta: "Temos o mesmo resultado quando analisamos adequadamente o significado de expiação, propiciação e reconciliação". Owen dedica capítulos inteiros para mostrar a eficácia inerente na expiação por causa das palavras *reconciliação, redenção* e *satisfação* ("Death of Death", p. 258-73). Nicole afirma que essas palavras enfatizam "a realização real da salvação" (*Our Sovereign Saviour*, p. 63).

e a real outorga da salvação". Assim, Cristo por sua morte "comprou fé, arrependimento e todos os outros efeitos da obra do Espírito Santo, para o seu povo".[323]

Em resposta, deve ser reconhecido que a realidade da salvação é um dos pontos fortes da expiação definida. Honra a Cristo como Salvador, não apenas ao criador de possibilidades. Mas, embora possa haver uma "conexão" entre a "compra" objetiva da salvação e a "doação" subjetiva, há também uma distinção. Não há conflito entre postular uma provisão objetiva universal e uma doação subjetiva particular, ambas baseadas na expiação de Cristo. Por que fazer tal distinção? Uma razão é que a provisão e a outorga são distintas — de fato, é assim cronologicamente e também teologicamente. A provisão objetiva foi completada na cruz, e, assim, Cristo poderia clamar: "Está consumado" (Jo 19.30). Mas a aplicação subjetiva acontece individualmente, às vezes, ao longo da história, e envolve a obra do Espírito Santo, como Berkhof reconhece na citação apresentada anteriormente.

Há uma segunda razão teológica para distinguir entre provisão objetiva e apropriação subjetiva: ela nos permite compreender (1) as passagens examinadas que ensinam uma provisão universal na cruz e (2) as passagens consideradas em conexão com uma segunda intenção mais limitada de Deus na cruz.[324] Para aqueles que acreditam na unidade e

---

[323] Berkhof, *Systematic Theology*, p. 395. Owen diz: "A própria fé está entre os principais efeitos e frutos da morte de Cristo" ("Death of Death", p. 235).

[324] É nesse ponto que a visão de múltiplas intenções diverge da visão tradicional de expiação universal, ao ver uma intenção particular e universal na cruz. Strong (*Systematic Theology*, p. 771) não está longe dessa visão. Ele defende uma "expiação universal, mas uma aplicação

harmonia final das Escrituras, uma posição que pode permitir uma provável exegese de todas as passagens relevantes é certamente preferível a uma que requer interpretações forçadas e não naturais.

O terceiro argumento é que mandar para o inferno alguém cujos pecados foram pagos seria patentemente injusto. Deus não é injusto; portanto, uma expiação universal levaria todos a serem acolhidos no céu. John Owen apresenta esse "dilema" para aqueles que apoiam a expiação universal: "Deus impôs sua ira devida, e Cristo sofreu as dores do inferno por todos os pecados de todos os homens, ou todos os pecados de alguns homens, ou alguns pecados de todos os homens". Ele vê a terceira opção como significando que ninguém seria salvo; a segunda opção, ele defende; da primeira opção, ele pergunta: "Por que, então, todos não estão livres da punição de todos os seus pecados?"[325]

A resposta é a mesma de antes. Tal pensamento negligencia a distinção entre provisão objetiva e aplicação subjetiva. O pagamento que Cristo fez pelos pecados não é eficaz à parte de uma união pela fé com Cristo. Calvino diz vigorosamente:

> "Enquanto Cristo permanecer fora de nós, e nós estivermos separados dele, tudo o que ele sofreu

---

especial dessa aos eleitos". Mas, como é a aplicação que é particular, ele a separa da intenção da expiação em si (773). Eu argumento que a aplicação é uma segunda intenção da expiação.

[325] Owen, "Death of Death", p. 173-74. George, *Amazing Grace*, p. 93; Berkhof, *Systematic Theology*, p. 395; Grudem, *Systematic Theology*, p. 595, e muitos defensores da expiação definida veem isso como uma forte objeção à expiação universal.

e fez pela salvação da raça humana permanece inútil e sem valor para nós".[326]

Assim, incrédulos que morrem fora de Cristo, serão julgados e condenados por seus pecados, ainda que Cristo tenha dado propiciação "pelos pecados do mundo inteiro" (1 Jo 2.2). Aquela propiciação, e tudo o que Cristo fez na cruz, embora provido a todos, permanece sem valor, ineficaz, inútil, até que seja subjetivamente apropriado. De fato, como muitos observaram, insistir que a morte de Cristo remove a ira de Deus daqueles por quem ele morreu, à parte ou antes da fé, nos deixa incapaz de explicar como Paulo podia ver os cristãos efésios em algum tempo, sob a ira de Deus como o resto da humanidade (Ef 2.3).[327] Mesmo se alguém quiser argumentar que o dom da fé é comprado pela cruz, até que se chegue à fé, essa pessoa está sob a ira de Deus, mesmo que Cristo tenha feito o pagamento pelos pecados. Como Stephen Strehle explica, "Os argumentos sobre uma 'dupla punição' da posição expiação limitada e acusação de universalismo não são válidos, pois seus proponentes também

---

[326] John Calvin, *Institutes of the Christian Religion*, ed. John T. McNeill, trans. Ford Lewis Battles, LCC (Philadelphia: Westminster, 1960), 20:537 (3.1.1). Expressões como "para a salvação da raça humana" espalhadas nas *Institutas* e nos comentários de Calvino são parte da razão pela qual muitos afirmam que o reformador pertencia ao grupo da expiação universal.

[327] Lightner, *The Death Christ Died*, p. 96-98; Robert Picirilli, *Grace, Faith, Free Will; Contrasting Views of Salvation: Calvinism and Arminianism* (Nashville: Randall House, 2002), p. 94; Shultz, "Multi-Intentioned View," p. 156-58.

devem inconsistentemente tornar a expiação ineficaz até que seja realmente aplicada".[328]

Embora a acusação de levar à salvação universal seja a melhor objeção desenvolvida contra a expiação universal, ela não é a única. Eu também considerarei brevemente três outras.

A expiação universal rompe a unidade entre a expiação e a intercessão de Cristo. Berkhof afirma que "a obra sacrificial de Cristo e sua intercessão são simplesmente dois aspectos diferentes da sua obra de expiação e, portanto, o escopo de um não pode ser mais amplo do que a do outro".[329] João 17.9 é citado como apoio de que Jesus não orou pelo mundo; portanto, ele não morreu pelo mundo (apesar das declarações de que ele morreu pelo mundo, examinadas anteriormente). Owen desenvolve esse ponto de forma mais completa, ligando a morte e intercessão de Cristo ao seu ofício como nosso sumo-sacerdote.[330]

Mas o argumento traz três pressuposições: (1) Presume que Cristo morreu apenas pelos eleitos, uma suposição não sustentada pelo considerável peso bíblico. (2) Pressupõe que Cristo intercedeu apenas pelos eleitos, uma suposição contrária à oração que Cristo fez na cruz ("Pai, perdoa-lhes

---

[328] Stephen Strehle, "The Extent of the Atonement Within the Theological Systems of the Sixteenth and Seventeenth Centuries" (Ph.D. diss., Dallas Theological Seminary, 1980), p. 278.

[329] Berkhof, *Systematic Theology*, 395. George, *Amazing Grace*, p. 93, menciona brevemente.

[330] Owen dedica um capítulo inteiro ao desenvolvimento desse argumento e outro a responder a objeções que ele antecipa ("Death of Death", p. 182-200).

porque eles não sabem o que fazem", Lc 23.34).[331] (3) Assume que Cristo morreu por e intercede pelo mesmo número de pessoas, uma suposição em parte alguma explicitamente apoiada nas Escrituras. Apesar da importância dessa objeção para alguns defensores da expiação definida, sua força depende da validade das suposições que a sustentam. Se as suposições são discutíveis, — na melhor das hipóteses, como já exposto aqui, — esse argumento perde boa parte de sua força.

A expiação universal divide as pessoas da Trindade. Uma terceira objeção à expiação universal é que ela "divide as pessoas da Trindade"; isto é, "a redenção particular afirma que a intenção do Filho ao morrer para salvar um povo particular corresponde à intenção do Pai de eleger essas pessoas para a salvação e a intenção do Espírito de aplicar os benefícios da morte de Cristo àquelas mesmas pessoas".[332] Essa objeção tem algum peso contra aqueles que veem apenas uma única intenção universal na expiação, pois todos concordam que a expiação é aplicada particularmente. Mas esse argumento restringe a intenção do Pai, de forma prematura e desnecessariamente. Se ele pretendia fazer

---

[331] Owen elabora um argumento improvável de que a oração de Jesus em Lucas 23 foi "eficaz e bem-sucedida... fé e perdão sendo concedidos a eles por quem ele orou" ("Death of Death", p. 195-96). Certamente havia um número de judeus convertidos na igreja primitiva, mas supor que cada um daqueles presentes na cruz, envolvidos na crucificação de Jesus, estavam entre eles, é uma suposição que parece inerentemente implausível.

[332] Steve Jeffery, Michael Ovey, e Andrew Sach, *Pierced for our Transgressions: Rediscovering the Glory of Penal Substitution* (Wheaton: Crossway, 2007), p. 275. Nicole (*Our Sovereign Saviour*, p. 63-65) e Grudem (*Systematic Theology*, p. 595) trazem argumentos semelhantes.

uma provisão universal para todos mediante cruz *e também* pretendia salvar alguns por meio da cruz, então a morte do Filho por todos cumpria ambas as suas intenções, e o Espírito aplicando os benefícios da morte de Cristo apenas a alguns, cumpre também a intenção do Pai. Não há conflito.

Um paralelo é a provisão divina em sua revelação universal. Na criação, Deus se revela universalmente, embora nem todos se beneficiem disso. Para a revelação universal, Deus acrescenta uma revelação especial, mas mesmo assim não é eficaz à parte da obra de iluminação particular de Deus. Por que Deus daria revelação a todos quando propôs iluminar salvificamente apenas alguns? Talvez Deus tenha mais de uma intenção na revelação.

A expiação universal ignora o apoio bíblico para a expiação definida. Os defensores da expiação definida não estão de modo algum contentes em repousar seu argumento sobre as implicações derivadas de outras doutrinas. Eles afirmam que sua opinião é apoiada por declarações explícitas de que Cristo morreu por seu povo (Mt 1.21), suas ovelhas (Jo 10.11), sua igreja (Ef 5.25).[333] A resposta usual dos defensores da expiação ilimitada é que esses versículos não afirmam que Cristo morreu apenas por seu povo, ovelhas ou igreja.[334] Embora essa resposta seja correta, uma visão de múltiplas intenções pode ir além e fazer um trabalho melhor ao dar a esses versículos uma voz mais completa, sem negar as outras passagens que apoiam uma provisão universal na expiação.

---

[333] Quase toda defesa de expiação definida inclui esses versos, cf. Berkhof, *Systematic Theology*, p. 395; Grudem, *Systematic Theology*, p. 595; Owen, "Death of Death", p. 245.

[334] Por exemplo, Erickson, *Christian Theology*, p. 849–50.

Implicações Práticas

Antes de passar a considerar a intenção particular da expiação, vale a pena fazer uma pausa e considerar a implicação prática de uma intenção universal na expiação, que muitos de seus defensores veem como um componente importante de sucesso na argumentação. Quase todos os participantes neste debate concordam que o evangelho deve ser pregado a todos,[335] mas muitos no campo da expiação universal acham que uma visão de expiação definida é inconsistente com uma oferta universal do evangelho. David Allen diz que a expiação limitada "fornece uma base insuficiente para o evangelismo ao minar a sincera oferta do evangelho"; Robert Lightner dedica um apêndice separado à questão e conclui: "a doutrina da expiação limitada trava quando se trata de compartilhar o evangelho da graça salvadora de Deus"; Roger Olson e Kenneth Keathley concordam.[336]

Os defensores da expiação definida responderam com explicações de como a universalidade do chamado do evangelho não é contrária à sua visão da expiação, mas alguns viram alguma validade na objeção e procuraram trazer nuances da expiação limitada de várias maneiras. Robert Dabney, um defensor da redenção particular do século XIX, sentiu-se compelido por um número de passagens nas Escrituras que afirmam que Cristo morreu por todos. Ele achou

---

[335] A única exceção pode vir de alguns como David, *Hyper-Calvinism and the Call of the Gospel: An Examination of the "Well-Meant" Offer* (Grandville, MI: Reformed Free, 1994).

[336] Allen, "The Atonement", p. 107; Lightner, *The Death Christ Died*, p. 153; Olson, *Against Calvinism*, p. 137; Keathley, *Salvation and Sovereignty*, p. 207.

necessário devido à implicação da ordem de Deus para que todos aceitem Cristo.[337] Da mesma forma, Wayne Grudem insta aos teólogos reformados a abandonarem sua objeção aos evangelistas que dizem aos incrédulos, "Cristo morreu por seus pecados". Ele acredita que há maneiras de entender essa declaração ("Cristo morreu por seus pecados") que não são inconsistentes com o pensamento reformado.[338] William Shedd, outro defensor da redenção limitada, justifica a oferta universal do evangelho com palavras que se aproximam da ideia de uma disposição universal: "Não há reivindicações de justiça ainda não satisfeitas; não há pecado do homem para o qual uma expiação ilimitada não tenha sido provida".[339]

Mas J.I. Packer argumenta: "O Novo Testamento nunca pede a qualquer homem que se arrependa pelo fato de Cristo ter morrido específica e particularmente por ele", e Shedd, apesar de sua afirmação de uma expiação ilimitada, concorda que ninguém é chamado pelo evangelho para que creia "que Cristo morreu por ele em particular".[340] Pelo contrário, a mensagem do evangelho é "arrependa-se e creia", e essa é uma mensagem que todos os cristãos podem e devem

---

[337] Dabney, *Systematic Theology*, p. 527.

[338] Grudem, *Systematic Theology*, p. 602. Ele diz que a declaração "Cristo morreu por seus pecados" pode ser entendida "no sentido doutrinariamente correto de que 'Cristo morreu a fim de oferecer-lhe perdão pelos seus pecados', em vez de um sentido doutrinariamente incorreto", Cristo morreu e pagou completamente a penalidade já por todos os seus pecados'".

[339] Shedd, *Dogmatic Theology*, p. 750. Essa é uma das nove razões pelas quais Shedd dá apoio à oferta universal do evangelho; ele entende que todas essas razões são compatíveis com uma visão particular da redenção (p. 750-53).

[340] J. I. Packer, *Evangelism and the Sovereignty of God* (Downers Grove: InterVarsity Press, 1961), p. 68; Shedd, *Dogmatic Theology*, p. 752.

oferecer a todos. Os defensores da expiação definida podem dar exemplos de convites universais do evangelho, desde a pregação de John Owen até Charles Spurgeon, para mostrar a compatibilidade da expiação particular e a sincera oferta do evangelho.[341]

Eu não questiono que muitos defensores da expiação definida são pregadores apaixonados e eficazes do evangelho que oferecem plena e livremente. Pode-se pregar o evangelho e convidar as pessoas a se arrependerem e crerem em Cristo, sem necessariamente mencionar que Cristo morreu especificamente por elas. Mas Gary Shultz traz um excelente argumento de que o primeiro elemento evangélico no resumo de Paulo, sobre o evangelho, em 1 Coríntios 15.3 ("que Cristo morreu pelos nossos pecados") pressupõe uma provisão universal na cruz:

> Se a expiação fosse limitada apenas aos eleitos, como Paulo e a igreja primitiva poderiam pregar para um grupo de descrentes que "Cristo morreu por nossos pecados"? A palavra "nossos" inclui tanto o pregador quanto aqueles a quem ele está pregando. Se a expiação era apenas para os eleitos, pregar essa mensagem para o não eleito seria, na melhor das hipóteses, dar lhes uma falsa esperança e, na pior das hipóteses, seria falso.[342]

---

[341] Veja o exemplo de Owen *in* Packer, "Saved by His Precious Blood," p. 134; e Spurgeon *in* George, *Amazing Grace*, p. 94–95.

[342] Shultz, "Multi-Intentioned View", p. 168.

Parece que a pregação do evangelho, de acordo com Paulo, inclui ou assume que Cristo morreu pelos pecados daqueles a quem pregamos. Como já disse, eu não creio que os defensores da expiação definida são dissimulados ou insinceros em sua declaração para que creiam na oferta gratuita do evangelho, nem nego que eles, de fato, compartilham o evangelho; mas também parece inegável que a pregação do evangelho a todos se encaixa muito melhor e mais facilmente em uma visão que, pelo menos, inclui uma intenção universal da expiação fornecendo um sacrifício pelos pecados de todos.

Intenção Particular de Deus na Expiação

Até agora, este ensaio examinou o argumento de uma intenção universal na expiação; isto é, uma das intenções de Deus em enviar Cristo e uma das intenções dele em morrer era proporcionar perdão a todos. Penso que o argumento em favor dessa intenção universal é persuasivo. Biblicamente, permite uma exegese muito mais natural de numerosos textos. Historicamente, tem sido o entendimento dominante. As objeções teológicas levantadas contra podem ser convincentemente respondidas. E, praticamente, se encaixa melhor com o mandamento de pregar o evangelho a todos.

Então, por que o debate? Por que haveria até mesmo a necessidade de um livro como este? Porque há também bons argumentos em favor de uma intenção específica na expiação. Para ser claro, vou argumentar que uma intenção de Deus ao enviar Cristo e a outra intenção dele em morrer era, na verdade, garantir a salvação de alguns. Por agora, examino o argumento em favor de uma intenção particular.

Argumentos Bíblicos

Ao defender uma intenção particular na expiação, os defensores da visão de múltiplas intenções podem usar grande parte da argumentação desenvolvida ao longo dos anos pelos proponentes da expiação definida, com algumas modificações. Por exemplo, quase todos os argumentos para expiação definida se referem a versículos que falam da morte de Cristo por um grupo específico e particular: seu "povo" (Mt 1.21), suas "ovelhas" (Jo 10.11), sua "igreja". (Ef 5.25-27).[343] Nenhum desses textos diz que Cristo morreu *somente* por seu povo, ovelhas ou igreja; portanto, a alegação de que esses versículos substanciam a expiação definida como a única intenção na morte de Cristo não é persuasiva. No entanto, dentro de uma visão de múltiplas intenções, eles podem apoiar a alegação de que há uma intenção na expiação que pode ser limitada a um grupo particular.

Gary Shultz argumenta que vários versículos similares mostram "o amor especial de Deus pelos eleitos", um amor manifestado em garantir sua salvação mediante a expiação de Cristo. O amor de Deus que faz Paulo explodir em louvor em Romanos 8.31-39 é um amor pelos eleitos (v. 33), pois somente eles nunca serão separados desse amor (v. 38-39),

---

[343] Esses versos são citados por Owen, *Death of Death*, p. 214, Berkhof, *Systematic Theology*, p. 395; Grudem, *Systematic Theology*, p. 595; Jeffrey, Ovey and Sach, *Pierced for Our Transgressions*, p. 272; Horton, *For Calvinism*, p. 94-95; e são listados por Elwell, "Atonement, Extent of," como um dos argumentos típticos em favor da redenção particular.

e que o amor foi mostrado mais claramente na morte de Cristo por eles (v. 34).[344]

Outros versos enfatizam a certeza e a definição da salvação provida por meio da cruz. Mateus 1.21 diz que Jesus "salvará o seu povo dos pecados deles". Romanos 5.9-10 diz que os crentes são: "justificados pelo seu sangue" e "reconciliados com Deus mediante a morte do seu Filho". Talvez o mais específico seja Efésios 5.25-27, no qual Paulo diz que Cristo "se entregou" à igreja com um propósito que parece ir além do mero perdão: "para que a santificasse... para apresentar a si mesmo igreja gloriosa". Como observado anteriormente, um dos pontos positivos na posição da expiação definida é que enfatiza fortemente Jesus como Salvador, não apenas como Possibilitador.[345] Esses versículos apoiam a intenção de Deus não apenas de fornecer perdão universal por meio da expiação, mas de realmente salvar alguns. Mas essas duas intenções — prover objetivamente perdão para todos e subjetivamente aplicá-lo a alguns — não são contraditórias.

Outros argumentam que uma intenção particular na expiação está implícita em outros ensinamentos bíblicos. Robert Dabney e William Shedd veem o ensino da eleição incondicional como um dos mais fortes apoios para uma

---

[344] Shultz, "A Multi-Intentioned View", p. 236-42, desenvolve uma seção inteira sobre esse tema do amor especial de Deus pelos eleitos. John Murray, *Redemption Accomplished and Applied*, p. 65-69, entende Romanos 8.31-39 como um dos argumentos mais fortes para a expiação definida; Shultz mostra que também se encaixa bem dentro de uma visão de múltiplas intenções.

[345] Veja os argumentos da expiação definida para a eficácia inerente da expiação anteriormente.

redenção particular.³⁴⁶ Gary Shultz liga a intenção particular na expiação à sua compreensão da eleição e soberania de Deus na salvação:

> A expiação de Cristo deve fazer algo pelos eleitos que não faz pelos não eleitos, se qualquer pessoa deve ser salva. Se Deus tinha apenas intenções gerais na expiação, então a expiação provê uma salvação objetiva para todos, mas não capacita as pessoas a experimentar a salvação subjetivamente... A expiação de Cristo é o que salva os eleitos e faz isso porque garante a salvação dos eleitos de acordo com a vontade soberana do Pai.³⁴⁷

Embora eu concorde com Dabney, Shedd e Shultz sobre a natureza da eleição³⁴⁸ e a soberania de Deus na

---

³⁴⁶ Dabney vê a eleição incondicional como uma das "provas mais conclusivas da redenção particular" (*Systematic Theology*, p. 521). Shedd diz sem rodeios: "O princípio da redenção limitada repousa sobre o princípio da eleição", que Shedd entendeu como incondicional (Dogmatic Theology, p. 744).

³⁴⁷ Shultz, "A Multi-Intentioned View", p. 235-36. Shultz reconhece que os arminianos veem a graça preveniente universal como permitindo que todos recebam potencialmente a aplicação subjetiva da expiação, e assim não veem necessidade de uma intenção particular; porém, ele entende a graça preveniente universal como contrária à soberania de Deus na salvação e como falta de segurança bíblica.

³⁴⁸ Esse argumento assume uma visão da eleição incondicional, em que arrependimento e fé são dons que Deus dá aos eleitos, em oposição à eleição condicional, em que a eleição é condicionada pela presciência de Deus daqueles que, por sua própria vontade, respondem à graça divina, escolhendo arrepender-se e crer. A consideração dos argumentos para as diferentes visões de eleição nos levaria muito além

salvação, a falta de conexão bíblica clara e explícita entre eleição e soberania em favor da intenção da expiação é algo que limita a força desse argumento.

Da mesma forma, J. I. Packer entende que a natureza da expiação como substituição penal requer uma intenção definida. Ele raciocina: "Se Cristo especificamente assumiu e cumpriu minha obrigação penal como pecador, não se segue que a cruz foi decisiva para minha salvação não apenas como seu único fundamento meritório, mas também como garantia de que eu deveria ser levado à fé, e por meio da fé à vida eterna?" Ou, como ele coloca posteriormente de forma mais positiva, "Minha fé em Cristo é o presente de Deus para mim, dado em virtude da morte de Cristo por mim; ou seja, a cruz obteve isto".[349] Textos como Efésios 2.8-9 e Filipenses 1.29 apoiam a ideia de que a fé é um dom de Deus para os eleitos, mas Packer não mostra como a cruz "obtém" a fé para um indivíduo, nem dá evidência bíblica para apoiar sua afirmação. Existe uma conexão entre a expiação e o dom da fé, mas desenvolvo essa relação de maneira diferente da de Packer.

Finalmente, outro argumento comum para uma intenção definida ou particular na expiação é a unidade na vontade divina em relação à salvação. Assim, se o Pai deseja salvar apenas alguns e o Espírito aplica a salvação apenas a

---

dos limites deste ensaio e, por isso, tal consideração é omitida aqui. Para mais questões neste tópico, cf. Chad Brand, ed., *Perspectives on Election: Five Views* (Nashville: B&H Academic, 2006).

[349] Packer, "What Did the Cross Achieve?" p. 90, 97. Outros que argumentam que a substituição implica em uma expiação definida, incluem Murray, *Redemption*, p. 75; Nicole, *Our Sovereign Savior*, p. 63, e muitos outros. Para a ideia de que a fé é dada aos eleitos por meio da expiação, cf. Owen, "Death of Death", p. 235.

estes, então é lógico que Cristo morreu para salvar apenas alguns.[350] Esse argumento certamente faz sentido lógico e é geralmente apoiado pelo relacionamento na Escritura acerca do Pai, do Filho e do Espírito.[351] Mas é inferencial mais do que explícito, e é qualificado pela evidência em outras partes do Novo Testamento que existe também uma intenção universal na expiação. O Pai pôde enviar Cristo à cruz tanto para salvar alguns quanto para perdoar a todos; o Filho ao morrer realizou ambos; e o Espírito, ao aplicar os benefícios da morte de Jesus em apenas a alguns, também agiu em harmonia com a vontade do Pai e do Filho. Assim, a expiação de Cristo pode ter múltiplas intenções sem, de modo algum, contradizer a unidade da vontade divina.

Assim, enquanto alguns dos argumentos para uma intenção particular na expiação são mais implícitos do que explícitos, eles têm alguma força. Além disso, a interpretação mais natural de alguns versos aponta explicitamente para uma intenção particular. A combinação disso em favor de uma intenção particular com os argumentos para uma intenção universal, dada anteriormente, aponta fortemente para uma visão de múltiplas intenções na expiação.

Numerosos autores reconheceram isso, mesmo não adotando a terminologia de "múltiplas intenções" para sua posição. Por exemplo, Robert Dabney, William Shedd e Robert Lightner estão entre aqueles que veem a necessidade de incorporar tanto textos de universalidade quanto as

---

[350] Esse argumento ocorre nos trabalhos de muitos defensores da expiação definida, desde Owen ("Death of Death", p. 163-79) até Horton ("For Calvinism", p. 93-94).

[351] Especialmente a submissão do Filho à vontade ou intenção do Pai, visto repetidamente ao longo do evangelho de João (5.19; 6.38; 8.29; 15.10) e o ápice apresentado no jardim do Getsêmani.

passagens particulares na expiação, e assim todos afirmam que Cristo morreu por todos em algum sentido e pelos eleitos em apenas um sentido diferente.[352] Augustus H. Strong é mais específico, afirmando que passagens como Efésios 1.4,7; 2 Timóteo 1.9-10; e João 17.9,20,24 apontam para "uma eficácia especial da expiação no caso dos eleitos", enquanto 2 Pedro 2.1; 1 João 2.2; 1 Timóteo 2.6; 4.10; e Tito 2.11 ensinam que "a morte de Cristo é por todos". [353] Gordon Lewis e Bruce Demarest concordam, dizendo que "um propósito universal explica as passagens enfatizadas pelos arminianos indicando que Cristo morreu por todos" e que um segundo propósito, o particular, "explica as passagens que são destacadas pelos calvinistas", referindo-se aos versículos que "indicam que Cristo morreu com uma finalidade especial àqueles que o Pai lhe deu do mundo". [354] Ambas as intenções aparecem em um único versículo no caso de 1 Timóteo 4.10, em que Deus é referido como "o Salvador de todos os homens" (intenção universal), mas "especialmente daqueles que creem" (intenção particular).

Fundamentação Teológica

É certamente possível parar aqui e simplesmente aceitar que a Escritura ensina tanto uma intenção universal quanto uma particular na expiação. Mas tal afirmação levanta uma questão: Como é que o único evento da morte de Cristo

---

[352] Dabney, *Systematic Theology*, p. 525-29; Shedd, *Dogmatic Theology*, p. 743; Lightner, *The Death Christ Died*, p. 47.

[353] Strong, *Systematic Theology*, p. 771.

[354] Lewis e Demarest, *Integrative Theology*, p. 409.

fornece um perdão objetivo dos pecados a todos, enquanto assegura a salvação para os eleitos, especialmente quando a salvação real dos eleitos é cronologicamente separada do evento da expiação? Eu argumento anteriormente que a salvação envolve realização objetiva que elimina os obstáculos à comunhão com Deus no lado divino (como a satisfação da justiça de Deus), e uma aplicação subjetiva no lado humano (como arrependimento e fé). É por isso que uma intenção universal de fornecer perdão de pecados a todos não implica em salvação universal; fornece apenas o aspecto objetivo.[355] Mas como a expiação cumpre a intenção específica de levar a aplicação subjetiva da expiação à vida das pessoas ao longo da história? *Isto* parece fortemente apoiado pelos argumentos expostos; o *como é aplicado*, é algo mais indireto. Nenhum versículo diz explicitamente que a expiação de Cristo assegura aos eleitos tanto o perdão dos pecados como o arrependimento e a fé, então como tal afirmação pode ser apoiada?

A expiação e o Espírito. Começo observando a importância central do Espírito Santo na aplicação subjetiva da obra salvadora de Cristo e depois observo a conexão entre a expiação e a dádiva do Espírito. É verdade que alguns separariam a aplicação subjetiva da expiação da obra expiatória, colocando-a assim fora desta discussão da extensão da expiação.[356] Embora exista uma distinção óbvia entre a realização

---

[355] Veja notas 11-13

[356] E.g., Strong, *Systematic Theology*, p. 773: "Cristo é o Salvador especialmente daqueles que creem, nestes ele exerce o poder especial de seu Espírito para obter a aceitação de sua salvação. Isso não é, no entanto, parte de sua obra de expiação; é a aplicação da expiação e, como tal, é deverá ser considerada daqui em diante".

objetiva (que aconteceu na cruz) de Cristo como um evento de momento particular no espaço e no tempo) e a aplicação subjetiva (que acontece mediante o ministério do Espírito, de várias maneiras, para os crentes ao longo da história), os dois estão tão intimamente ligados com o que podem ser apropriadamente reconhecidos como dois aspectos da única obra de expiação. De fato, se Deus tem uma intenção universal que é realizada objetivamente e uma intenção particular que é realizada subjetivamente, então qualquer discussão sobre a expiação é incompleta se não considerar como a intenção particular é realizada subjetivamente.

O Espírito na aplicação subjetiva. O Novo Testamento ensina consistentemente que a condição para aplicar subjetivamente a obra objetiva de Cristo é a fé. E enquanto a fé deve corretamente ser descrita em algum sentido como uma resposta humana à graça Deus, também pode ser entendida como uma resposta humana divinamente capacitada, especificamente, uma resposta humana capacitada pelo Espírito. Calvino afirmou que tudo o que Cristo fez e sofreu por nossa salvação, permanece inútil enquanto estivermos fora de Cristo. Nós entramos em união com Cristo pela fé, que Calvino chama de "a principal obra do Espírito" e "o vínculo pelo qual Cristo nos une eficazmente a ele mesmo".[357] Isso parece amplamente apoiado pela Escritura.

O Espírito é descrito como o agente ativo na regeneração em Tito 3.5 e João 3.5-8; Aquele que lava, santifica e justifica em 1 Coríntios 6.11. O poder do Espírito faz com que alguém coloque a fé no evangelho (1 Co 2.4) e confesse Jesus como Senhor (1 Co 12.3). O Espírito dá vida (Jo 6.63;

---
[357] Calvino, *Institutas*, 1:541 (3.1.4), 1:539 (3.1.4).

Rm 8.6,11), libertando-nos da lei do pecado e da morte (Rm 8.2).[358] Ele batiza os crentes no corpo de Cristo, unindo-os assim com Cristo. O Espírito Santo é aquele que sela os crentes, garantindo o regozijo subjetivo da realização objetiva de Cristo (Ef 1.13-14). E embora não seja explicitamente declarado, muitos creem que o Espírito Santo é aquele que eficazmente chama aqueles que foram predestinados por Deus e que serão justificados e glorificados (Rm 8.29-30).[359]

O Espírito e a cruz. Uma das razões pelas quais considero a obra subjetiva de aplicação do Espírito como um aspecto da expiação é que isso está intimamente ligado à obra da aplicação objetiva apresentada nas Escrituras. Primeiro vemos em João 7.39, "o Espírito até aquele momento não fora dado, porque Jesus não havia sido glorificado". A cruz está inextricavelmente conectada à ressurreição e à ascensão como parte da glorificação de Cristo. Enquanto o Espírito certamente estava ativo de várias maneiras no Antigo Testamento e nos evangelhos, havia alguma limitação na forma que o Espírito seria dado até que a obra objetiva da expiação fosse aplicada.[360]

---

[358] Como o doador da vida em João 6.63, o Espírito é provavelmente aquele envolvido em atrair pessoas para Cristo (Jo 6.44), já que o resultado de ser atraído é a vida.

[359] Para essa compreensão da vocação eficaz como a obra do Espírito Santo, veja Demarest, *Cross and Salvation*, p. 211; Erickson, *Christian Theology*, p. 943; and Bruce Ware, "Effectual Calling," in *Still Sovereign: Contemporary Perspectives on Election, Foreknowledge, and Grace*, ed. Thomas Schreiner and Bruce Ware (Grand Rapids: Baker, 2000), p. 204.

[360] Para mais sobre como o Espírito operou entre os crentes no Antigo Testamento, cf. James M. Hamilton Jr., *God's Indwelling Presence: The Holy Spirit in the Old and New Testaments*, NAC Studies in Bible & Theology (Nashville: B&H Academic, 2006), especialmente p. 9-24, e Graham Cole, *He Who Gives Life: The Doctrine of the Holy*

Assim, após a cruz, ressurreição e ascensão, Atos 2.33 explica o que aconteceu no Dia de Pentecostes. É o resultado da glorificação de Cristo: "Exaltado, pois, à destra de Deus, tendo [Jesus] recebido do Pai a promessa do Espírito Santo e derramou o que vocês agora veem e ouvem" (NVI).

Kevin Vanhoozer, desenvolvendo uma proposta construtiva para a teologia da expiação sob a crítica da pós-modernidade, oferece esta tese: "O significado salvífico da morte de Cristo consiste em tornar possível o dom de Deus do Espírito Santo". Ele observa que Jesus falou de sua morte como uma "partida" (*exodus*) em Lucas 9.31. "Mas o que o êxodo de Jesus realiza? Aonde essa nova Terra Prometido nos leva? Ela nos leva, entendo, ao reino de Deus: o reino de Deus nos corações humanos".[361] Assim, Vanhoozer vê a morte de Cristo intimamente ligada à obra subjetiva do Espírito nos corações dos eleitos.

Gary Shultz afirma mais categoricamente: "Cristo assegurou a salvação dos eleitos na expiação ao morrer pelos seus pecados, a fim de enviar o Espírito Santo para aplicar a salvação e eles".[362] Especificamente, "com base na expiação, o Espírito aplica salvação aos eleitos mediante a chamada eficaz, a regeneração, a conversão, a justificação, a habitação no crente, o batismo no Espírito, a santificação, a preservação e a perseverança e a glorificação".[363] Todos esses ministérios do Espírito são de caráter particular em contraste

---

Spirit, Foundations of Evangelical Theology (Wheaton: Crossway, 2007), p. 143-45.

[361] Kevin Vanhoozer, "The Atonement in Postmodernity: Guilt, Goats and Gifts," in Hill and James, *The Glory of the Atonement*, p. 398-99.

[362] Shultz, "A Multi-Intentioned View", p. 226.

[363] Ibid., p. 255.

ao universal; assim, eles são incluídos no argumento que favorece uma intenção particular na expiação.

Aplicação subjetiva mediante a influência moral da cruz. Outra maneira de dar uma explicação de como a cruz pode fornecer uma provisão objetiva de perdão para todos e trazer a aplicação subjetiva do seu valor a um grupo particular, é notar uma compreensão frequentemente negligenciada da cruz, algo que se concentra nos efeitos subjetivos desta. É entendida por uma diversidade de nomes; o que usaremos aqui é a teoria da influência moral.

  Pelo menos desde o trabalho histórico de Gustav Aulén,[364] tem sido comum ver a natureza da expiação em três maneiras.[365] O *Christus Victor*, ou visão clássica, vê a cruz principalmente como a vitória de Cristo sobre Satanás, os demônios, o pecado, a morte e todos os nossos inimigos. Embora popular na igreja primitiva, a posição deu lugar para um segundo tipo principal, objetiva, com a famosa obra de Anselmo, *Cur Deus Homo* (*Por que Deus se tornou homem*). Abordagens objetivas veem a expiação principalmente em termos de alguma satisfação que Deus requer. Satisfação

---

[364] Gustav Aulén, *Christus Victor: An Historical Study of the Three Main Types of the Atonement*, trans A. G. Hebert (1931; reprint, New York: Macmillan, 1960).

[365] A discussão a seguir foi tirada de Paul Eddy e James Beilby, "The Atonement: An Introduction", in *The Nature of the Atonement: Four Views*, ed. James Beilby and Paul Eddy (Downers Grove: InterVarsity Academic, 2006), p. 9-20. O livro deles contém um exemplo de cada uma das três principais perspectivas, além de uma "visão caleidoscópica". Descrições semelhantes das três principais também podem ser encontradas em J. I. Packer, "What Did the Cross Achieve?" p. 71-73; *Evangelical Dictionary of Theology*, 2nd ed., s.v. "Atonement, Theories of," by Leon Morris, p. 116-19; e John Stott, *The Cross of Christ* (Downers Grove: InterVarsity, 1986), p. 167-251.

da justiça e ira de Deus mediante a substituição penal de Cristo tem sido proeminente no pensamento Reformado e evangélico. O adjetivo "objetivo" denota que o foco está fora do homem: algo acontece objetiva e independentemente de qualquer resposta humana. Perspectivas subjetivas, também chamadas de influência moral ou teoria do exemplo, são comumente entendidas como originadas em Pedro Abelardo.[366] Tais propostas afirmam que a morte de Cristo é projetada para mudar o homem, especialmente evocar uma resposta ao amor de Deus revelado na cruz.

Dessas três, os evangélicos têm defendido de forma mais proeminente a visão objetiva, particularmente o modelo de substituição penal. Isso é apropriado, uma vez que o modelo de substituição penal é apoiado universalmente nas Escrituras e é o único modelo que responde adequadamente à questão de por que Cristo teve que morrer.[367] Se a cruz

---

[366] Embora pareça haver uma base para vermos essa visão refletida no Comentário de Abelardo sobre Romanos, alguns questionaram se essa é uma interpretação completamente correta da visão dele sobre a expiação, cf. Alister McGrath, "The Moral Theory of the Atonement: An Historic and Theological Critique", *Scottish Journal of Theology* 38 (1985): 205-20.

[367] Por exemplo, enquanto Stott devota um capítulo em *A Cruz de Cristo*, para cada uma das três principais visões da expiação, ele vê claramente os temas de satisfação e substituição como centrais, apoiados por todo o sistema sacrificial do Antigo Testamento, projetado para ensinar, pelo ministério do Servo Sofredor de Isaías 53, e pela descrição da cruz como propiciação, redenção, justificação e reconciliação (cf. p. 133-203). Para uma exposição dos argumentos bíblicos, históricos, teológicos e pastorais de substituição penal e para uma defesa contra as críticas contemporâneas, cf. Jeffery, Ovey, and Sach, *Pierced for Our Transgressions*. Para uma apresentação da substituição penal em diálogo com outras visões, cf. Thomas Schreiner, "Penal Substitution View," in Beilby, *The Nature of the Atonement*, p. 67-98.

foi projetada apenas para conquistar nossos inimigos ou somente para nos levar à fé e ao arrependimento, parece que teria havido outras maneiras de alcançar tais fins. Somente a necessidade de satisfazer a justa ira de Deus explica a necessidade da morte de Cristo na cruz.

Ao mesmo tempo, evangélicos proeminentes como J.I. Packer e Leon Morris reconheceram que há algum apoio bíblico e valor em todas essas teorias.[368] Morris, no entanto, acrescenta: "Os defensores da teoria penal, às vezes, têm enfatizado o pensamento de que Cristo suportou nossa penalidade, e que não sobrou espaço para mais nada. Raramente, em teoria, eles negam o valor das outras teorias, mas, às vezes, na prática as ignoram".[369] Especificamente, perspectivas subjetivas foram vistas com suspeita. Infelizmente, a visão subjetiva foi desenvolvida de forma claramente herética durante a Reforma por Socinus, e a teoria da influência moral foi amplamente apoiada na Teologia liberal e frequentemente associada a uma negação de qualquer ideia objetiva.[370] Mas todas essas três teorias sobre a natureza da expiação podem informar uma discussão sobre a extensão e intenção. Em particular, elas podem nos ajudar a responder à questão levantada sobre como a cruz pode fazer tanto uma provisão universal de perdão quanto uma aplicação subjetiva particular da obra na cruz.

---

[368] Packer, "What Did the Cross Achieve?" p. 72; Morris, "Atonement, Theories of", p. 119.

[369] Leon Morris, *The Cross in the New Testament* (Exeter: Paternoster, 1965), p. 401.

[370] Cf. a discussão em Eddy and Beilby, "Introduction," p. 19-20. Entre aqueles que defendem ideias subjetivas, eles listam Friedrich Schleiermacher, Horace Bushnell, Hastings Rashdall, e Albrecht Ritschl.

Objetivamente, a cruz satisfaz a ira de Deus, à parte e antes de qualquer resposta humana. Deus pode receber qualquer um que venha em arrependimento e fé, porque Cristo morreu pelos pecados do mundo; ele fez propiciação por todos. Mas abandonados em nós mesmos, corremos e nos escondemos de Deus; fazemos uma escolha de nos afastarmos do que Deus, em Cristo, providenciou e, como Calvino disse que, "enquanto Cristo permanecer fora de nós, e nós estivermos separados dele, tudo o que ele sofreu e fez pela salvação da raça humana permanece inútil e sem valor para nós". Assim, Deus também pretende mudar os corações de alguns subjetivamente, por meio da beleza, poder e amor demonstrados na cruz.

A base bíblica para a visão subjetiva não é tão substancial quanto às perspectivas mais objetivas, refletindo talvez seu papel secundário, mas um argumento bíblico em favor da ideia de que a cruz tem um impacto subjetivo. Primeiro, a cruz revela, de forma proeminente e objetiva, o amor de Deus. De João 3.16 e Romanos 5.8 até 1 João 4.10, o amor de Deus é visto e apresentado por meio da cruz. O impacto subjetivo desse amor é nos ensinar a amar ("Nós amamos porque ele nos amou primeiro" [1 Jo 4.19]) e até mesmo nos obrigar a viver para aquele que morreu por nós ("O amor de Cristo nos constrange" [2 Co 5.14]). Mas esse impacto é claramente particular, não universal. Pedro Abelardo, refletindo sobre o que Cristo fez ao tomar sobre si a nossa natureza e morrer por nós, diz: "Ele nos uniu mais plenamente a si mesmo por amor; como resultado disto, nossos corações devem ser inflamados por tal dom da graça divina, e a verdadeira caridade não deve agora se omitir de suportar qualquer coisa por ele."[371] Em outras palavras, alguns veem o que Cristo fez por eles na cruz, e choram com Isaac Watts: "O amor é tão surpreendente, tão divino, exige minha alma, minha vida, meu tudo".[372] Mas nem todos respondem à cruz da mesma maneira. Embora se possa argumentar que a variedade de respostas é devido à escolha humana, também pode ser mantido que Deus direciona a influência moral subjetiva da cruz para um grupo particular. Pela intenção de Deus, a cruz compele um amor responsivo neles em direção ao Deus que os amou primeiro. É eficaz em extrair uma resposta de fé e arrependimento.

Segundo, a cruz mostra objetivamente o poder e a sabedoria de Deus (1 Co 1.22-24; Rm 1.16). Embora a mensagem da cruz seja loucura para o mundo, ela chega a alguns com poder, porque o Espírito a usa para trazer alguns à fé (1 Co 2.2-5). Paulo diz que aqueles a quem a mensagem do evangelho vem com poder, demostram por sua resposta que estão entre os eleitos de Deus (1 Ts 1.4-5). A influência moral da cruz os ilumina para ver a cruz de uma maneira diferente, não como tolice, mas como sabedoria e poder. Tal visão os leva a abraçar a cruz em fé e arrependimento. No entanto, tal resposta não é universal, mas particular.

Visões objetivas da expiação se encaixam bem com uma intenção universal na cruz; visões subjetivas mostram

---

[371] Peter Abailard, "Exposition of the Epistle to the Romans (Excerpt from the Second Book)," trans. Gerald E. Moffatt, in *A Scholastic Miscellany: Anselm to Ockham*, trans. and ed. Eugene Fairweather, LCC (Louisville and London: Westminster John Knox Press, 1956; paperback reissued 2006), p. 283.

[372] Essa é a última linha do hino de Watts, "When I Survey the Wondrous Cross", que é preenchido com imagens tiradas de uma visão subjetiva da expiação.

como a cruz também tem uma intenção particular; e como a seção final deste ensaio irá argumentar, as visões clássicas ou de *Christus Victor* da expiação apontam para uma intenção cósmica na cruz. Mas antes de passar a considerar essa intenção, considerarei algumas objeções levantadas contra a afirmação de uma intenção particular na expiação.

Objeções Teológicas

Porque a intenção particular defendida neste ensaio está unida a uma intenção universal, não está sujeita a muitas das objeções levantadas contra a expiação definida por seus críticos. Especificamente, como discutido anteriormente, concordo com as objeções de que a expiação definida não pode lidar de forma justa com os textos universais nas Escrituras e que esta é difícil de compatibilizar com a pregação do evangelho a todos. Uma visão de múltiplas intenções não está sujeita a essas objeções porque incorpora uma intenção universal ao lado da intenção particular.

Ainda há uma grande objeção que qualquer intenção particular deve enfrentar em suas afirmações. Alguns dizem que a intenção de Deus na cruz é apenas universal e que qualquer intenção particular na expiação é contrária ao amor universal de Deus.[373] Eles apelam para textos como João

---

[373] Shultz, "A Multi-Intentioned View," p. 199 nota 118, afirma: "Quase todos os proponentes da expiação ilimitada fazem da natureza universal do amor de Deus um dos argumentos centrais para a sua opinião." Veja esse argumento, por exemplo, em várias das contribuições para *The Grace of God and the Will of Man*, assim como Fritz Guy, "The Universality of God's Love"; I. Howard Marshall, "Universal Grace and

3.16 em apoio ao amor universal de Deus, e 1 Timóteo 2.4; 2 Pedro 3.9 e Ezequiel 18.23 como evidência para a vontade salvífica universal de Deus, e veem qualquer afirmação de uma intenção particular de garantir a salvação, de apenas alguns, como contrária a esse amor e salvação universal. Além disso, alguns também veem um problema teológico e moral na intenção de salvar apenas alguns. Roger Olson afirma: "Qualquer ser humano sendo quem tenha a capacidade de resgatar um grande número de pessoas de uma calamidade terrível, mas resgata apenas alguns, nunca seria considerado bom, amoroso ou justo". Tal Deus seria "moralmente ambíguo, se não um monstro moral".[374]

Como uma visão de múltiplas intenções pode responder a essa objeção? Primeiro, parece que uma visão de múltiplas intenções pode se encaixar mais plenamente nas descrições bíblicas do amor de Deus do que em qualquer visão de intenção única, porque a Bíblia fala do amor de Deus de maneiras diferentes. No que diz respeito a essa questão, vale a pena notar que enquanto a Bíblia fala do amor universal de Deus por todo o mundo (Jo 3.16), também fala de um amor particular, o amor que faz os crentes mais do que vencedores (Rm 8.37), o amor que os une a Cristo em um relacionamento inseparável (Rm 8.35, 38–39). Uma visão de múltiplas intenções pode ver o amor universal de Deus refletido na provisão universal da expiação e o amor particular manifestado no aspecto definido da expiação. Qualquer visão de intenção única tenderá a diminuir um ou outro aspecto do amor de Deus.

Atonement in the Pastoral Epistles"; e Terry Miethe, "The Universal Power of the Atonement."

[374] Olson, *Against Calvinism*, p. 110.

Em segundo lugar, pode muito bem ser que a expiação universal enfrente um problema moral semelhante àquele colocado na posição defendida aqui, uma expiação que inclui uma intenção particular. Nas principais formas de expiação universal, aqueles que morrem na infância são considerados como isentos de julgamento e sem perigo de condenação.[375] Se é assim, por que Deus não recolhe, ainda na infância, todos aqueles que ele sabe que nunca aceitarão sua graça, antes de se tornarem capazes de fazer uma escolha que irá condená-los? Parece que até mesmo o Deus da expiação universal não faz tudo o que pode para salvar todos que poderia salvar.

Em terceiro lugar, deve ser parte da objeção a uma intenção particular na expiação a sensação de que Deus é injusto em conceder a alguns o que ele não dá a todos. Mas isso é confundir tratamento justo com tratamento igual. A parábola dos trabalhadores da vinha (Mt 20) é instrutivo aqui. O dono da vinha tratou todos os trabalhadores de forma justa, pois deu nada menos do que já tinha concordado em pagá-los. Mas ele não tratou todos igualmente, pois alguns trabalharam mais e receberam o mesmo pagamento. Da mesma forma, Deus trata a todos de forma justa; ninguém é condenado por menos do que escolhas condenáveis. Mas para alguns Deus é mais que justo; ele é gracioso. No entanto, a graça não é o que alguém merece. Ao eleger alguns, Deus

---

[375] Não conheço nenhum defensor arminiano ou da expiação universal que veja aqueles que morrem na infância como perdidos, e conheço pouquíssimos dentre os que têm adotam a Teologia reformada ou de expiação definida. Lewis e Demarest, que veem benefícios gerais a todos homens e especiais para os crentes a partir da cruz, sugerem "salvação para aqueles que morrem na infância" como um dos benefícios gerais (*Integrative Theology*, 2:392-93).

está tratando desses diferentemente dos outros. Isso não significa que ele está tratando alguém injustamente.

Ainda assim, no final do dia, a questão permanece: Por que Deus salva apenas alguns? Por que Deus tem alguma intenção particular na expiação? Que Deus tenha uma intenção particular na expiação parece uma questão bem fundamentada bíblica e teologicamente. Isso é coerente com a minha compreensão da soberania de Deus na salvação, a profundidade da depravação humana e a natureza incondicional da eleição. Embora este não seja o lugar para dar uma defesa completa dos meus pontos de vista sobre essas questões, eles se combinam para tornar o argumento de uma intenção particular na expiação inevitavelmente forte para mim. Assim, aqui estou disposto a aceitar um elemento de mistério. Para a questão de por que Deus tem uma intenção particular na expiação, para salvar apenas alguns, eu digo como Lutero que não temos resposta aqui e agora. Ele confessa que agora nos parece injusto Deus salvar um e não outro; mas esperamos a luz da glória, que "nos mostrará a seguir, que o Deus cujo juízo aqui é de justiça incompreensível é um Deus da mais perfeita e manifesta justiça. Enquanto isso, só podemos acreditar nesta verdade".[376] Calvino nos lembra que a eleição é um ponto no qual a Bíblia nos diz que podemos esperar encontrar um mistério: Paulo "chama os julgamentos de Deus 'inescrutáveis', e tu ainda decides descortiná-los? Ele fala de seus caminhos como 'inescrutáveis' [Rm 11.33], e tu os rastreará? Ele nos aconselha que aqui é o ponto em que

---

[376] Martin Luther, "On the Bondage of the Will," trans. Philip Watson and B. Drewery, in *Luther and Erasmus: Free Will and Salvation*, ed. Gordon Rupp and Philip Watson, Library of Christian Classics (Philadelphia: Westminster Press, 1969), p. 332. Itálico original.

termina a nossa profundidade: tu buscas a razão? Eu tremo na profundidade. Razão, tu; eu me maravilharei. Disputas, tu; eu vou crer. Vejo a profundidade; não alcanço o fundo. Paulo descansou porque encontrou essa maravilha".[377]

Assim, enquanto a objeção a uma intenção particular na expiação acerca do amor universal e da vontade salvífica de Deus por todos levante uma questão difícil sobre por que o propósito divino abrange apenas a salvação de alguns, eu não vejo essa objeção como suficiente para anular a forte evidência em favor de uma intenção particular. Uma intenção particular não é contrária às representações bíblicas do amor de Deus, mas sim consistente com ela. Além disso, a ideia da graça como algo não merecido nos permite ver como uma intenção particular em relação a alguns não é injusta com outros. No final, ambas as posições alcançam algum lugar de mistério face aos julgamentos insondáveis de Deus.

Observações Finais

Mais poderia ser dito sobre as vantagens de aceitar tanto uma intenção universal quanto particular na expiação. De longe, a vantagem mais importante é que ela permite uma exegese mais natural tanto para os textos universais quanto para os particulares. Também permite uma base clara e inconfundível para o convite a todos ao arrependimento e fé, e do mesmo modo para a afirmação de que Cristo garantiu a salvação dos eleitos em sua expiação.

Em suma, a visão de múltiplas intenções parece ter todas as virtudes de ambas as posições tradicionais, com poucos dos problemas de ambas. Eu poderia concluir o nosso

---

[377] Calvino, *Institutas*, 2:953 (3.22.5).

ensaio neste momento, pois a questão central em discussão historicamente tem sido universal *versus* particular. Mas, por uma questão de completude, vou considerar mais uma intenção na expiação.

A Intenção Cósmica de Deus na Expiação

Apontei anteriormente que as três principais visões sobre a natureza da expiação se correlacionam bem com as três principais intenções defendidas neste ensaio sobre a extensão da expiação. A visão objetiva está correlacionada com a provisão universal de perdão de Deus a todos. As visões subjetivas encaixam com a salvação que Deus assegura para alguns. A visão clássica, ou *Christus Victor*, parece ser compatível com uma intenção na expiação que aborda todos os inimigos que os crentes enfrentam neste mundo. Mas as Escrituras apoiam esta terceira posição? Sim, nos temas da expiação como reconciliação e vitória.[378]

---

[378] As limitações de espaço impedem um tratamento completo dos temas relacionados ao escopo cósmico da vitória e da reconciliação de Deus. Para uma discussão mais completa, cf. Robert Peterson, *Salvation Accomplished by the Son: The Work of Christ* (Wheaton: Crossway, 2012); Robin Parry and Christopher Partridge, eds., *Universal Salvation? The Current Debate* (Grand Rapids and Cambridge, UK: Eerdmans, 2003); P. T. O'Brien, "Col. 1:20 and the Reconciliation of all Things," *Reformed Theological Review* 33, no. 2 (1974): 51-53; Gary L. Shultz Jr., "The Reconciliation of All Things in Christ," *Bibliotheca Sacra* 167 (October-December 2010): 442-59; e Shawn Bawulski, "Reconciliationism, a Better View of Hell: Reconciliationism and Eternal Punishment," *Journal of the Evangelical Theological Society* 56, no. 1 (March 2013): 123-38.

Argumentos Bíblicos

Reconciliação é um dos termos normalmente usados no Novo Testamento em associação com a restauração da comunhão entre Deus e pecadores, mas, como George E. Ladd observa, é usado principalmente em um sentido objetivo: "Reconciliação não é primariamente uma mudança na atitude do homem para com Deus; é, como a justificação, um evento objetivo que é realizado por Deus para a salvação do homem".[379] Assim, textos como 2 Coríntios 5.19 apoiam uma provisão de reconciliação objetiva e universal à medida que Deus aceitou a morte como de Cristo como satisfação de sua ira justa e agora está pronto a receber pecadores penitentes. Nesse sentido, a reconciliação apoia uma intenção universal na expiação, como o escopo mencionado em 2 Coríntios 5.19, ou seja, pelo "mundo". Os aspectos subjetivos da reconciliação dependem da resposta humana ao apelo de Paulo: "que vos reconcilieis com Deus" (2 Co 5.20). Mas há pelo menos um importante texto onde a reconciliação vai desde o sentido de ser estendida a todos os homens, para o aspecto universal, significando que se estende a todo o cosmos.

Em Colossenses 1.20, Paulo diz que por meio da cruz Deus reconciliou para si mesmo "todas as coisas". Richard Melick interpreta essa frase para significar que "o escopo da reconciliação inclui o material da criação, o mundo animal, a humanidade e os seres espirituais".[380] Douglas Moo concorda observando que, "todas as coisas" ocorre cinco vezes no contexto

---

[379] Ladd, *Teologia do Novo Testamento*, p. 452.

[380] Richard Melick Jr., *Philippians, Colossians, Philemon*, NAC (Nashville: Broadman, 1991), p. 22

de Colossenses 1, cada vez referindo-se ao "universo criado", e que o uso do neutro (*ta panta*) e o paralelo com Colossenses 1.16, deixa claro que todas as coisas criadas estão incluídas".[381] O fato de que essa reconciliação vai desde o mundo dos homens a toda a criação, revela uma terceira intenção, algo que não é meramente universal, mas cósmico. No entanto, existem duas dificuldades envolvidas na compreensão das implicações desse verso.

Uma questão frequentemente levantada é se Colossenses 1.20 ensina salvação e até mesmo a restauração universal dos anjos caídos a um relacionamento renovado com Deus. Para F. F. Bruce, a analogia das escrituras é razão suficiente para negar que esse verso ensina o universalismo: "É contrário à analogia das Escrituras aplicar a ideia de reconciliação, no sentido comum, aos anjos caídos". Ele vê a mesma objeção à ideia que esse verso ensina a salvação de todos os seres humanos.[382] Moo acrescenta: "Os seres espirituais a que Paulo se refere explicitamente em 1.20 não são salvos por Cristo, mas vencidos por ele (cf. 2.15)".[383] Se a reconciliação é vista como principalmente objetiva, torna-se possível entender como a reconciliação não precisa implicar que toda a humanidade, ou os anjos caídos, sejam restaurados à comunhão com Deus e gozem das bênçãos da salvação.

A segunda pergunta surge da resposta à primeira. E se a reconciliação cósmica não envolve a salvação de todos os homens e dos anjos caídos, então o que isso significa para

---

[381] Douglas Moo, *The Letter to the Colossians and to Philemon*, PNTC (Grand Rapids: Eerdmans, 2008), p. 134-35.

[382] F.F. Bruce, *The Epistles to the Colossians, to Philemon, and to the Ephesians*, NICNT (Grand Rapids: Eerdmans, 1984), p. 75.

[383] Moo, *Colossians*, p. 135.

ambos? Além disso, como podem coisas como a criação material serem reconciliadas com Deus? Melick sugere: "Reconciliação deve ser definida neste contexto, portanto, como todas as coisas serem colocadas em relação correta com Cristo".[384] Para aqueles que vêm em fé e arrependimento, o relacionamento correto é a salvação. Aos que rejeitaram a Cristo e se rebelaram contra ele, o relacionamento correto envolve julgamento e punição. Para a criação material, a reconciliação significará a restauração da condição original de paz, harmonia e ordem àquilo que o pecado desorganizou.[385] Mesmo aqueles que desejam continuar nos seus caminhos de rebeldia, serão subjugados. Isso ressalta a natureza objetiva da reconciliação: é "imposta".[386] Alguns aceitam de bom grado; outros involuntariamente. Para a criação material, que não tem volições, essa reconciliação é para ordenamento de Deus. Agora é certo que Deus se relaciona com a criação de uma forma restaurada por causa do que Cristo realizou na cruz. Em referência a essa visão de restauração da harmonia criacional pelo poder da cruz, James Dunn afirma: "A visão é vasta. A alegação é surpreendente".[387] Além da natureza estupenda da alegação, o impressionante é que isso também é uma declaração de fé. Como Moo observa: "É claro que essa 'paz' ainda não é totalmente estabelecida.

---

[384] Melick, *Colossians*, p. 227.

[385] Peter O'Brien diz: O pressuposto [de Cl 1.20] é que a unidade e harmonia do cosmos sofreram uma distorção considerável, até mesmo uma ruptura, exigindo, portanto, reconciliação". (*Colossians, Philemon*, WBC [Waco: Word, 1982], p. 53).

[386] Esse é o termo usado por Bruce, *Colossians*, p. 76.

[387] James Dunn, *The Epistles to the Colossians and to Philemon: A Commentary on the Greek Text*, NIGTC (Grand Rapids: Eerdmans, 1996), p. 104.

O padrão 'já/ainda não' da escatologia neotestamentária deve ser aplicado a Colossenses 1.20".[388] No entanto, tal é a confiança de Paulo no poder da cruz, que ele fala disso já como um fato consumado.

A base bíblica para uma intenção cósmica na expiação vai além dessa declaração sobre reconciliação cósmica, por mais importante que seja. Inúmeros outros versos veem o poder da cruz se estendendo além do relacionamento dos homens com Deus, aplicando a vitória divina sobre os inimigos da humanidade.

Uma declaração próxima à Colossenses 1.20 é Colossenses 2.15. Os "principados e potestades" aqui são geralmente vistos como "seres espirituais malignos", ou "todas as forças espirituais deste mundo que estão em rebelião contra Deus".[389] Mas aqui eles foram "desarmados", estão impotentes para prejudicar aqueles por quem Cristo conquistou a vitória "na cruz". Em João 12.31, a cruz iminente também marca a derrota do diabo. Essa derrota também segue o padrão de já/não ainda. Embora derrotado e expulso pela cruz, Satanás ainda procura devorar e destruir. Mas, como afirma Tenney, "embora Satanás ainda esteja ativo, sua ação é apenas o desespero da futilidade".[390] Hebreus 2.14-15 vê a morte de Cristo como o instrumento da destruição do diabo e da nossa libertação do medo da morte. Filipenses 2.9-11 vê a morte obediente de Cristo como o pré-requisito para sua

---

[388] Moo, *Colossians*, p. 137.

[389] Melick, *Colossians*, p. 228, and Curtis Vaughan, "Colossians," in *Ephesians Through Philemon*, vol. 11 of *Expositor's Bible Commentary*, p. 202.

[390] Merrill Tenney, "The Gospel of John", in *John and Acts*, vol. 9 do *Expositor's Bible Commentary*.

exaltação vitoriosa sobre todos os inimigos, de tal modo que todo joelho se dobre voluntariamente ou com relutância.

Finalmente, 1 Coríntios 15.26 identifica a morte como o último inimigo a ser vencido. Somente sofrendo a morte, Cristo poderia mostrar sua vitória sobre ela por meio de sua ressurreição, e prometer aos seus seguidores vitória sobre ela também (cf. 1 Co 15.54-55).

Avaliação Teológica

Não conheço ninguém que se oponha explicitamente a essa intenção cósmica da cruz. De fato, vários defensores da expiação definida a mencionam favoravelmente, mas geralmente de passagem ou de forma secundária na melhor das hipóteses.[391] Não é de forma alguma nenhum ponto importante nos argumentos nem da expiação universal ou definida, porque eles entendem isto como uma questão sobre a qual não há discordância. A visão de múltiplas intenções quer ampliar a discussão e ver as intenções da expiação de maneira mais completa. Assim, a intenção cósmica parece inteiramente adequada e digna de inclusão. Não apenas está firmemente enraizada no ensino bíblico, mas sua importância deve mover profundamente todo cristão. Christopher Wright expressa eloquentemente isso:

---

[391] Nicole menciona isso como um dos benefícios da cruz que flui para aqueles que não são salvos, mas depois diz que essa não é algo disputável (*Our Sovereign Saviour*, p. 58-59). Berkhof lista-o como um dos elementos sob "o escopo mais amplo da expiação" (*Systematic Theology*, p. 398-99). Kuyper também menciona o mesmo quase no fim da sua obra (*For Whom Did Christ Die?*, p. 98)

> Em última análise, tudo o que estará lá na nova criação redimida estará lá por causa da cruz. E, inversamente, tudo o que não estará lá (sofrimento, lágrimas, pecado, doença, opressão, corrupção, decadência e morte) não estará porque terá sido derrotado e destruído pela cruz. Essa é a extensão, largura, altura e profundidade da ideia de redenção de Deus. São boas-novas por excelência. É a fonte de toda a nossa missão.[392]

Um Panorama e Avaliação de Outras Intenções Sugeridas na Expiação

A visão de múltiplas intenções está relativamente ligada ao debate sobre a extensão da expiação, embora as visões universais amyraldiana e hipotética tenham buscado um mesmo caminho nos séculos anteriores. De fato, ao longo dos anos, vários teólogos, tanto reformados quanto arminianos, sugeriram que a expiação pode servir a outras intenções que não as tradicionalmente debatidas. Mais recentemente, o chamado movimento do evangelho da prosperidade argumentou que saúde e riqueza estão entre os benefícios da expiação. Nesta seção, examino e avalio essas intenções adicionais sugeridas na expiação.

---

[392] Christopher Wright, *The Mission of God: Unlocking the Bible's Grand Narrative* (Downers Grove: InterVarsity Academic, 2006), p. 315. Itálico original.

Múltiplas Intenções numa perspectiva Reformada

Historicamente, muitos defensores da expiação definida admitiram alguns benefícios universais não salvíficos na expiação, na maioria das vezes, os dons da graça comum.[393] Eles normalmente não veem tais benefícios universais como relevantes para as discussões sobre a intenção da expiação. Berkhof, ao declarar "o ponto exato em questão" no debate da expiação limitada, especifica que o ponto não é "se alguns dos frutos da morte de Cristo advém para o benefício dos não eleitos em virtude de sua íntima associação com o povo de Deus, uma vez que isso é explicitamente ensinado por muitos estudiosos reformados".[394] No entanto, outros, no campo reformado, deram a esses benefícios adicionais um lugar em suas discussões sobre a extensão da expiação.

Robert Dabney não usa a linguagem de múltiplas intenções, mas observa numerosos "fins" em sua discussão da extensão da expiação: "Junto com a redenção real dos eleitos, o sacrifício de Cristo produz vários outros fins subordinados. Existe, então, um sentido, no qual 'Cristo morreu' por todos esses propósitos e pelas pessoas afetadas por eles".[395] William Shedd entende que o termo *redenção* implica na aplicação da

---

[393] John Murray é o típico dentre os muitos teólogos reformados que veem uma variedade de benefícios da graça comum chegando a todos mediante a expiação. (Murray, *Redemption*, p. 61-62).

[394] Berkhof, *Teologia Sistemática*, p. 393-94.

[395] Entre os outros fins subordinados realizados pela morte de Cristo, Dabney inclui "o adiamento da condenação", evidenciado no fato de que não morremos logo no nascimento; a oferta sincera de salvação a todos os que creem; um maior grau de condenação para aqueles

expiação, assim, ele faz distinção entre expiação e redenção: "A expiação é ilimitada, e a redenção é limitada".[396] Ele vê essa afirmação como responsável por todos os textos das Escrituras, tanto aqueles que afirmam a morte de Cristo por todos quanto os que se referem à sua morte e ao seu povo.

Parece que eles estavam lutando para chegar a algo semelhante à visão de múltiplas intenções na expiação. Bruce Ware observa com convicção: "Grande parte do debate sobre a questão da extensão da expiação é devido ao fato de que uma única intenção (em vez de múltiplas intenções) foi buscada por ambos os lados. Assim que alguém admite múltiplas intenções para a expiação, pode-se explicar a variedade do ensino bíblico".[397] Ware e Gary Shultz, o último tendo escrito a sua dissertação sob a supervisão de Ware, desenvolveram uma formulação mais cuidadosa e completa das múltiplas intenções.[398] Minha visão, embora tenha sido independente, concorda com grande parte dessa argumentação, mas difere de duas maneiras: (1) liga a intenção definida na expiação com a visão subjetiva da sua natureza com a qual os propósitos de Deus para a expiação exercem uma influência sobre os corações dos eleitos, de tal modo que eles respondem em arrependimento e fé; e (2) limita as múltiplas intenções a

---

que rejeitam o evangelho; e uma revelação da ternura e compaixão de Deus (p. 528-29).

[396] Shedd, *Dogmatic Theology*, p. 743.

[397] Bruce Ware, "Extent of the Atonement: Outline of the Issue, Positions, Key Texts, and Key Theological Arguments". Esse é um esboço não publicado, disponível em http://evangelicalarminians.org/files/Ware.%20Extent%20of%20the%20Atonement.pdf e em muitos outros sites.

[398] A formulação de Ware pode ser encontrada no esboço citado acima, "Extensão da Expiação".

três. Ware e Shultz acrescentam mais "propósitos" (Ware) ou "intenções" (Shultz).

Um genuíno chamado universal do evangelho/base adicional para condenação.

Para Ware, os propósitos adicionais são um "propósito *bona fide*" (que Shultz chama de "genuíno chamado universal do evangelho") e um "propósito de justa condenação" (que Shultz chama de intenção como "base adicional para a condenação").[399] Embora ambos pareçam logicamente relacionados com a expiação, parecem mais resultados ou desfechos da intenção universal da expiação, em vez de propósitos e intenções separados ou adicionais. Assim, embora Deus tenha enviado Cristo para morrer por todos, e isso faz valida a oferta genuína do evangelho aos tais, contudo, esse não era o propósito de Deus ao enviar Cristo. Pelo menos não há texto bíblico indicando que era o propósito na morte de Cristo. Da mesma forma, a morte de Cristo por todos inclui uma base adicional para o julgamento e condenação daqueles que ouvem e rejeitam a mensagem do evangelho, mas parece que o propósito de Deus ao enviar Cristo não era acrescentar culpabilidade, mas "para que o mundo fosse salvo por Ele" (Jo 3.17). Julgamento e condenação virão sobre aqueles que rejeitam a Cristo, mas o propósito de Deus ao enviá-lo não era para que fosse rejeitado. Mais uma vez, pelo menos não existe nenhum texto bíblico claro nos informando disto como um propósito ou intenção de Deus na expiação.

Graça comum.

Shultz acrescenta mais duas "intenções gerais" da expiação, "a provisão da graça comum" e "a suprema

---

[399] Ware, "Extent of the Atonement," and Shultz, "Multi-Intentioned View", v.

revelação do caráter de Deus".[400] Como mencionado anteriormente, a ideia de que a expiação proporciona benefícios gerais da graça comum a todos tem sido amplamente aceita por muitos Reformados e alguns que afirmariam a expiação universal ou ilimitada.[401] Apesar desse amplo apoio, os textos geralmente citados em favor da graça comum (por exemplo, Mt 5.45; At 4.17) parecem associar graça comum mais com o caráter de Deus (seu amor e bondade) do que com a expiação de Cristo. Isso tem um sentido lógico que a provisão dos benefícios imerecidos a todos possa ser fundamentada na intenção universal da cruz, porém, por causa da ausência de apoio bíblico mais explícito, hesito em fazer essa afirmação.

Revelando o caráter de Deus. Quanto à última das intenções de Shultz, "a revelação suprema do caráter de Deus", concordo que a Bíblia aponta para a cruz como a demonstração final do amor e da justiça de Deus (Rm 3.25-26; 5.8; 1 Jo 4.10-11). Mas enquanto Shultz vê isso como uma das intenções gerais da expiação, eu relacionaria com a visão subjetiva da expiação e da intenção definida.[402] Nem

---

[400] Shultz, "Multi-Intentioned View", v.

[401] Entre os benefícios associados à graça comum, Richard Mouw menciona "(1) a outorga de dons naturais, como chuva e sol, sobre as criaturas em geral, (2) a restrição do pecado nos assuntos do homem... e (3) a habilidade dos incrédulos em realizar atos de bem cívico " (*He Shines in All That's Fair: Culture and Common Grace* [Grand Rapids and Cambridge, UK: Eerdmans, 2001], p. 9). Terrance Tiessen explica que o terceiro item na lista de Mouw como "Deus facilitando o que é verdadeiro e bom nas áreas da filosofia, artes, ciência e tecnologia" (*Who Can Be Saved? Reassessing Salvation in Christ and World Religions* [Downers Grove and Leicester, UK: InterVarsity, 2004], p. 100-101).

[402] Tal como John Stott elaborou, cf. *The Cross of Christ*, p. 217-24. No entanto, Stott se apressa em insistir no valor da teoria da influência

todos veem a cruz como reveladora do amor e da justiça de Deus; alguns a veem como uma "pedra de tropeço" e "loucura" (1 Co 1.23). Somente para "aqueles que são chamados" a cruz aparece em sua verdadeira luz como "o poder de Deus e a sabedoria de Deus" (1 Co 1.24). Deus exerce seu chamado e atrai com poder na revelação do amor e da justiça na cruz, mas esse poder é eficaz apenas a um grupo específico e definido.

A Intenção na Graça Preveniente Arminiana

Finalmente, dois outros grupos ofereceram o que poderia ser chamado de visões de múltiplas intenções, embora não usem tal linguagem. Os arminianos usam a linguagem de múltiplos benefícios decorrentes da expiação, alguns sendo condicionais ao exercício da fé e arrependimento (como a salvação), outros doados incondicional e universalmente. Pode-se ver como uma visão de múltiplas intenções poderia se desenvolver ao longo dessas vertentes. Um desses benefícios proporcionados pela expiação é um dom universal da graça preveniente. H. Orton Wiley chama isso de um dos "benefícios incondicionais" da expiação, envolvendo um "dom gratuito da graça" e "a restauração do Espírito Santo".[403] A graça universal preveniente "cancela os efeitos mortíferos do pecado original e restaura a capacidade de alguém

---

moral subjetiva apenas quando ligada à substituição penal, uma visão que eu também afirmaria.

[403] H. Orton Wiley, *Christian Theology*, 3 vols. (Kansas City: Beacon Hill, 1952), 2:297.

responder a Cristo".[404] Essa visão tem dois problemas: (1) nenhum texto afirma tal dom universal e restaurativo, e (2) tais descrições sobre os homens, mesmo após a expiação, sugerem que eles ainda precisam de uma obra especial de Deus para levá-los ao arrependimento e fé (cf. Ef 2.1, que vê os cristãos efésios como anteriormente "mortos" em seus pecados).

A Intenção de Prover Saúde e Riqueza Defendida Pelo Evangelho Da Prosperidade

Uma última formulação de benefícios ou intenções adicionais, na expiação, é encontrada em certos segmentos pentecostais e do movimento carismático que afirmam a provisão de cura física e riqueza na expiação. Esse é um tema importante entre aqueles que defendem o chamado evangelho da prosperidade, ou da saúde e riqueza, tais como Kenneth Hagin, Joyce Meyer, Kenneth Copeland, Joel Osteen e muitos outros. Eles citam Isaías 53.4-5 ("Pelas suas pisaduras fomos sarados", ARA) e afirmam que nada, exceto a falta de fé, faz com que os crentes não desfrutem da saúde fornecida mediante a expiação de Cristo por eles.[405]

---

[404] Demarest, *The Cross and Salvation*, 58. Veja também a discussão mais ampla em, ibid., p. 55-59.

[405] Para mais discussões sobre o assunto, cf. Bruce Barron, *The Health and Wealth Gospel: What's Going On Today in a Movement That Has Shaped the Faith of Millions* (Downers Grove: InterVarsity, 1987); Robert Bowman Jr., *The Word-Faith Controversy: Understanding the Health and Wealth Gospel* (Grand Rapids: Baker, 2001); and David

Há vários problemas com essa visão. Biblicamente, Mateus 8.17 vê o cumprimento de Isaías 53.4 na vida de Jesus, não na sua morte. Empiricamente, há o problema da continuação da doença entre os crentes, no Novo Testamento (2 Co 12.7, o "espinho na carne" de Paulo) e ao longo da história, com a taxa de mortalidade permanecendo constante em cem por cento. Teologicamente, essa visão falha em compreender o "já/ainda não" nos efeitos da expiação. A intenção cósmica na expiação inclui a ausência de doença na nova criação (Ap 21.4), mas isso é parte do "ainda não". "Já" um pouco do poder da expiação foi liberado, e Deus, às vezes, cura. Mas a remoção completa da doença ainda está no "ainda não".

Conclusão

Creio que a visão de múltiplas intenções tem muito a ser recomendada. Primeiro, e mais importante, é melhor incorporá-la a todos os dados bíblicos. Permite uma exegese natural dos textos reivindicados em apoio à expiação definida e universal, e vai além das posições tradicionais, incluindo textos que sustentam uma intenção cósmica.

Em segundo lugar, e concomitantemente, é mais teologicamente abrangente do que qualquer uma das duas posições tradicionais. Reconhecendo tanto uma intenção universal quanto particular, a visão de múltiplas intenções pode relacionar melhor a expiação com aspectos objetivos e subjetivos da salvação. Pode afirmar uma provisão universal

---

Jones and Russell Woodbridge, *Health, Wealth and Happiness: Has the Prosperity Gospel Overshadowed the Gospel of Christ?* (Grand Rapids: Kregel, 2011).

de perdão e a satisfação da ira de Deus sem implicar em salvação universal, porque a intenção universal se relaciona com o lado objetivo e divino. Por causa da cruz, Deus pode ser justo e justificador de todos os que vêm a ele em fé (Rm 3.25-26). Pode também manter a certeza ou a realidade da salvação dos eleitos, porque afirma uma intenção particular, relacionada ao lado subjetivo da salvação. O Espírito de Deus pretende usar a cruz para trabalhar subjetivamente nos corações de alguns, chamando-os a apropriar-se do que Cristo providenciou para eles. Além disso, ao adicionar uma intenção cósmica, essa visão amplia apropriadamente o âmbito da salvação além daquela da humanidade; relaciona a expiação ao "já/ainda não" da escatologia do Novo Testamento.

Terceiro, permite que ambos os lados preservem pelo menos algumas de suas principais preocupações. Os defensores da expiação universal acham que a expiação definida contradiz o amor universal de Deus e, no mínimo, torna problemática uma oferta genuína do evangelho a todos. A intenção universal afirma o amor universal de Deus e valida a oferta do evangelho a todos. Defensores da expiação definida pensam que a expiação universal leva à salvação universal ou enfraquece a expiação, tornando a salvação meramente possível. A intenção particular da expiação limita a apropriação subjetiva da salvação aos eleitos de Deus e torna sua salvação certa.

Penso que as três intenções que este ensaio descreve são suficientes para cobrir todos os dados bíblicos pertinentes, mas estou aberto a acrescentar mais alguma, caso seja apresentada uma base bíblica clara para outra intenção. Mas, por enquanto, ofereço essas três como uma formulação apropriada das múltiplas intenções da expiação.

Resposta de Thomas H. Mccall com Grant Osborne

John S. Hammett defendeu com veemência a "visão de múltiplas intenções" na extensão da expiação. Ele argumenta que deveríamos ver três intenções na expiação: a intenção "universal" de Deus era "providenciar perdão dos pecados para todos", oferecendo a Cristo como a "propiciação por todos os homens"; a intenção "particular" de Deus de "assegurar a salvação a alguns"; e a intenção "cósmica" de Deus de "reconciliar" as forças do mal, derrotando-as e subjugando-as. Há muito o que apreciar neste ensaio instrutivo e bem escrito, e meus comentários seguem em grande parte seu tratamento dessas três intenções básicas.

Intencionalidade Universal

Hammett está convencido de que existem fortes argumentos teológicos para um aspecto inegavelmente universal da obra expiatória de Cristo. Segundo ele, Cristo "morreu a fim de satisfazer a justa ira de Deus contra o pecado humano, servindo como propiciação por todos os seres humanos e, assim, providenciando redenção e reconciliação para todos os homens" (p. 223). Ele organiza uma quantidade impressionante de dados bíblicos em apoio a essa afirmação. Argumenta a partir do uso joanino de "mundo", das declarações paulinas de "todos" e do exemplo dos falsos mestres (por exemplo, 2 Pe 2.1). Ele trata objeções potenciais à sua interpretação de forma justa e completa, e na maioria dos casos me encontrei não apenas concordando com suas conclusões, mas também admirando seu tratamento das questões. Hammett também faz algumas observações úteis — ainda que superficiais — sobre o desenvolvimento histórico da doutrina da expiação. É claro (como Hammett certamente sabe), muito mais poderia ser dito sobre esses assuntos, e muito mais evidências poderiam ser trazidas à tona em favor dos argumentos histórico-teológicos para a extensão universal da expiação.[406]

No geral, Hammett também faz um bom trabalho ao abordar algumas objeções teológicas comuns à expiação universal. Embora ele possa ter explorado isso ainda mais, especialmente útil é sua distinção entre a provisão objetiva da salvação e a aplicação subjetiva. Como ele diz, "a provisão objetiva é universal, mas não a aplicação subjetiva" (p. 243). Eu concordo com isso e, assim também, qualquer teólogo reformado que pense que a obra regeneradora do Espírito Santo e a resposta genuína e capacitada pela graça ao pecador arrependido é o que faz a diferença. Além disso, entendo que a afirmação de J. I. Packer que "Cristo não conquistou uma salvação hipotética para crentes hipotéticos, uma mera possibilidade de salvação", deve ser um ponto a ser colocado de lado nesta discussão.[407] Já que nenhum teólogo (do qual tenho conhecimento) acha que a salvação é apenas possível, mas nunca real, a preocupação de Packer é uma pista falsa. Da mesma forma, Hammett faz algumas observações úteis

---

[406] E.g., Christopher T. Bounds, "The Scope of the Atonement in the Early Church Fathers," *Wesleyan Theological Journal* (2012): 7-27.

[407] J. I. Packer, "Saved by His Precious Blood: An Introduction to John Owen's *The Death of Death in the Death of Christ*," in J. I. Packer and Mark Dever, *In My Place Condemned He Stood* (Wheaton: Crossway, 2007), p. 123.

sobre o argumento de Berkhof da unidade da expiação e intercessão; ele está certo em apontar que, embora não saibamos que Cristo não orou pelos não eleitos (Jo 7 nos mostra apenas que ele não o fez naquele momento), há boas razões para pensar que ele de fato o fez (por exemplo, Lc 23.34).

Concordo com muito do que Hammett tem a dizer sobre o aspecto universal da expiação. Mas não tenho certeza de como definir o que ele diz sobre isso com o seu entendimento sobre a "intenção particular".

Intencionalidade Particular

Hammett fala de "a intenção de Deus ao enviar Cristo e outra de Cristo em morrer era, na verdade, para assegurar a salvação de alguns" (p. 253). Tal como está, isso é ambíguo. Em algumas formas de entender isso, posso igualmente afirmá-la.

Em outras interpretações, a visão se tornaria problemática. Colocando essas declarações junto com o que ele diz antes, não estou inteiramente certo do que fazer com suas afirmações sobre a "provisão universal". E, dependendo do que ele quer dizer com a conjunção de tais declarações, ainda não é inteiramente óbvio para mim que ele pode escapar completamente da acusação de que a expiação universal implica em salvação universal.

Tenho certeza de que Hammett desejará resistir ao universalismo. Mas como ele fará isso? Ele diz que o propósito de Deus é "prover perdão dos pecados a todos". Tal como está, essa afirmação da provisão é bastante ambígua. Pode ser tomada como algo assim:

(P*) A expiação de Cristo torna o perdão dos pecados disponível e possível para todos.

Ou poderia ser tomado como algo mais parecido com isto:
(P **) A expiação de Cristo torna o perdão dos pecados real para todos.

Se (P**) é intencional, então por que não devemos concluir que o universalismo é verdadeiro? Se todos os pecados de todos os pecadores já estão realmente perdoados, então por que nem todos são salvos? O argumento de "dupla punição" de Owen recuaria novamente. Dada a insistência de Hammett de que existe uma distinção clara e importante entre a universalidade da provisão objetiva e a particularidade da aplicação subjetiva, certamente ele não pretende (P **).

Assim, o teórico das múltiplas intenções endossará (P*) (que, de qualquer forma, parece desfrutar de forte apoio bíblico *prima facie*)?"[408] Hammett reconhece que pode haver diferentes versões da visão de múltiplas intenções, incluindo algumas que são claramente não deterministas e que podem endossar de todo coração (P*) (e sem implicar em universalismo). Mas dado o seu compromisso com a sua "compreensão da soberania de Deus na salvação... e a natureza incondicional da eleição" (p. 272), sua própria versão não parece estar aberta a tais pontos de vista. Sua própria afirmação leva em conta uma doutrina amplamente "reformada" da predestinação; assim, se torna difícil saber o que "disponível e possível para todos" pode significar. Caso o decreto determinante de Deus seja a razão última pela qual alguns pecadores perecem, então o que significa dizer que os benefícios salvíficos da obra de Cristo estão disponíveis para eles? Se o decreto da eleição determinante de Deus

---

[408] Cf., e.g., 2 Coríntios 5.19–20, onde a declaração de fato sobre a ação de Deus ("Deus reconciliou [*katalasson*] o mundo para si mesmo em Cristo") é seguida pelo imperativo (*katalaggete*, "seja reconciliado com Deus").

pretende excluir alguns pecadores, então que sentido há na afirmação de que Deus pretende tornar a salvação possível e disponível para eles? Confesso que o significado dessa declaração me escapa.

Aparentemente, Hammett quer dizer algo assim: *Cristo morreu para tornar os benefícios salvíficos de sua expiação disponíveis a todos*. Se eu o entendi corretamente, ele também parece querer dizer que *o decreto determinante de Deus assegura que os pecadores reprovados persistirão em sua rebelião pecaminosa e nunca aceitarão a salvação, pelo decreto de Deus determinando todos os benefícios salvíficos obra de Cristo não são acessíveis a todos*. Mas como os benefícios salvíficos da expiação estão realmente disponíveis àqueles para os quais eles não são acessíveis?[409] Eu não entendo como isso pode funcionar, então é difícil ser otimista a respeito. Além disso, e apesar dos protestos de Hammett, essas intenções realmente parecem contraditórias. Talvez isso não seja realmente a visão de Hammett (e espero que não seja) — neste caso, portanto, que isso seja um pedido de esclarecimento e uma nota de cautela àqueles que endossam o determinismo teológico.

---

[409] Por uma questão de clareza, vou dizer isso com um pouco mais de precisão: de acordo com determinismo teológico, para algum pecador S, em algum mundo possível $w*$, e algum tempo t, se S é reprovado em $w*$, então a qualquer momento em que S é confrontado pelo chamado do evangelho, não há um mundo possível que compartilhe um segmento inicial (o que obviamente inclui todas as ações divinas, bem como todas as criaturas) com $w*$ até t em que S poderia responder positivamente ao evangelho. Assim, se S é reprovado no mundo real, então não há possíveis ações de mundos em que um segmento inicial (incluindo a morte e ressurreição de Cristo em seu plano e execução) com esta em que S responda ao chamado do evangelho em arrependimento e fé, para ser salvo. Assim, qualquer sentido em que a salvação de S pode ser considerada "possível" pela morte de Cristo parece remoto de fato.

Todos os não universalistas podem concordar que a aplicação subjetiva é distinta da provisão objetiva, e devem também concordar que ela é limitada. Mas o que limita isso de forma *última*? O determinista teológico poderia dizer que a rebelião e incredulidade do pecador a limitam. Ele estaria correto, mas o determinista teológico também deve admitir que o pecador persiste em sua rebelião e descrença porque Deus determina que assim o faça. Então, o decreto determinante de Deus não é o último fator decisivo? Hammett entende que sua visão goza de uma vantagem, porque pode explicar o testemunho bíblico de todo o escopo da ação amorosa de Deus em Cristo e o testemunho bíblico da particularidade da eleição. Mas, eu não tenho tanta certeza de que sua "visão de múltiplas intenções" realmente possa reivindicar essa vantagem. Considere um texto como Ezequiel 18.23: "Acaso, tenho eu prazer na morte do ímpio? — diz o Senhor Deus. Não desejo eu, antes, que ele se converta dos seus caminhos e viva?". Esse texto não diz apenas que Deus queria fazer alguma provisão de salvação que nunca foi realmente destinada a eles ou acessível de alguma forma. Em vez disso, o texto diz que ele não tem "nenhum prazer" na morte dos ímpios, mas fica satisfeito quando eles se afastam de seus maus caminhos e vivem.

Ou considere Ezequiel 33.11: "Tão certo como eu vivo, diz o SENHOR Deus, não tenho prazer na morte do perverso, mas em que o perverso se converta do seu caminho e viva. Convertei-vos, convertei-vos dos vossos maus caminhos; pois por que haveis de morrer, ó casa de Israel?" Esse texto não diz que Deus desejou meramente fazer uma "provisão" pelos pecadores que não puderam — dado seu decreto todo determinante — ter acesso de qualquer maneira. Pelo contrário, o texto nos diz que a vida de Deus está ligada ao seu desejo de que os pecadores rebeldes cheguem ao arrependimento e à fé. *"Tão certo como eu vivo", Deus diz — o próprio Deus não teria vida se não desejasse a salvação desses pecadores!* Não há nenhuma indicação nesse texto de que Deus tenha algum desejo secreto na destruição dos tais; em vez disso, ele amarra sua própria vida às suas boas intenções a esses pecadores rebeldes. Nem há a menor indicação de que Deus está de alguma forma trabalhando para determinar a danação destes. Pelo contrário, ele inequivocamente adverte ao povo: "Mude! Abandone seus maus caminhos! Por que você vai morrer, povo de Israel?" Como Pedro diz, Deus "não querendo que nenhum pereça, senão que todos cheguem ao arrependimento" (2 Pe 3.9). Ele não pretende fazer algo simplesmente "disponível" para eles. Ele realmente pretende fazer uma provisão, mas também quer que eles a recebam e cheguem ao arrependimento. Deus não pretende, assim, simplesmente fornecer algo para eles que, posteriormente, torne inacessível por seu decreto todo determinante. Em vez disso, ele não quer que ninguém pereça, mas que *todos cheguem ao arrependimento*.[410]

Intencionalidade Cósmica

Hammett também aborda (embora muito brevemente) a "intenção cósmica" de Deus na obra de Cristo. Isso é visto nos temas de "reconciliação e vitória" (p. 274). Na minha

---

[410] O defensor de Hammett que talvez deseje se refugiar na conhecida estratégia das "duas vontades de Deus" poderia desejar consultar Thomas H. McCall, "I Believe in Divine Sovereignty," *Trin J* (2008): p. 205-26; John Piper, "I Believe in God's Self-Sufficiency: A Response to Tom McCall," *Trin J* (2008): 227-34; Thomas H. McCall, "We Believe in God's Sovereign Goodness," *Trin J* (2008): 235-46.

opinião, muito do que ele diz sobre a vitória reflete de perto alguns importantes ensinamentos bíblicos sobre a obra de Cristo, embora às vezes negligenciados. Não está claro, para mim, que algumas visões teológicas tenham espaço para apreciar a natureza dessa vitória; se Berkhof está certo de que "pode ser estabelecido, em primeiro lugar, como um princípio geral, que sempre os desígnios de Deus são certamente eficazes e não podem ser frustrados pelas ações do homem", então não é imediatamente óbvio a natureza dessa conquista.[411] Se o determinismo teológico é verdadeiro e tudo está sempre e necessariamente em perfeita harmonia com a vontade de Deus, então o que significa "vitória"? Pelo que ele diz, não estou inteiramente certo sobre onde Hammett se posiciona nessa questão. Não obstante, o que ele diz sobre a vitória é útil.

Resumindo minha resposta, neste ponto, embora não use a linguagem das "múltiplas intenções", aprecio muito e afirmo a proposta no tratamento de Hammett. Posso afirmar que o desígnio do Deus trino foi tanto para prover a salvação de todos quanto para salvar aqueles que se arrependem e creem. Minha discordância é com seus esforços para encaixar essas afirmações com o que considero ser uma visão equivocada da ação divina; começam a surgir dificuldades com sua visão de eleição incondicional, e os problemas são aprofundados pelo determinismo.

Graça Preveniente

Felizmente, Hammett reconhece que a explicação da "graça preveniente arminiana" também pode afirmar muito do

---

[411] Louis Berkhof, *Systematic Theology* (Grand Rapids: Eerdmans, 1949), p. 394.

que ele diz. Mas, infelizmente, ele rejeita essa teologia, e no espaço de uma única sentença: "Essa visão tem dois problemas: (1) nenhum texto afirma tal dom universal e restaurativo, e (2) tais descrições sobre os homens, mesmo após a expiação, sugerem que eles ainda precisam de uma obra especial de Deus para levá-los ao arrependimento e fé (cf. Ef 2.1, que vê os cristãos efésios como anteriormente "mortos" em seus pecados)" (p. 286).

Esse não é o lugar, nem há espaço, para uma defesa completa da venerável doutrina da graça preveniente. Mas três pontos se destacam em resposta:

Primeiro, a expressão "relato de graça preveniente--arminiana" pode sugerir que a doutrina da graça preveniente é única para as tradições arminianas. Mas isso seria profundamente enganoso. A doutrina da graça preveniente (de uma forma ou de outra)[412] é encontrada em toda a tradição cristã. Por exemplo, Agostinho ensina claramente uma doutrina da graça preveniente.[413] Alguns intérpretes consideram Agostinho (pelo menos o Agostinho mais amadurecido das controvérsias antipelagianas) como um determinista teológico; talvez eles argumentem que a visão de Agostinho implica que a graça preveniente é sempre bem-sucedida.[414]

---

[412] Eu falo "de uma forma ou de outra" porque não desejo sugerir que há apenas uma versão da doutrina na tradição, nem desejo sugerir que todos os teólogos da tradição a empreguem da mesma maneira.

[413] E.g., *De Spiritu et Littera* 60, in *NPNF* V:110/*PL* 44:240; idem, *De natura et gratia ad Timasium et Iacobum conta Pelagium* xxxi/35, in *NPNF* V:133/*PL* 44:264; idem, *Sermones ad populum omnes* CLXXIV. iv.4 in *PL* 38:942-43; idem, *Contra duas epistolas Pelagianorum* IV.vi.15 in *PL* 44:620.

[414] Para um exemplo de uma interpretação bem instrutiva de Agostinho como um compatibilista, cf. Jesse Couenhoven, *Stricken by Sin: Cured by Christ: Agency, Necessity, and Culpability in Augustinian Theology*

Mas tais intérpretes devem observar cuidadosamente que, enquanto Agostinho insiste que ninguém pode querer crer à parte da graça preveniente de Deus, ele também diz que a vontade que tem sido operada pela graça de Deus pode aceitar e ceder a ele ou rejeitá-lo, opondo-se a Deus. Agostinho também deixa claro que Deus deseja que todos sejam salvos, mas não extinguiu o livre-arbítrio com o qual os pecadores podem rejeitá-lo.[415] Deus determina todos os movimentos da vontade humana? De modo nenhum, para Agostinho, que exclama: "Em nenhum lugar, porém, na Sagrada Escritura encontramos tal afirmação como 'não há volição, vem de Deus'. E corretamente não está escrito assim, porque não é verdade: caso contrário, Deus seria o autor até mesmo dos pecados".[416] Agostinho está longe de ser o único a defender a graça preveniente. Considere alguns exemplos: o Segundo Concílio de Orange afirma a graça preveniente — e faz isso enquanto rejeita o "semipelagianismo".[417] Aquino concorda que a graça é apropriadamente dividida em graça preveniente e subsequente.[418] O Acordo de Regensburg (1541), onde proeminentes teólogos católicos romanos como Gasparo

---

(Oxford: Oxford University Press, 2013). Couenhoven enfoca o que Agostinho diz em suas "perspectivas finais e mais a madurecidas" (cerca de 412 d.C. e, especialmente, depois de 418 d.C) (22). Para uma interpretação de Agostinho como um indeterminista, cf. Eleonore Stump, "Augustine on Free Will," in the *Cambridge Companion to Augustine*, ed. Eleonore Stump and Norman Kretzman (Cambridge: Cambridge University Press, 2001), p. 124-47.

[415] *De Spiritu et Littera* 58, in *NPNF* V:109/*PL* 44:238.

[416] *De Spiritu et Littera* 54, in *NPNF* V:107/*PL* 44:236.

[417] *Canons of the Council of Orange*, canon 18, in *Creeds and Confessions in the Christian Tradition*, ed. Jaroslav Pelikan and Valerie R. Hotchkiss (New Haven: Yale University Press, 2003), p. 695.

[418] Thomas Aquinas, *ST* Ia-IIae QQcxi.3.

Contarini e Johann Gropper, assim como protestantes brilhantes como o teólogo reformado Martin Bucer e o luterano Philipp Melanchthon, conseguiram chegar a um acordo em pontos substanciais sobre a doutrina da justificação, endossaram a graça preveniente.[419] Entre os teólogos escolásticos luteranos, importantes pensadores como Johann Wilhelm Baier e Johann Andreas Quenstadt também abraçaram a doutrina.[420] Naturalmente, Armínio também defendeu a graça preveniente, mas está longe de ser original ao fazê-lo.[421]

Segundo, consideremos a crítica de Hammett de que "nenhum texto afirma" tal doutrina. Aqui me lembro das observações úteis de Carl Trueman sobre a formulação doutrinária. Trueman se opõe — com razão, na minha opinião — contra o tipo de método teológico estreitamente biblicista segundo o qual algumas propostas doutrinárias contam como "bíblicas" se, e somente se, puderem ser demonstradas a partir de alguma passagem. Trueman mostra que muitas doutrinas importantes da ortodoxia cristã (como a doutrina da Trindade, ou, pode-se acrescentar, as duas naturezas de Cristo em uma pessoa) podem contar como "biblicamente" mesmo na ausência de um texto-prova. Ainda que tais doutrinas não possam ser provadas por um

---

[419] Cf. Anthony N. S. Lane, "A Tale of Two Imperial Cities: Justification at Regensburg (1541) and Trent (1546–1547)," in *Justification in Perspective: Historical Developments and Contemporary Challenges*, ed. Bruce L. McCormack (Grand Rapids: Baker Academic, 2006), p. 143.

[420] In Heinrich Schmid, ed., *The Doctrinal Theology of the Evangelical Lutheran Church* (Philadelphia: Lutheran Publication Society, 1876), p. 486-87.

[421] Sobre Armínio, cf. veja Keith D. Stanglin e Thomas H. McCall, *Jacob Arminius: Theologian of Grace* (New York: Oxford University Press, 2012), especialmente p. 151-57.

único texto, elas merecem aceitação e afirmação porque nos ajudam a dar sentido ao testemunho bíblico quando tomado como um todo. Eu não acho persuasivo o próprio argumento de Trueman, em favor da expiação definida, mas aprecio suas observações sobre o método teológico. Assim, considere: se uma defesa pode ser feita para a doutrina da graça preveniente a partir de vários temas que, de fato, são encontrados em abundância nas Escrituras — para começar, (1) a depravação e incapacidade da raça humana; (2) a responsabilidade dos pecadores; e (3) as boas intenções de Deus por toda a humanidade — então, a doutrina pode desfrutar não apenas de um forte precedente histórico, mas também de um sólido fundamento bíblico. À luz disto, a rejeição de Hammett parece precipitada e injustificada.

Mas antes de deixar essa queixa, deixe-me notar que não é de todo óbvio que não haja base bíblica explícita (na forma de um texto-chave ou conjunto de textos) para a doutrina. Hammett diz que não existe tal base, mas ele nunca considera passagens como João 1.9 ("A verdadeira luz, que, vinda ao mundo, ilumina a todo o homem") ou Tito 2.11 ("Porquanto a graça de Deus se manifestou salvadora a todos os homens".[422]

Finalmente, Hammett observa: "Descrições sobre os homens, mesmo depois da expiação, sugerem que eles ainda precisam de uma obra especial de Deus para levá-los

---

[422] Para objeções contra o uso desses textos como apoio fundamental à doutrina da graça preveniente, cf. Thomas R. Schreiner "Does Scripture Teach Prevenient Grace in the Wesleyan Sense?" in *Still Sovereign: Contemporary Perspectives on Election, Foreknowledge, and Grace*, ed. Bruce A. Ware and Thomas R. Schreiner (Grand Rapids: Baker, 2000), p. 229-46, and William W. Combs, "Does the Bible Teach Prevenient Grace?" *Detroit Baptist Seminary Journal* (2005): 3-18.

ao arrependimento e à fé". Muitos arminianos clássicos irão — ou pelo menos poderiam e deveriam — concordar com Hammett. Mas não vejo como isso conta contra a doutrina da graça preveniente.

Conclusão

John S. Hammett nos deu uma declaração instrutiva e bem elaborada de uma visão de "múltiplas intenções" na expiação. Ele extrai argumentos da Escritura e da tradição cristã (especialmente batista); utilmente faz uso de visões "subjetivas" e "Christus Victor" para isto; aborda várias potenciais objeções à sua proposta; e, no geral, traz um forte argumento para isso. Mesmo que eu tenha dificuldades em alguns pontos, isso não deve obscurecer meu apreço por seu trabalho. Na verdade, acho que o que ele diz pode ser muito promissor para os cristãos contemporâneos que buscam entender a obra de Cristo, especialmente se esses cristãos estiverem dispostos a evitar o determinismo e reforçar uma proposta de afirmação à doutrina da graça preveniente.

Resposta de Carl Trueman

Não é de surpreender que minha resposta a John Hammett indique que ele e eu compartilhamos mais pontos em comum quando comparado a Osborne. Gostaria também de concordar com sua declaração sobre a necessidade da discussão desta questão, que é ao mesmo tempo caridosa e conduzida dentro do contexto de um cristianismo católico compartilhado e aceito. John Owen, a quem Hammett cita como um dos que falharam nisso, talvez tenha sido um homem do seu tempo, quando o rótulo *arminiano* representava algo mais sinistro do que um simples rótulo teológico. Também carregava implicações do socinianismo e até mesmo de um catolicismo cripto-romano para o ouvido inglês. Vivemos em uma época em que as apostas teológicas ainda podem ser altas, mas as apostas sociais e políticas são consideravelmente mais baixas.

Hammett também está certo quando vê esse desacordo como sendo entre irmãos. Isso foi, de fato, refletido um pouco nas origens do debate no século XVII. É verdade que, pela razão mencionada, os arminianos foram objeto de uma dura retórica dos reformados. Mas as diferenças entre aqueles como Owen, os amiraldianos e os universalistas hipotéticos (como definido em meu próprio ensaio) eram de tal ordem que a retórica era frequentemente muito mais calma, refletindo a proximidade de posições e o terreno comum compartilhado.

No nível da terminologia, concordo que "expiação definida" é uma designação melhor do que "expiação limitada", embora eu talvez defenda outra ainda melhor: expiação *eficaz*. Essa é a chave para o assunto em questão, alguém que considera a expiação como realmente alcançando alguma coisa ou simplesmente fazendo algo possível. Entendo, no entanto, que é inútil colocar tudo o que eu chamaria de posições universalistas hipotéticas juntas. Amiraldismo é uma reconstrução específica e técnica da Teologia federal, com vista a manter uma intenção universal na expiação. Muitos universalistas hipotéticos não trabalham com uma estrutura de aliança finamente elaborada e, portanto, não são estritamente amiraldianos. Esse não é simplesmente um ponto semântico, já que a maneira pela qual a vontade de Deus de salvar é construída nos esquemas universalistas hipotéticos e alternativos do amiraldiano diferem.

Enquanto esse núcleo comum de compromisso protestante evangélico para a linguagem da expiação substitutiva penal é algo que todos compartilhamos, somos distinguidos um do outro pelo quadro teológico mais amplo dentro do qual esse conceito deve ser colocado e, de fato, compreendido. Hammett e eu compartilhamos de uma estrutura mais tipicamente agostiniana, enquanto Osborne mantém uma abordagem classicamente arminiana. No entanto, mesmo entre Hammet e eu há uma diferença importante: a substituição a certas pessoas em particular e eficaz a elas precisamente por que é uma substituição diferente de uma substituição que atinge a todos em geral, e eficaz para ninguém em particular. A crítica à redenção particular sobre o impedimento do pregador de dizer "Cristo morreu por você", é certamente séria; mas o defensor do universalismo hipotético enfrenta um problema que é discutivelmente mais sério: O que significa dizer "Cristo morreu por você", quando ele morreu por todos? Se Cristo morreu da mesma maneira substitutiva por aquele que morre em Cristo e aquele que morre fora dele, então Cristo substituiu realmente alguém de alguma forma significativa e salvadora?

Isso também nos aponta para o chamado argumento da "dupla punição": Se Cristo morreu pelos pecados de todos, isso não exige salvação universal ou um equívoco, a fim de evitar o problema dos pecados daqueles que morreram fora de Cristo sendo punidos duas vezes — uma vez na cruz e depois na eternidade? Novamente, aqui está o problema de definir o que exatamente o universalista hipotético está afirmando quando diz que Cristo substituiu todos. Para usar uma analogia: se um amigo pagar minha multa por excesso de velocidade e receber meus pontos de penalidade em sua carteira de motorista, ele me substituiu. Se, no entanto, minha esposa for pega em alta velocidade e uma amiga simplesmente torna possível que ela pague o que deve, ou se pagar sua conta, e minha esposa ainda tiver exatamente a mesma multa no seu nome, ela não substituiu minha esposa da mesma forma que meu amigo me substituiu. Podemos usar a mesma linguagem ecoando de forma impressionante em ambas as situações, mas estamos usando linguagem equívoca.

Pode-se acrescentar também aqui que o problema de Hammett flui da incapacidade de permitir que o Antigo Testamento defina as categorias para o entendimento do Novo. O Antigo Testamento desenvolve noções de sacrifício e substituição, e fornece o fundamento básico para entender a mesma coisa no Novo. Precisamos levar toda a Bíblia a sério quando nos aproximamos da morte de Cristo e, no centro dessa tarefa, estamos nos certificando de colocar a morte de Cristo no mesmo contexto que Paulo e outros escritores do Novo Testamento fizeram. Esse contexto não é simplesmente o pecado e a salvação, mas também a história da redenção, à medida que ela se desenvolve no antigo Israel e depois culmina em Cristo. Portanto, o contexto para os textos do Novo Testamento, não é simplesmente o Novo Testamento, mas também o Antigo. Devemos permitir que o Antigo Testamento determine como entendemos a substituição. Assim, Isaías 53, por exemplo, é determinante, como também é Levítico 16. John Hammett apenas trata brevemente o texto de Isaías e não aborda em profundidade como o Novo Testamento usa tal passagem, isso é algo que envolve seu argumento em uma séria fraqueza. Também, ele não menciona a passagem de Levítico 16, que certamente é o texto-chave para entender o sacrifício no Antigo Testamento, eis aí uma omissão grave. Pode-se usar a linguagem de substituição vis-à-vis sacrifício, mas se essa linguagem não estiver enraizada explicitamente em Levítico 16, então há uma vulnerabilidade incômoda à acusação de não permitir que a Bíblia determine como essa terminologia é usada e entendida.

Isso também se conecta a outro aspecto na defesa bíblica que o ensaio de Hammett parece minimizar: o Novo Testamento enfatiza que a expiação realmente cumpre aquela salvação que Deus intencionou aplicá-la. O universalista hipotético deve inevitavelmente cortar a conexão causal imediata entre a morte de Cristo e a realização eficaz da salvação no crente; assim como evitar, também, a conexão entre o propósito da morte de Cristo (prover a salvação para todos) e a intercessão da morte de Cristo (prover salvação para apenas alguns). Dessa forma, aqueles versos no Novo Testamento que falam da morte realmente comprando a salvação para o povo de Deus são destituídos de seu poder (por exemplo, At 20.28; Tt 2.14; cf. Jo 1.29; 1 Jo 2.2, que usam a linguagem da expiação e propiciação nesse sentido). Quando se olha a relação entre Levítico 16 e Hebreus 9-10, vemos que a morte, a oblação e a intercessão fazem parte de uma ação sacerdotal unificada que culmina no perdão e remoção de pecados do povo de Deus. Além disso, a conexão entre Isaías 53 e 1 Pedro 2.22-25 torna clara a conexão causal entre o sacrifício de Cristo e a aplicação eficaz da salvação. De fato, uma das fraquezas reais do ensaio de Hammett é seu fracasso em fundamentar firmemente no Novo Testamento a morte de Cristo dentro do contexto do Antigo Testamento. Ao fazê-lo, ele perde o contexto histórico-redentor maior da obra de Cristo e também a conexão crítica entre sacrifício e aplicação.

Como muito do ensaio de Hammett aborda questões exegéticas relacionadas a textos específicos, não responderei aos pontos aqui. Para uma discussão exegética mais aprofundada e mais elaborada das passagens principais, o leitor deve consultar os vários ensaios do livro *Do céu Cristo veio buscá-la*.[423] Quanto aos meus pontos de vista, o leitor é capaz de comparar os dois ensaios e fazer um julgamento ponderado sobre quem, se algum de nós, tem a melhor defesa sobre quaisquer textos específicos e acerca do testemunho bíblico em geral.[424] Fiquei surpreso, no entanto, que o ensaio de Hammett vise principalmente refutar a posição de expiação definida. Como os defensores da expiação definida e os universalistas hipotéticos calvinistas compartilham um terreno mais comum entre si do que com os arminianos, essa ênfase me parece um pouco estranha.

A seção histórica de Hammet é um bom panorama da história dessa questão, embora ele tenda a reduzir o ponto daqueles que fizeram declarações diretas sobre a extensão e a intenção da expiação. Como tantas outras doutrinas cristãs, as formulações posteriores emergem de uma complicada matriz de posições dogmáticas. Assim, nos séculos XVI-XVII, as perspectivas reformadas da expiação também se colocaram contra o pano de fundo não apenas da lógica influente do argumento anselmiano delineado no *Cur Deus Homo?*, mas também dos debates mais calorosos entre tomistas e escotistas. Esses últimos debates serviram para acentuar a questão da vontade de Deus na construção

---

[423] *Do céu Cristo veio buscá-la: A expiação definida na perspectiva histórica, bíblica, teológica e pastoral*, ed. David Gibson e Jonathan Gibson (SJC: Fiel, 2017).

[424] David Allen escreveu uma das mais importantes obras contemporâneas, tratando da abrangente discussão sobre a extensão da expiação, especialmente a parte III do livro que apresenta uma refutação à obra citada na nota anterior. *Por Quem Cristo Morreu? Uma análise crítica sobre a extensão da expiação*. Natal: Editora Carisma, 2019. [N. do E.].

sobre o valor (e, portanto, a intenção) da expiação. Como tal, eles são fundamentais.

As duas últimas décadas viram um definitivo destronamento de João Calvino como o ponto de referência da expiação. Agora é geralmente aceito que a Reforma foi sempre um trabalho em andamento e que o pensamento de figuras individuais só pode ser usado com cautela como um indicador da ortodoxia. Calvino e companhia pensaram em termos de confissões, não contribuições pessoais. Então, não é o caso que seus seguidores, como eles foram, adotaram a expiação definida. John Davenant, por exemplo, parece ter sido um universalista hipotético e também um delegado no Sínodo de Dort. Mais distante, a controvérsia da amyraldiana estava apenas começando durante o tempo da Assembleia de Westminster e, portanto, é apenas tangencialmente abordada nos documentos confessionais. A situação histórica é muito mais complicada do que a simples distinção "relatório de maioria/relatório de minoria" permite.

Em alguns sentidos, isso talvez possa ser visto como o fortalecimento da posição "majoritária" de Hammett. No entanto, eu diria que o que a história realmente indica não é a existência de um punhado de posições claramente definidas que tinham seus próprios partidários, mas sim uma situação muito mais complicada, no qual uma variedade de teólogos possuía uma variedade de visões, algumas das quais diferiam uma da outra de maneira sutil, enquanto em outros em assuntos mais significativos. Jogar com números de defensores de uma posição é, na verdade, de pouca utilidade no estabelecimento de qualquer argumento, a menos que a taxonomia usada seja suficientemente complexa para fazer justiça à variedade de pontos de vista.

Acrescentaria também a isso o fato histórico de que os entendimentos reformados da expiação foram desenvolvidos juntamente com a elaboração sobre o papel de sumo sacerdote de Cristo em sua mediação. Semelhante à minha resposta a Osborne, eu enfatizaria a necessidade de que a questão da extensão da expiação, e da intenção divina por trás dela, estivesse conectada a uma gama mais ampla de questões doutrinárias (e, portanto, exegéticas) e não simplesmente pela questão de se este ou aquele texto, ou este ou aquele teólogo, ensinou uma expiação definida.

Novamente, vejo isso como a maior fraqueza no caso de Hammett, assim como o de Osborne. O fracasso em estabelecer a morte de Cristo dentro do contexto do seu papel mediador é fundamental. Há alguns anos, abordei esse assunto ao responder à crítica de Alan Clifford a John Owen sobre expiação. O que impressionou na crítica de Clifford foi seu silêncio virtual sobre a questão do sacerdócio. Se Cristo é um sacrifício pelo pecado, como Hammett crê clara e corretamente, então esse sacrifício deve ser entendido da maneira pela qual a Bíblia compreende o sacrifício. É assim que os escritores do Novo Testamento trabalham: eles colocam Cristo em um contexto do Antigo Testamento. Mais especificamente, eles estabeleceram seu sacrifício expiatório dentro das trajetórias estabelecidas pelo Antigo Testamento concernentes tanto ao sacerdócio quanto à oferta. Isso não só tem implicações para entender para quem o sacrifício é oferecido; mas também exige que entendamos a ação sacerdotal de Cristo como um todo unificado. Podemos passar todo o nosso tempo falando sobre a morte de Jesus, sobre sua extensão, sobre sua intenção; em vez disso, devemos gastar nosso tempo falando sobre a mediação sacerdotal de Cristo, por isso exige que vejamos morte e oferta, expiação e intercessão, como dois lados da mesma moeda teológica. Hammett distingue corretamente o que ele chama de aspectos objetivos e subjetivos da expiação, mas não os conecta ao sacerdócio pleno de Cristo — morte e intercessão — que é o que a Bíblia faz e é algo determinante para essa perspectiva trinitária, na qual, sua discussão no ensaio sobre a Espírito parece justamente apontar.

Um exemplo no qual isso é tão pertinente seriam os comentários de Hammett sobre a alegação de defensores da expiação definida de que sua visão subverte a doutrina da Trindade ao postular um conflito básico entre a vontade de Deus, o Pai, e a vontade de Deus, o Filho. Hammett vai de encontro à objeção, apontando para a ideia de duas vontades.

Essa é uma área complicada, mas um ou dois pensamentos vêm à mente. Primeiro, trata-se das questões teológicas levantadas pela particularidade explícita da oração sacerdotal em João 17. Esse é um texto central para os defensores da expiação definida. Isso não é apenas porque fornecemos um texto-prova que fala de limitação em oposição a textos universais em outros lugares. Os textos-prova só podem levar o debate até certo ponto. Muito mais importante é o contexto maior das Escrituras de forma abrangente, o ser e a ação de Deus. A oração sacerdotal nos leva às relações pessoais internas e à atividade do Deus trinitário na execução da salvação. Portanto, é fundamental entender a obra de Cristo na cruz. Revela a natureza da intercessão de Cristo como sumo-sacerdote, uma intercessão que não pode ser considerada isoladamente de sua morte. São dois lados da mesma moeda. Além disso, a grande confiança que o cristão pode ter na intercessão de Jesus é que, sendo um com o Pai, ele não pede nada que o próprio Pai não queira. O Pai dá ao Filho o que ele quer, pois eles querem exatamente a mesma coisa. John Hammett evita esse problema não ligando o calvário à intercessão celestial. É aí que a questão do conflito de vontades torna-se aguda, e a ideia de duas vontades se torna incoerente. Cristo está orando para que todos sejam salvos? Nesse caso, seu Pai nega seu pedido. Ele está orando para que apenas alguns sejam salvos? Então a intenção por trás da morte de Cristo e da sua intercessão são diferentes. Isso levanta algumas questões: O ofício sacerdotal de Cristo é unificado? A afirmação "Deus quer que Cristo morra por todos" em um sentido não qualificado tem algum significado real? É certamente uma frase atraente, mas parece não ter substância teológica.

Também não estou convencido de que haja ganhos reais (ao contrário de simplesmente retórica) a serem colhidos a partir da ideia de dupla vontade. Defensores da redenção particular discordam sobre esse ponto, com alguns (como John Piper)[425] até achando a distinção útil.

Minha posição é mais cautelosa. Assim, se, por causa do argumento, colocamos João 17 de lado e refletimos sobre a natureza do sacerdócio de Cristo em termos das duas vontades, ficamos confusos. O que realmente significa dizer que Deus quer salvar a todos e ao mesmo tempo não salva todos? Qual é o valor da vontade universal de salvar a todos quando a sombra longa e escura da vontade particular de salvar apenas alguns está sempre lá para obscurecer o horizonte? Para pregar, "Cristo morreu por você (mas a real intenção salvadora de Deus pode não se aplicar a você por causa da eleição soberana de Deus)", não parece oferecer

---

[425] John Piper, *Does God Desire All to Be Saved?* (Wheaton: Crossway, 2013), disponível em: http://www.desiringgod.org/books/does-god-desire-all-to-be-saved.

nada significativamente diferente daquilo pregado por muitos defensores da expiação definida. O universalismo hipotético parece fazer apenas um truque de mãos nessa questão — um calvinismo sem dor.

Quanto à exegese dessas passagens que parecem colocar duas vontades em Deus em relação ao desejo de salvar, a Teologia reformada ofereceu uma variedade de soluções ao longo dos anos. Alguns foram resolvidos simplesmente por meio da exegese contextual. Outros foram abordados refletindo sobre a doutrina de Deus. Por exemplo, Ezequiel 33.11 afirma que Deus não tem prazer na morte dos ímpios. Podemos usar isso, como fez Erasmo contra Lutero, para defender algum tipo de vontade ou desejo em Deus de ver todos salvos. Uma abordagem alternativa seria vê-la como a linguagem comum funciona para muitas pessoas com relação à pena de morte. Não tenho prazer na execução de um criminoso; eu desejaria que nenhum criminoso fosse condenado à morte por um crime; mas acho que tais execuções, embora lamentáveis, são totalmente desejáveis em outro sentido — o de punir um crime e demonstrar publicamente que os inocentes serão protegidos e os culpados serão tratados de maneira justa. Essa posição, articulada por Francis Turretin, permite que Deus possa desejar algo que ele realmente escolhe não realizar. Poderíamos acrescentar que as complexidades e paradoxos de um mundo que não é como Deus o concebeu, onde o mal penetrou e causou o caos, colocaram limites em nossas próprias capacidades noéticas para apreender a mente de Deus, tal como ele a revelou nas Escrituras.

Eu poderia trazer uma série de outros problemas menores. A referência de Hammett à sua abordagem de intenção universal como permitindo "exegese mais natural" de certos textos, em vez de trabalhar a questão do que é "mais natural". Para o particularista convicto, tais leituras universais parecem ir contra a analogia das Escrituras como um todo e, portanto, estão longe de ser "naturais". Além disso, minha maior preocupação com o universalismo hipotético não é que ele aponte para o universalismo completo ou que enfraqueça a expiação, tornando a salvação meramente possível. Para mim, ele não consegue dar uma explicação coerente do ensino bíblico sobre o sacerdócio e do sacrifício, que flui a partir do Antigo Testamento para o Novo e encontra suas expressões mais elaboradas em João 17 e na cristologia do livro de Hebreus.

Não obstante, agradeço a Hammett por sua afirmação tanto da soberania de Deus na eleição quanto da natureza penal da expiação, mesmo que eu suspeite que compreendamos esse componente penal de maneiras significativamente diferentes.

CONCLUSÃO

Andrew David Naselli

Meu passado evangélico começou em uma Igreja Batista do Sul e depois incluiu tanto o fundamentalismo quanto o evangelicalismo conservador. Tenho estado em muitos contextos de igrejas e instituições paraeclesiáticas nos quais a expiação definida (geralmente chamada de expiação "limitada") é uma questão controversa.

1. *Alguns rejeitam a expiação definida considerando-a como um erro extremo.* Tenho ouvido um bom número de sermões inflamados alertando as pessoas sobre os perigos da expiação "limitada" e como isso contradiz o evangelismo e as missões.

2. *Outros a respeitam por seu rigor lógico, mas não podem abraçá-la, porque acham que falta apoio exegético.* Essa foi a minha opinião durante a faculdade.

3. *Outros defendem a posição, mas raramente falam sobre isso.* Eu era membro de uma igreja saudável que fazia assim.

4. *Outros não apenas defendem esse ponto de vista, mas exultam.* Divulgação completa: eu sou destes que exultam. Sou um membro da Bethlehem Baptist Church, em Minneapolis, e ensino em seu seminário, Bethlehem College and Seminary, onde John Piper é o reitor.

Entendo (pelo menos parcialmente) por que alguns não abraçam a expiação definida sendo tão cautelosos com a doutrina. Infelizmente, os mal-entendidos sobre a extensão da expiação são abundantes em todos os níveis, tanto na igreja quanto na academia, e esses mal-entendidos promovem a desunião doentia. É aí que este livro entra.

Mark Snoeberger e eu projetamos este livro com um grande objetivo em mente, e não é convencer cada leitor a abraçar a expiação definida.[426] Nosso principal objetivo é ajudar os cristãos a entender melhor essa questão controversa e, consequentemente, discordar de seus irmãos em Cristo que têm visões diferentes, mas fazê-lo de um modo que glorifica a Deus. Queremos que este livro ajude a corrigir percepções errôneas e fomente uma melhor compreensão da extensão da expiação. Não espero que todos os cristãos concordem com essa questão antes do retorno de Cristo. Mas seria encorajador se mais cristãos a entendessem com mais precisão, porque encorajaria a unidade no corpo de Cristo e desencorajaria o cisma pecaminoso.

Clarificar semelhanças e diferenças é um avanço que resulta em menos caricatura, e em diálogo e relacionamentos mais produtivos. Assim, a próxima seção resume as três principais visões deste livro, e o capítulo encerra com dez sugestões práticas para evitar divisão doentia sobre essa questão.

Resumo

Como os colaboradores defendem suas posições?

---

[426] Outro livro tem este objetivo. Quando estávamos finalizando nosso manuscrito para este livro, o livro definitivo sobre expiação definida foi lançado: *Do céu Cristo veio buscá-la: A expiação definida na perspectiva histórica, bíblica, teológica e pastoral*, ed. David Gibson e Jonathan Gibson (SJC: Fiel, 2017). Para uma avaliação crítica do ponto de vista arminiano, cf. A. Philip Brown II and Thomas H. McCall's review article in *TrinJ* 35 (Fall 2014). Outro contraponto interessante é o livro de autoria de David Allen intitulado *Por quem Cristo Morreu? Uma análise crítica sobre a extensão da expiação* (Natal: Editora Carisma, 2019). [N. do E].

Ponto de Vista da Expiação Definida

Carl Trueman (especialista em teologia histórica) faz uma defesa cumulativa para expiação definida não com base em qualquer texto isolado, mas, principalmente em dois temas:

1. Na missão de Cristo de salvar os homens dos seus pecados, ele pretendia salvar pessoas *particulares* como seu mediador. Ele é o sumo-sacerdote deles.

2. O Pai, o Filho e o Espírito Santo trabalham em perfeita harmonia no planejamento e realização do fim para o qual a expiação foi o meio. A obra salvífica de Cristo como um substituto penal realiza esse resultado definido.

Como esses temas são tão proeminentes nas Escrituras, esse é o arcabouço teológico básico contra o qual devemos interpretar passagens bíblicas que podem parecer, pelo menos superficialmente, como textos "problemáticos" para a expiação definida.

Ponto de Vista da Expiação Ilimitada

Grant Osborne (um exegeta do Novo Testamento) e Tom McCall (um teólogo sistemático) afirmam que muitos textos ensinam que a expiação de Cristo tem um aspecto definido. Mas muitos textos também favorecem uma expiação universal: Cristo não morreu apenas pelos eleitos, mas também pelos pecadores não escolhidos. Cristo expiou todas as pessoas sem exceção, mas Deus aplica essa expiação somente àqueles que respondem ao Espírito e confiam em Cristo.

Ponto de Vista das Múltiplas Intenções da Expiação

John Hammett (um teólogo sistemático) argumenta que existem três intenções complementares na expiação:

1. Em relação a Deus, sua intenção para a expiação é *universal*: Cristo fez provisão por todos.

2. Em relação aos homens, a intenção de Deus para a expiação é *particular*: Deus atrai alguns para que se arrependam e creiam no evangelho.

3. Em relação ao universo, a intenção de Deus para a expiação é *cósmica*: a expiação é a base para o trabalho escatológico de Deus tornar nova todas as coisas.

Hammett crê que essa visão permite ao exegeta tratar com mais naturalidade os textos que apoiam claramente a expiação ilimitada ou definida.

TABELA 1. **Três visões sobre a Extensão da Expiação**[427]

	GERAL	MÚLTIPLAS INTENÇÕES	DEFINIDA
Por quem Jesus fez expiação?	Todas as pessoas sem exceção: a expiação provê salvação a todas pessoas sem exceção.	Todas as pessoas sem exceção e especialmente o eleito: a expiação provê salvação a todas as pessoas sem exceção e realiza salvação somente para os eleitos.	Todas as pessoas sem distinção, ou seja, os eleitos: a expiação provê e aplica salvação apenas pelos eleitos.
Como Deus aplica a expiação de Jesus?	A expiação de Jesus provê pagamento pelos pecados de todas as pessoas sem exceção, mas Deus a aplica apenas àqueles que se arrependem e creem.	A expiação de Jesus provê pagamento pelos pecados de todas as pessoas sem exceção, mas Deus a aplica apenas aos eleitos.	A expiação de Jesus provê pagamento pelos pecados apenas dos eleitos e Deus a aplica somente aos eleitos.

---

[427] Agradeço especialmente a Mark Snoeberger e Jonny Gibson por sugerirem maneiras perspicazes de melhorar esta tabela.

Dez Maneiras de Criar um Cisma Insalubre sobre a Extensão da Expiação[428]

Antes de começar a namorar minha esposa, estudávamos na escola de verão ao mesmo tempo, em 2003. Ela estava no primeiro ano da graduação, e eu era estudante de pós-graduação. Ela estava tendo uma aula de Teologia e me perguntou o que eu pensava sobre "expiação limitada". Congelei imediatamente e, em vez de responder sua pergunta, respondi: "Por que você está me perguntando isso?" Eu não queria me meter em encrenca. Tinha passado por contextos nos quais a liderança praticamente era unânime em considerar a expiação definida como heresia e pecaminosamente divisiva.

A extensão da expiação pode ser uma questão controversa entre os cristãos. Infelizmente, essa doutrina é frequentemente inflamável, e há muitas maneiras de criar um desacordo obstinado sobre ela. Independentemente de os cristãos defenderem a expiação definida, a expiação ilimitada ou a visão de múltiplas intenções, eles ainda podem defender sua posição de maneira doentia e divisiva. Ofereço as seguintes sugestões práticas em prol da unidade no corpo de Cristo. Aqui estão dez maneiras de criar um cisma deletério sobre a extensão da expiação. Evitemos!

---

[428] Seção adaptada (com permissão) de Andrew David Naselli, "John Owen's Argument for Definite Atonement in *The Death of Death in the Death of Christ:* A Brief Summary and Evaluation," *The Southern Baptist Journal of Theology* 14, no. 4 (2010): p. 60-82, especialmente p. 74-76, 81-82, available at http://andynaselli.com/wp-content/uploads/2010_Owen.pdf.

1. Denegrir impiedosamente outras posições. Isso inclui tanto os proponentes quanto seus argumentos. Retórica *ad hominem* e que flagela, ridicularização indelicada e depreciativa não têm lugar na argumentação cristã — especialmente como uma tendência característica do cristão (cf. 2 Tm 2.24-26). De forma pragmática, tal retórica ofende em vez de persuadir aqueles que têm pontos de vista diferentes. Respeito e graciosidade devem caracterizar conversas e debates cristãos. Os argumentos intramuros entre os cristãos não são entre meros seres humanos criados à imagem de Deus, mas entre irmãos e irmãs "por quem Cristo morreu" (Rm 14.15; 1 Co 8.11).

2. Erguendo e derrubando espantalhos. Em vez disso, represente a posição dos outros com tanta precisão que eles fiquem satisfeitos com a forma como você os retrata. Aprendi essa lição mais profundamente com Tim Keller, pastor fundador da *Redeemer Presbyterian Church*, em Manhattan. Uma das razões pelas quais o método apologético de Keller é tão eficaz é que ele entende tão bem sua audiência não cristã que articula suas objeções ao cristianismo melhor do que eles o fazem. É respeitoso, amoroso e assim os desarma.

Esse princípio se aplica ao debate sobre a extensão da expiação: quando envolvemos pessoas que têm opiniões diferentes das nossas, devemos tratar com respeito e precisão sua posição e articular suas objeções às nossas. Isso é essencial para um diálogo construtivo e significativo.

Por exemplo, se um calvinista discorda de um universalista hipotético, o calvinista deve descrever o universalismo hipotético de um modo que um universalista hipotético não consideraria censurável. Isso requer fazer o dever de casa, lendo atentamente a melhor literatura pelos proponentes de outras visões.

Um dos espantalhos mais comuns atribuídos à expiação ilimitada é que ela resulta em universalismo. Mas os escritos e os ministério de Teologia arminiana refutam isso de forma esmagadora. Por outro lado, um dos espantalhos mais comuns contra a expiação definida é que esta elimina a necessidade do evangelismo. Mas os escritos e os ministérios da Teologia calvinista refutam isso de forma esmagadora.[429]

3. Ver outras perspectivas evangélicas como heréticas.

Os teólogos normalmente reservam a palavra "heresia" para um erro teológico extremo que nega elementos essenciais do evangelho. Um "herege" deliberadamente rejeita a verdade bíblica fundamental e, em vez disso, propaga um erro teológico extremo.

Este livro apresenta três visões evangelicais [430] sobre a extensão da expiação, e nenhuma delas é heresia. Evangelicais ortodoxos mantêm as três.

Há uma grande diferença entre o calvinismo e o hipercalvinismo. Ambos abraçam a expiação definida, mas o

---

[429] Para citar apenas alguns exemplos, considere John Owen (1616–1683), Jonathan Edwards (1703–1758), George Whitefield (1714–1770), William Carey (1761–1834), Charles Haddon Spurgeon (1834–1892), David Martyn Lloyd-Jones (1899–1981), e John Piper (1946–).

[430] Definir o evangelicalismo "depende em grande parte de sua abordagem, e há pelo menos duas abordagens básicas: (1) sociológica — uma abordagem descritiva que a maioria dos historiadores adota, e (2) teológica — uma abordagem prescritiva que alguns teólogos adotam" Andrew David Naselli, "Conclusion," in *Four Views on the Spectrum of Evangelicalism*, ed. Andrew David Naselli and Collin Hansen, Counterpoints [Grand Rapids: Zondervan, 2011], p. 209). Estou usando o termo "evangelical" nesse segundo sentido.

hipercalvinismo vai além do calvinismo. O hipercalvinismo maximiza excessivamente a soberania de Deus e minimiza a responsabilidade humana, com o resultado de que não há necessidade de evangelismo.[431]

E há uma grande diferença entre arminianismo e universalismo. Ambos abraçam a expiação ilimitada, mas o universalismo vai além do arminianismo. O universalismo afirma que Deus acabará por salvar todos os homens sem exceção, e nega a punição eterna.[432]

4. Defina como insuficiente sua posição pessoal.
Não é útil descrever sua posição sobre a extensão da expiação, se ela não fizer contraste significativo com outros pensamentos. Especificamente, não é útil quando as pessoas definem sua posição com a frase "suficiente para todos, eficiente para os eleitos" a menos que elas, cuidadosamente, definam cada palavra na frase e mostrem como sua visão contrasta com outras opiniões.

Quando era recém-formado, da faculdade, e no meu primeiro ano de pós-graduação, fiz uma entrevista para ocupar um cargo ministerial em uma instituição na qual alguns dos líderes eram conhecidos por seu anticalvinismo. Eu era

---

[431] Cf. Curt D. Daniel's 912-page thesis, "Hyper-Calvinism and John Gill" (PhD diss., University of Edinburgh, 1983); Peter Toon, "Hyper-Calvinism," in *New Dictionary of Theology*, 324; Iain H. Murray, *Spurgeon v. Hyper-Calvinism: The Battle for Gospel Preaching* (Carlisle, PA: Banner of Truth, 1995).

[432] Cf. N. T. Wright, "Universalism," *New Dictionary of Theology*, 701-3; D. A. Carson, "On Banishing the Lake of Fire," in *The Gagging of God: Christianity Confronts Pluralism* (Grand Rapids: Zondervan, 1996), 515-36; Christopher W. Morgan and Robert A. Peterson, eds., *Hell Under Fire: Modern Scholarship Reinvents Eternal Punishment* (Grand Rapids: Zondervan, 2004).

calvinista. E em um ponto durante a minha entrevista, me perguntaram sobre a minha posição sobre a extensão da expiação. Respondi sucintamente: "Acredito que a expiação de Cristo é suficiente para todos e eficiente para os eleitos". Isso satisfez o entrevistador. O que eu não percebi, na época, é que não defini suficientemente minha posição. Arminianos, universalistas hipotéticos e calvinistas igualmente usaram essa frase elástica para descrever suas posições; assim, usá-la para definir a posição resulta em confusão, em vez de clareza e precisão.[433] Embora a frase possa desarmar a tensão em algumas situações, é ambígua e confunde distinções, por isso é inútil usá-la para definir uma posição.
David e Jonathan Gibson explicam:

> A máxima "suficiente para todos, eficiente para os eleitos" foi primeiramente cunhada por Pedro Lombardo no século XII. É frequentemente usada por alguns como um resumo da posição clássica reformada sobre a expiação. Isso, no entanto, é impreciso, pois, como uma declaração da doutrina da expiação, ela também pode ser afirmada por todos os lados. Os arminianos não têm nenhum problema com isso porque

---

[433] Para uma explicação sobre a história desta frase, que se originou com os *Quatro Livros de Sentenças*, de Pedro Abelardo, cf. W. Robert Godfrey, "Reformed Thought on the Extent of the Atonement to 1618," *WTJ* 37 (1975): p. 133–71, especialmente p. 136, 142, 149, 159, 164–69; Carl R. Trueman, *The Claims of Truth: John Owen's Trinitarian Theology* (Carlisle, UK: Paternoster, 1998), p. 199–206; Raymond A. Blacketer, "Definite Atonement in Historical Perspective," in *The Glory of the Atonement: Biblical, Historical, and Practical Perspectives: Essays in Honor of Roger Nicole*, ed. Charles E. Hill and Frank A. James III (Downers Grove: InterVarsity, 2004), p. 311.

eles, junto com os amiraldianos e universalistas hipotéticos, geralmente interpretam como significando que a morte de Cristo é suficiente para todos *porque uma expiação foi paga por todos*, de acordo com a vontade de Deus, mas é eficiente apenas para aqueles que creem. Em outras palavras: a expiação de Cristo na cruz é universal, a aplicação limitada no ponto da fé. John Owen, entre outros, interpretou de forma diferente: a morte de Cristo é suficiente para todos, porque tem um valor intrínseco, independentemente do número daqueles por quem ele morreu, mas foi destinado exclusivamente para os eleitos e, portanto, foi eficiente apenas para eles. Isso não significa que a expiação foi insuficiente para os não eleitos, porque não era para eles. Owen falou da morte de Cristo ser suficiente para "o mundo todo". Se Cristo tivesse morrido por mais pessoas do que os eleitos, ele não teria sofrido mais. Assim, a morte de Cristo era de valor infinito ("suficiente para todos"), mas destinava-se apenas aos eleitos ("eficiente para alguns").[434]

Os irmãos Gibson argumentam que é melhor se concentrar na intenção do que na extensão da expiação, porque isso "nos afasta da tentativa de 'quantificar' a expiação em

---

[434] David Gibson e Jonathan Gibson, entrevista por Fred Zaspel, *Books at a Glance* (March 15, 2014), disponível em http://booksataglance.com/author-interviews/david-and-jonathan-gibson-editors-of-from-heaven-he-came-and-sought-her (itálicos no original).

termos comerciais ou matemáticos e, em vez disso, traz os propósitos do Deus trino à frente e no centro".[435]

5. Alegar que uma perspectiva pessoal é o resultado da exegese e da teologia bíblica, mas não da teologia sistemática. Alguns argumentam que sua visão depende unicamente de declarações explícitas das Escrituras e não da lógica. Mas todas as posições envolvem a Teologia sistemática, porque usam a lógica para correlacionar textos bíblicos a fim de responder à pergunta: "O que toda a Bíblia ensina sobre a extensão da expiação?"[436] A resposta a essa pergunta reflete as tensões em outras doutrinas[437]. (Veja a Tabela 2 na próxima página)

---

[435] Ibid.

[436] Sobre a relação entre exegese, teologia bíblica, teologia histórica, teologia sistemática e teologia prática, cf. Andrew David Naselli, "D. A. Carson's Theological Method", *Scottish Bulletin of Evangelical Theology* 29 (2011): 245-74, available at *http://andynaselli.com/wp-content/uploads/2011_Carson.pdf*.

[437] Outras doutrinas nas quais existem tensões similares incluem inspiração, oração, evangelismo e santificação progressiva.

DOUTRINA	TENSÃO	EXPLICAÇÕES PARA RESOLVER A TENSÃO
Triunidade de Deus	A. Existe um Deus.	Triteístas negam A.
	B. Três pessoas são chamadas de Deus.	Arianos (por exemplo, as Testemunhas de Jeová) negam B.
	C. Essas três pessoas são distintas.	Modalistas e sabelianos negam C.
Pessoa de Cristo	A. Cristo é plenamente Deus.	Ebionitas e arianos negam A.
	B. Cristo é plenamente humano.	Gnósticos / Docetistas e Apolinarianos negam B.
	C. Cristo é uma pessoa.	Nestorianos negam C.
O problema do mal	A. Deus é todo bem.	Alguns calvinistas (por exemplo, Gordon Clark) qualificam A.
	B. Deus é todo-poderoso e conhece tudo.	B. Finitistas (por exemplo, Edgar S. Brightman) negam B.
	C. O mal existe.	Panteístas (por exemplo, Benedict Spinoza) e adeptos de Mary Baker da Ciência Cristã negam C.
A extensão da expiação	A. A expiação é universal.	Calvinistas qualificam A.
	B. A expiação é eficaz.	Arminianos negam B, e universalistas hipotéticos negam ou qualificam B.
	C. Apenas algumas pessoas serão salvas.	Universalistas negam C.

Eu defendo a expiação definida. Portanto, para a extensão da expiação na Tabela 2, eu qualificaria A afirmando que a expiação é (1) ilimitada em sua suficiência, valor e oferta e (2) definida em sua intenção, realização e aplicação. O adjetivo "universal" (não "ilimitado") no sentido de "todos sem distinção "modifica genuína e adequadamente a intenção, realização e aplicação" de maneira consistente com o uso das Escrituras. Todos os calvinistas, arminianos e universalistas hipotéticos "limitam" a expiação: os calvinistas limitam seu objeto, e os outros limitam sua eficácia, isto é, sua capacidade de produzir um resultado desejado ou pretendido.

O ponto é que cada "sistema" ou abordagem à extensão da expiação procura resolver tensões aparentes nas Escrituras. Desde as perspectivas arminianas e do universalismo hipotético àqueles que negam uma expiação ilimitada não respondem satisfatoriamente o item A. Desde a perspectiva calvinista àqueles que negam uma expiação definida, igualmente não respondem satisfatoriamente ao item B. Isto não é tão simples como alguns dizem que expiação definida é Teologia sistemática e a expiação ilimitada é o sinônimo de Teologia bíblica. Cada posição envolve Teologia sistemática.

6. Superenfatizando a importância da extensão da expiação. A maneira como alguns calvinistas falam sobre a expiação definida faz parecer que é essencial para o evangelho. Vejo o argumento clássico de John Owen para a expiação definida, em *The Death of Death in the Death of Christ*, sendo completa e cumulativamente convincente, mas acho que ele exagera na importância relativa da expiação definida.⁴³⁸ J. I. Packer descreve o livro de Owen como "uma polêmica peça, projetada para mostrar, entre outras coisas, que o doutrina da redenção universal é antibíblica e *destrutiva ao evangelho*".⁴³⁹ "Destrutiva ao evangelho" é uma linguagem forte que requer qualificação.⁴⁴⁰

É útil pensar no ensino da Bíblia como tendo diferentes níveis de importância. Algumas pessoas tendem a ter um interruptor para avaliar doutrinas: tal doutrina é importante ou sem importância. Esse interruptor é um modelo ruim. Alguns ensinamentos bíblicos são *mais* importantes que outros, mas todos são importantes.

Algumas doutrinas são essenciais para o cristianismo. Por exemplo, há um Deus em três pessoas; Jesus é totalmente Deus e totalmente homem; ele morreu sacrificialmente pelos pecadores; ressurgiu corporalmente dentre os mortos; somos justificados pela graça por meio da fé em Jesus somente; e ele está voltando. Não se pode negar esses ensinamentos e ainda ser um cristão em qualquer sentido significativo.⁴⁴¹

---

[438] Veja Naselli, "John Owen's Argument for Definite Atonement", p. 71-73.

[439] J. I. Packer, "'Saved by His Precious Blood': An Introduction to John Owen's *The Death of Death in the Death of Christ*," in *A Quest for Godliness: The Puritan Vision of the Christian Life* (Wheaton: Crossway, 1990), p. 125 (ênfase acrescentada); cf. p. 126-30,133-34, 137.

[440] Seguramente, Packer não diz que a expiação ilimitada "destrói o evangelho". Por "destrutivo", ele provavelmente quer dizer que as implicações da redenção universal não podem coexistir lógica ou biblicamente com uma expiação substitutiva.

[441] Veja Wayne Grudem, "Why, When, and for What Should We Draw New Boundaries?," in *Beyond the Bounds: Open Theism and the Undermining of Biblical Christianity*, ed. John Piper, Justin Taylor, e Paul Kjoss Helseth (Wheaton: Crossway, 2003), p. 339-70; Naselli e Hansen, *Four Views on the Spectrum of Evangelicalism*, especialmente a seção "Theological Triage" in the chapter by R. Albert Mohler Jr. (p.

Este livro apresentou três visões diferentes sobre a extensão da expiação, e nenhuma delas é essencial para o cristianismo. Mas isso não significa que a extensão da expiação não seja importante. A extensão da expiação não é uma questão trivial. É importante. Contudo, não é tão importante quanto alguns outros ensinamentos.

Esta doutrina não está necessariamente no coração do evangelho,[442] nem é a faceta principal da expiação que a Escritura enfatiza.[443] Mas as três visões que este livro apresenta concordam sobre o que é o mais importante: [444]

> **1.** As boas-novas sobre a expiação de Cristo está universalmente disponível (e os cristãos devem proclamar universalmente) para todos os homens, sem distinção.

77-80); Joe Rigney, "How to Weigh Doctrines for Christian Unity," *The Gospel Coalition Blog*, May 26, 2014, http://thegospelcoalition.org/article/weigh-doctrines-for-christian-unity.

[442] A palavra "necessariamente" é importante porque pressupõe a implicação de que a questão da expiação ilimitada ou definida vai muito além do que resulta em heresia. Veja a sugestão prática.

[443] Wayne Grudem (*Systematic Theology: An Introduction to Biblical Doctrine* [Grand Rapids: Zondervan, 1994], p. 603) sugere: "Embora os reformados algumas vezes tenham feito da crença na redenção particular um teste de ortodoxia doutrinária, seria saudável perceber que a própria Escritura nunca a destaca como uma doutrina da maior importância, nem a torna assunto de qualquer discussão teológica explícita..." Grudem aconselha uma perspectiva pastoral "cautelosa" e "equilibrada" que coloca "quase nenhuma ênfase nessa questão". O tratamento conciso, mas detalhado, da expiação de Robert W. Yarbrough nem sequer considera necessário abordar a questão: "Atonement," in *New Dictionary of Biblical Theology*, ed. T. Desmond Alexander and Brian S. Rosner (Downers Grove: InterVarsity, 2000), p. 388-93.

[444] Cf. Grudem, *Systematic Theology*, p. 597.

2. Deus aplica a expiação não a todos os seres humanos sem exceção, mas a todos os que se arrependem e creem.

Se alguém defende a expiação definida ou geral, não deve praticar o erro de ampliar as características distintivas de uma posição em detrimento de outras doutrinas que são muito mais significativas e claras nas Escrituras.

Uma das perguntas mais frequentes que os examinadores propõem aos alunos depois de terem escrito suas dissertações de doutorado é esta: "O que invalidaria sua tese?" Em outras palavras: O que exatamente seria necessário para refutar seu argumento? É uma pergunta que vale a pena ser feita por qualquer posição mantida.

O que invalidaria a expiação ilimitada? Alguns proponentes dizem que, tudo o que seria necessário é uma passagem da Bíblia que explicitamente diz que Jesus morreu *somente* para os eleitos.

O que invalidaria a expiação definida? Eu poderia sugerir que a linguagem negativa a invalidaria absolutamente. A Escritura distintamente enfatiza a universalidade do pecado humano usando uma linguagem que é mais precisa e é inequivocamente ilimitada, estendida a todos os homens, sem exceção.[445] Talvez a maneira mais eficaz de comunicar isso por meio da linguagem é com absolutos negativos, que são indiscutivelmente claros e inequivocamente inclusivos.

---

[445] Esse parágrafo reflete uma descoberta que Phil Gons e eu fizemos enquanto estudávamos em nossos exames de doutorado, em julho de 2005.

Por exemplo, "Absalão feriu *todos* os filhos do rei, e *nenhum* deles ficou" (2 Sm 13.30).[446] A linguagem absolutamente negativa esclarece, a fim de evitar mal-entendidos e enfatiza a universalidade sem exceção. É por isso que quando Deus quer enfatizar que todos os homens sem exceção são pecadores, ele expressa isso com negativos absolutos: "Não há justo, *nem um* sequer... não há quem faça o bem, não há *nem um* sequer"(Rm 3.10,12).[447] Essa linguagem é incontestavelmente clara. Deus poderia usar esse tipo de linguagem com referência à extensão da expiação, mas não o fez. Deus não enfatizou uma natureza ilimitada da extensão da expiação, assim como fez com a doutrina da pecaminosidade da humanidade. As Escrituras poderiam dizer: "Cristo morreu por X (por exemplo, " todos os homens" ou "o mundo todo"); não há um homem por quem Jesus não morreu". Esse seria um forte argumento em favor da expiação ilimitada.

O ponto é que as Escrituras poderiam ser mais explícitas quanto à extensão da expiação e não devemos exagerar nessa questão.[448]

---

[446] Ênfase adicionada. Poder-se-ia encontrar dezenas de exemplos como esse pesquisando as palavras "nem mesmo um", "nem um", "nem mesmo um"; "ninguém" ou "nenhum". Cf. Êxodo 8.31; 9.6; 10.19; Números 1.19; Josué 10.8; 21.44; 23.14; Mateus 24.2; Lucas 12.6; João 17.12; 18:9; Atos 4.32; Romanos 14.7.

[447] Ênfase adicionada. Cf. Salmo 53.3.

[448] Quando fiz um curso de doutorado em soteriologia na primavera de 2003, meu professor, Layton Talbert defendeu respeitosamente a visão do universalismo hipotético, e eu sou simpático à forma como ele terminou nossas semanas de animada discussão sobre a extensão da expiação: "O fato de Deus evitar uma terminologia consistente que é igualmente clara para ambos os lados, sugere que devemos informar nosso entendimento da maneira mais completa e biblicamente possível, sermos dogmáticos em textos não ambíguos, caridosos em questões

7. Assumindo o que somente os não calvinistas podem dizer a um não cristão. "Deus ama você" ou "Jesus morreu por você". Alguns calvinistas se recusam a dizer aos não cristãos: "Deus ama você" ou "Jesus morreu por você". Mas outros calvinistas argumentam (com razão, eu penso) que essas declarações são verdadeiras e certas.

Um calvinista pode dizer a um não cristão: "Deus ama você", dependendo do que ele quer dizer por "amor". D. A. Carson tem convincentemente argumentado que a Bíblia fala do amor de Deus de pelo menos cinco maneiras: (1) o amor peculiar do Pai pelo Filho (por exemplo, Jo 3.35; 5:20) e do Filho pelo Pai (por exemplo, Jo 14.31); (2) o amor providencial de Deus sobre tudo o que ele fez (por exemplo, Sl 145.9,13,17); (3) a postura salvadora de Deus em relação ao seu mundo caído (por exemplo, Jo 3.16); (4) o amor particular, efetivo e seletivo de Deus pelos seu eleitos (por exemplo, Ef 5.25); e (5) o amor de Deus pelo seu povo condicionado à obediência (por exemplo, Jo 15.10).[449] Carson elabora:

> Quando prego ou faço palestras em círculos Reformados, frequentemente me perguntam: "Você se sente à vontade para dizer aos descrentes que Deus os ama?" É óbvio que não tenho nenhuma hesitação em responder afirmativamente essa pergunta feita pelos jovens pregadores Reformados: *Claro* que digo aos não convertidos que Deus os ama. Contanto que

ambíguas e glorificarmos a Deus, cuja mente não pode ser reduzida à tinta e papel para a satisfação da curiosidade da mente humana".

[449] D.A.Carson. *A difícil doutrina do amor de Deus*, 2007, p. 17-19

haja um compromisso honesto em se pregar todo o conselho de Deus, os pregadores na tradição Reformada não deveriam hesitar em nenhum instante em anunciar o amor de Deus para um mundo e seus indivíduos perdidos. As maneiras como a Bíblia trata do amor de Deus são suficientemente abrangentes, não apenas para permitir isto, mas para ordená-lo.[450]

Um calvinista pode dizer a um não cristão: "Jesus morreu por você", porque os não cristãos geralmente entendem a conjunção "por" nessa sentença como significando que os benefícios da morte de Jesus estão disponíveis se eles se arrependerem e crerem.[451]

8. Exigir que outras pessoas sigam uma determinada perspectiva quando a flexibilidade é apropriada. Às vezes, a inflexibilidade nessa questão é apropriada. Por exemplo, um seminário reformado que adere à Confissão de Fé de Westminster como sua declaração doutrinária, provavelmente não contratará um professor que defenda a expiação ilimitada; nem um seminário arminiano provavelmente contratará um professor que defenda a expiação definida.

Mas, às vezes, a flexibilidade é apropriada. Por exemplo, alguns seminários evangélicos conservadores saudáveis permitem flexibilidade nessa questão, desde que os professores mantenham sua visão (ortodoxa) de maneira não cismática e não beligerante. O mesmo se aplica com relação

---

[450] Ibid., p. 82,83.
[451] Cf. Grudem, *Systematic Theology*, p. 602.

aos requisitos de membresia da igreja: as igrejas locais não devem exigir que cada pessoa em sua congregação tenha a mesma opinião sobre a extensão da expiação, a fim de ser um membro.

9. Dar a impressão de que a compreensão completa é possível em relação à extensão da expiação. Nós só podemos saber o que Deus nos revela. E ele não revelou tudo a nós. A doutrina da expiação é rica e profunda, e o que a Escritura diz sobre sua extensão levanta algumas questões que ela mesma não responde explicitamente — pelo menos, não tão explicitamente quanto alguns de nós gostariam! O auge da doxologia é louvar a Deus por ser infinitamente maior do que nossa mente finita pode compreender (Rm 11.33-36).[452]

10. Manter uma posição pessoal com orgulho pecaminoso. É triste que a doutrina da extensão da expiação, às vezes, tenha a reputação de estar ligada a debates estridentes, divisões e arrogância. Jesus morreu por esse tipo de orgulho pecaminoso. A cruz de Cristo é central para a fé cristã, e quando nós discutimos questões inseparavelmente relacionadas com a cruz, devemos saber que estamos em "terreno santo". Isso deveria ser profundamente humilhante. Carl F. H. Henry fez precisamente a pergunta certa: "Como na terra alguém pode ser arrogante quando está ao lado da cruz?"[453]

---

[452] Andrew David Naselli, *From Typology to Doxology: Paul's Use of Isaiah and Job in Romans 11:34-35* (Eugene, OR: Pickwick, 2012), p. 146-58.
[453] Citado em D. A. Carson, *Basics for Believers: An Exposition of Philippians* (Grand Rapids, Baker, 1996), p. 58.